复杂装备全生命周期
信息物理融合理论与方法

丁国富　郑　庆　张　楷
刘贵杰　王淑营　张海柱　　著

科学出版社

北　京

内 容 简 介

本书首先提出复杂装备全生命周期信息物理融合理论，建立基于数字孪生与信息物理融合的闭环反馈框架和多维表达空间，提出多维度多层次信息物理融合模式和融合算子。然后，从数据维入手，围绕复杂装备全生命周期数据采集、融合、关联、智能挖掘和知识图谱构建，详细介绍海量异构数据智能挖掘与知识融合相关技术和方法；从模型维入手，围绕装备数字样机建模、全生命周期全要素数字孪生模型构建、多阶段数字孪生模型关联与映射，详细介绍模型驱动的数字样机与数字孪生构建相关技术和方法；从应用维入手，围绕装备迭代优化设计、制造过程多元数据融合与交互、智能运维，介绍基于数字孪生的装备智能设计、制造与运维相关技术和方法。最后，介绍复杂装备全生命周期数字孪生平台架构和功能及其在轨道交通、风力发电、工程机械领域的应用。

本书适合高等院校机械工程等专业高年级本科生和研究生，以及装备制造领域相关研究人员和从业人员阅读，可为装备数字孪生平台开发与应用实践提供指导。

图书在版编目（CIP）数据

复杂装备全生命周期信息物理融合理论与方法 / 丁国富等著. —北京：科学出版社，2024.12

ISBN 978-7-03-076118-7

Ⅰ.①复… Ⅱ.①丁… Ⅲ.①装备制造业–产品生命周期–研究 Ⅳ.①F407

中国国家版本馆CIP数据核字（2023）第149534号

责任编辑：裴　育　陈　婕 / 责任校对：任苗苗
责任印制：肖　兴 / 封面设计：有道设计

科学出版社 出版
北京东黄城根北街 16 号
邮政编码：100717
http://www.sciencep.com

三河市骏杰印刷有限公司印刷
科学出版社发行　各地新华书店经销

＊

2024 年 12 月第 一 版　开本：720×1000 1/16
2024 年 12 月第一次印刷　印张：20 1/4
字数：394 000

定价：180.00 元
（如有印装质量问题，我社负责调换）

前　言

　　轨道交通、电力、工程机械等领域的产品是在长生命周期、复杂工况下安全可靠服役的典型复杂装备，其设计、制造和运维是一项复杂的系统工程。目前，装备全生命周期研发要素考虑不全面，较少从设计、制造和运维三个环节协同优化的角度考虑装备设计，造成复杂装备整机设计难度加大、加工制造复杂、运行维护困难等。如何实现装备全生命周期设计、制造及运维多阶段技术的无缝集成与研发数据的有效融合，成为复杂装备制造企业面临的共性问题。

　　数字孪生是未来十大战略技术发展趋势之一，为当前制造业的创新和发展提供了新的理念和工具，为复杂动态系统的信息物理融合提供了实施途径，将复杂装备设计、制造效率和运维水平提升至一个新的高度。本书以全面系统地阐述复杂装备全生命周期信息物理融合的相关理论和方法为目标，从理论方法、关键技术、平台应用三个层面，建立复杂装备全生命周期信息物理融合的理论体系、技术体系和应用体系；探索海量异构数据智能挖掘与知识融合机理，突破全生命周期信息物理数据智能挖掘及知识融合瓶颈，解决全生命周期全要素多源、多粒度信息物理数据虚实同步及知识发现的难题；构建模型驱动的多阶段数字孪生模型，形成可控模型驱动的复杂装备设计、制造、运维多阶段数字孪生模型构建技术，解决全生命周期研发要素考虑不全面、模型不统一的难题。本书研究的基于数字孪生的装备智能设计、制造和运维技术，已在典型行业进行了应用验证。

　　全书共 6 章，第 1 章主要叙述复杂装备特征及研发趋势与挑战，综述信息物理融合相关基础理论；第 2 章重点阐述复杂装备全生命周期多维度、多层级信息物理融合理论；第 3～5 章从数据维度、模型维度和应用维度阐述信息物理融合的具体实现方法和技术；第 6 章主要阐述复杂装备全生命周期数字孪生平台及其在典型行业应用的案例。

　　本书得到了国家重点研发计划项目"面向产品全生命周期及闭环反馈的信息物理系统融合理论"（2020YFB1708000）的支持，本书相关内容是该项目研发应用成果的汇聚，也是项目研发实践团队群体的智慧结晶。

　　受研究领域和作者专业所限，书中难免存在一些不妥之处，相关研究工作还有待继续深入，恳请读者不吝赐教。

目　　录

第1章 绪　　论

1.1　复杂装备的概念及其共性特征

1.1.1　复杂装备的概念

复杂装备是指需求、结构、功能、行为、性能等表现出复杂性的机电装备，通常使用高技术，采用复杂工艺，零部件数目庞大，结构层次较多，零部件与装备之间变化关系较多，同时具有高价值[1-3]。复杂装备大多属于高端装备，如轨道交通装备、工程机械装备、风力发电装备等。"高端"主要表现在三个方面：一是技术含量高，表现为知识、技术密集，体现多学科和多领域高精尖技术的集成；二是处于价值链高端，具有高附加值的特征；三是在产业链中占据核心部位，其发展水平决定产业链的整体竞争力[4,5]。以轨道交通装备的高速列车为例，复杂装备在复杂的运行线路、恶劣的气候环境、强受流的工作环境、大动力机电传动的强作用以及复杂的材料、结构服役的轮轨耦合环境下进行强耦合，实现安全、平稳、平顺、舒适、长寿命可靠的持续运行，涉及动力、承载、走形等九大体系和十多项大类关键技术等，有多达4万多个零部件相互作用，共同完成高速载客运行[6]。

复杂装备的全生命周期过程是一项复杂的系统工程，其设计、制造和运维全生命周期表现出极强的复杂性和关联性[7]，且长期服役在复杂工况下，要求长寿命、安全、可靠、可用、可维护。因此，复杂装备的复杂性主要体现在以下方面。

(1)装备需求复杂：主要体现为功能和性能需求复杂，需要在复杂、严苛的服役环境和服役工况下安全稳定运行；装备全生命周期需求用户众多，涉及制造、使用、检修、报废等各阶段参与者的使用需求，需求时间跨度长；市场动态变化的需求复杂，涉及个性化、多样化装备形式，同时，重大装备的制造和使用受到经济、政治、文化等大环境因素的影响，不确定性、随机性的多综合要素较多。

(2)装备结构和功能复杂：复杂装备在复杂的工况环境下运行、满足多样化的使用需求，需要具备特定的复杂功能。为了满足相应的复杂的功能、性能、客户以及动态市场需求，复杂装备往往需要将机械工程、电气工程、液压技术和气动技术等多学科耦合，随着装备智能化的发展，还需要与信息、计算机、人工智能、传感等大量学科及技术交叉融合，形成复杂的物理结构组成。

(3)装备行为和性能复杂：复杂装备需要完成既定的功能，而这些功能将在复杂的服役工况下表现出运动、振动、有噪声等行为，同时应具有平稳、平顺、舒适等性能，且多在长寿命、变周期的复杂环境中达到安全、可靠、可用、可维护、可拆卸。这种结构往往零部件众多、耦合性强，呈现出高度的相互作用关系。

（4）装备制造复杂：复杂装备涉及的零部件众多，需要对大量的零部件进行加工、装配，涉及复杂的工艺过程和多样化的原材料处理，整个生产过程将在纵向、横向涉及产业链的上中下游，部分零部件和材料、工艺等技术还被"卡脖子"，往往是集团级的跨部门、跨区域、跨组织甚至跨行业的生产。在个性化、多样化市场趋势下要保证高质量、准时、低成本、高柔性、高制造服务、可持续性的生产异常复杂和困难。

（5）装备运维复杂：复杂装备的系统部件众多、涉及多学科、技术复杂及安全运营要求高等因素导致其运营维护难度大。在运营管理方面，当前复杂装备检修维护模式、运维管理体系以及整体信息化、自动化程度等方面发展程度差异大，各系统缺乏互联互通，缺乏统一的运维管理体系、技术、评价等标准。而复杂装备的可靠性、可用性、可维护性和安全性(reliability, availability, maintainability, safety, RAMS)提出了越来越高的要求。庞大的运营规模和复杂的技术体系，给复杂装备的运维技术及管理带来了巨大的挑战。

1.1.2　复杂装备共性特征

1. 复杂装备结构

轨道交通装备、汽车、航天器、能源装备、工程机械等复杂装备由成千上万个零部件组成，这些零部件相互关联，形成有组织行为的复杂机电系统。复杂装备有大量的子系统、子部件以及各种零部件[8]，形成从功能、结构、性能、行为上统一的有机组成体，体现在功能多样性、结构可靠性、性能稳定性等方面。复杂装备具有多层级的结构，以高速列车为例，自顶向下可分为整机级、系统级、子系统级、部件级、子部件级及零件级等六层结构，如图 1-1 所示。

复杂装备不但结构复杂，而且各层级结构相互关联、相互作用，形成结构完整、功能明确的统一整体[9,10]。多层级结构之间通过传递能量、信号、运动等实现结构之间的交互。例如，牵引系统将电力传递给转向架驱动车辆前行，转向架与车体连接承载整车的重量。因此，复杂装备各结构组成不是独立存在的，而是复杂装备有机体中的重要组成部分，通过能量、信号、力、运动等方式相互作用、相互关联，共同支撑装备功能的实现。

从全生命周期过程来看，装备的复杂结构组成在设计阶段形成方案，在制造阶段形成实物，在运维阶段运行服役[11]。各阶段在不同的场地由不同的企业完成，各阶段对装备结构的划分方式不一致，导致在复杂装备设计、制造和运维过程中形成了多种不同的结构树，体现为不同的物料清单(bill of material, BOM)。例如，

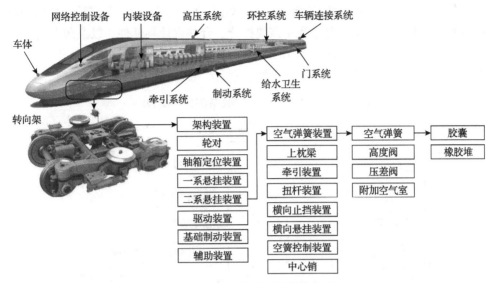

图 1-1 高速列车多层级结构组成

方案设计阶段的设计结构树为工程物料清单(engineering bill of material, EBOM)、工艺设计阶段的工艺结构树为计划物料清单(process bill of material, PBOM)、制造阶段的制造结构树为制造物料清单(manufacturing bill of material, MBOM)、运维阶段的维保结构树为维修、修理和操作物料清单(maintenance, repair and operations bill of material, MROBOM),如图 1-2 所示。各阶段结构树不统一,导致全生命周期数据难以贯通,不能共享和重用,成为装备全生命周期数据一体化面临的主要难题。

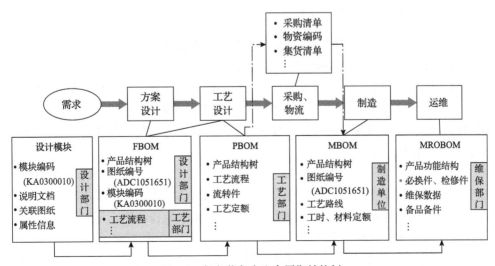

图 1-2 复杂装备全生命周期结构树

在实际生产中，需要对装备结构树进行调整，如图 1-3 所示。工艺设计在 EBOM 基础上调整形成 PBOM，此过程中需要拆分、合并设计零部件，以及调整设计零部件的层级结构，导致设计图纸无法准确指导工艺编制工作。结构树的调整一方面导致数据、模型不能共享和重用，另一方面严重影响装备生产效率。

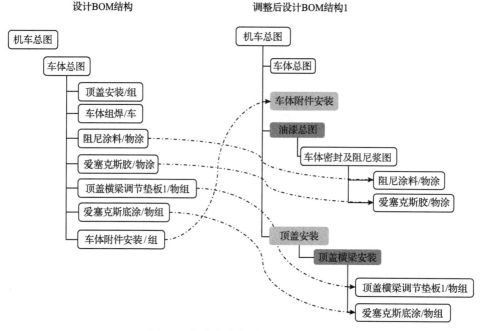

图 1-3　复杂装备各阶段结构树调整

2. 复杂装备全生命周期业务过程

复杂装备的全生命周期可以分为三大阶段，即设计阶段、制造阶段和运维阶段[12]。每个阶段都由相应的业务节点过程构成，形成了全生命周期的 1 级 V 模型[13]，主要将全生命周期的业务流程进行总体分类和概括，如图 1-4 的外层节点所示。

（1）需求分析阶段。需求是复杂装备设计的源头，是驱动创新设计的动力。需求分析阶段以各类型各来源的需求数据为输入，最终输出复杂装备各层级结构的设计依据和设计要求。

（2）概念设计阶段。该阶段根据复杂装备目标、利益相关者需求、环境需求、服役工况需求、性能需求、结构需求、时间需求、质量需求以及成本需求整理出复杂装备的功能需求，形成整体设计方案。上述复杂装备的需求都应该满足，复杂装备功能需求也应该与上述需求相对应。

（3）详细设计阶段。详细设计是在完成需求分析、功能设计、架构设计、综合设计以及模块确认的基础上，开展的针对单个模块各个学科的设计以及各个接口的设计。

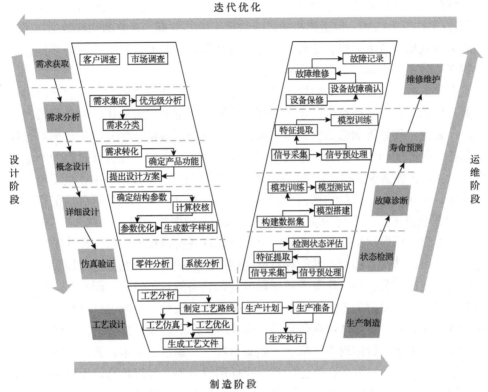

图 1-4 复杂装备全生命周期业务流程

(4)工艺设计阶段。在装备详细设计完成交付图纸后，需对待制造装备进行详细的制造工艺设计。现代生产过程是一个具有输入和输出的生产系统，工艺设计是生产过程输入中的主要信息输入，作为装备在生产中工艺路线、工序的重要参考。

(5)生产制造阶段。装备从工艺规程和图纸等虚拟载体走向物理实体的过程，称为制造过程。复杂装备生产制造阶段从毛坯出库开始，到验收入库结束，涉及零部件的加工、装配、仓储、物流、检测等多个过程。

(6)运维阶段。该阶段指装备服役运行过程，包括装备运行、检验检测、维修维护、备品备件等过程，是装备生命周期时间跨度最长的阶段，这期间产生大量的运行维护数据。

3. 复杂装备全生命周期数据

复杂装备从无到有以及运行的过程中，伴随着数据的产生、变更、使用、反馈。数据是全生命周期各种业务活动的输入、输出以及过程变量，设计、制造、运维过程中涉及的海量数据支撑各个业务活动，是贯穿装备全生命周期的血液。

数据不是凭空存在的，而是依附于具体的对象，以整机-系统-子系统-部件-子部件-零件等为载体，包括整机的需求数据、性能数据，系统的功能数据，子系统的装备数据、故障数据，零部件的三维几何数据、材料属性数据等。不同层级的物理结构关联不同的数据类型和数据内容。

在全生命周期各个业务阶段不断产生数据，装备所包含的数据内容逐渐增长完善。例如，设计阶段产生需求、几何、功能、性能等设计数据；制造阶段产生工艺、装配、质量等制造数据；运维阶段产生状态、故障、维修维护数据。数据是在各个业务活动中产生的，来自不同的业务系统。例如，在设计过程的产品平台中，主要包含需求数据、功能数据、性能数据等；在 CAD 软件中，主要包含几何信息、材料信息、拓扑结构信息，以及质量、刚度、转动惯量等属性信息；在 CAE 分析软件中，主要包括应力、流场、振动、频率等数据。

全生命周期数据是相互关联的。全生命周期各阶段横向关联，设计阶段产生的三维几何、结构、功能、性能等数据是制造阶段的输入，制造过程以设计结果为依据；制造工艺、加工质量等数据影响复杂装备的运维过程；同时，运行过程的维修记录、故障记录等数据能够指导装备的改进设计，影响设计过程。装备结构层级纵向关联，主要体现在装备的整机-系统-子系统-零部件等结构层级上，用户对装备的需求一般体现在整机上，如安全性、平稳性、成本、质量、时间等。在复杂装备的设计过程中，将这些需求指标逐级分解、逐级传递，得到系统和子系统的功能需求、性能需求，以及零部件的材料需求、形状需求。

复杂装备全生命周期数据具有以下特征：

(1)数据来源多样，包括人工填报、现场采集、系统生成等，如人为填报的用户需求数据、标准规范中的设计数据等，现场实时采集的运行数据、环境数据等；设计、仿真、分析、预测等系统和模型运行得到的结果数据等。

(2)数据类型多样，包括数值、范围、文本、图片、视频、模型等结构和非结构化数据，如几何尺寸、位置坐标等数值数据，环境温度、海拔高度等范围数据，设计说明、工艺卡片等文本数据，故障形式、运行过程等图片和视频数据，三维几何、物理分析等模型数据。

(3)数据格式多样，包括".doc"".xls"".pdf"".txt"".dwg"".jpg"".mp4"等格式，如各种文本文件格式的数据，各种二维、三维图纸和模型数据，各种图片、音频、视频等状态和过程数据。

(4)数据形式多样，包括流式数据、非流式数据等。流式数据主要是按照一定的时间频率实时采集的数据，如运维过程的轴承温度监控数据，每隔一定的时间间隔采集一次，数据不断累加，对数据的接入、存储和管理提出了更高的要求。非流式数据是一次性采集的数据，如零件设计几何数据，非流式数据可能存在多个不同版本。

4. 复杂装备知识

知识是通过实践、研究、联系或调查获得的关于事物的事实和状态的认识，是对科学、艺术或技术的理解，是人类获得的关于真理和原理的认识的总和。复杂装备全生命周期包含海量知识，可从多个角度进行分类。

(1)按知识服务领域，复杂装备知识可分为设计阶段知识、制造阶段知识、运维阶段知识，不同阶段的知识服务不同的专业人员。

(2)按知识粒度，复杂装备知识可分为文档型知识和结构项知识。文档型知识指标准/规范/族模型等文件形式的粗粒度知识。结构项知识指从标准/规范中提取的经结构化处理的最小粒度知识。

(3)按狭义与广义，复杂装备知识可分为经验知识和实例知识。经验知识指元结构树、元模型、标准/规范等为各产品提供的纯粹的知识。实例知识指具体产品设计、制造和运维过程中获取的数据，包括设计模型、图册、工艺工序、维修方案等。

复杂装备知识具有以下特性。

(1)对知识的精准性要求。知识按其作用的领域可以分为通用知识和垂直领域知识两大类。通用知识注重知识的广度，对精度的要求较低，没有太高的专业性；而垂直领域知识与之相反，其专业性很强，注重知识的深度，对准确度的要求高。复杂装备知识属于典型的垂直领域知识，与一般水平行业的知识相比，对知识的准确性要求很高，需要针对具体场景进行知识的精准推荐。因此，在复杂装备的知识图谱构建过程中，本体建模至关重要，通过本体可对知识进行约束。

(2)多领域融合需求。复杂装备本身由许多子系统构成，这些子系统涉及不同专业、不同领域的知识，因此复杂装备知识需要为多领域图谱的构建和融合提供工具。

(3)知识与装备及结构的关联性。复杂装备与一般装备或产品的显著区别特征在于其结构的复杂性，一个装备由多个系统-部件-子部件-零件多层级构成，零部件数量通常是数万级，而每个零部件在需求分析、设计、制造、运维各个阶段均会积累大量的知识，且这些知识针对不同的产品类型有一定的适用性，这使得复杂装备知识图谱的构建与水平领域和一般垂直领域图谱的构建需求存在很大差异，构建知识与产品及结构的关联关系是实现具体子系统或零部件任务感知的精准知识推送的基础。

（4）知识的时间关联性。时间关联性体现在两个方面：一方面是知识适用的阶段性，即刻画知识在装备全生命周期的哪个业务阶段适用，业务阶段在设计、制造、运维的基础上可进一步细分，以设计阶段为例，又可细分为概念设计阶段、方案设计阶段、系统设计阶段、详细设计阶段、型式试验阶段、生产试制阶段、售后服务阶段；另一方面是知识本身的多版本性，随着时间的推移，知识会升级出不同的版本，具有一定的时序性，按任务阶段推送合适版本的知识才能满足知识服务的需求。

1.2　复杂装备研发现状及趋势

1.2.1　复杂装备研发的理论及方法

鉴于复杂装备的上述自身特点，其全生命周期主要流程分为需求、设计、制造、运维四大部分，如图 1-5 所示。其中，设计部分包括技术条件确定、总体方案设计、技术设计、工艺设计、试制、零部件试验（台架试验）、整机样机试验、型式试验、定型，运维主要包括运用、维护、报废等[14,15]。在研发阶段，主要采用串行的方法，不断经历大量的反复、迭代，且自底向上的思路居多，不断反复迭代的次数多，导致研发周期长、研发成本高，性能陷入局部最优，研发缺陷多。该阶段逐步采用 CAD/CAE/CAM（计算机辅助设计/计算机辅助工程/计算机辅助制造）及仿真技术，台架试验、型式试验和仿真技术逐步融合，是一种以串行为主、串并行结合的研发思路和方法。

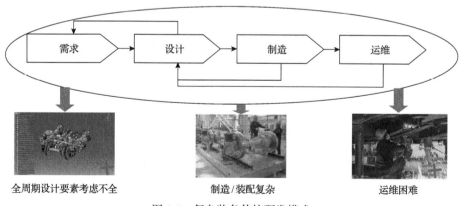

图 1-5　复杂装备传统研发模式

随着信息化、数字化技术的快速发展，数字化研发的方法得到快速发展，并行工程、虚拟设计、基于仿真的设计、多学科优化等技术得到了有效的研究和应用，基于 CAD/CAE/CAM 及仿真的相关技术得到了深化发展，比较典型的是基于虚拟样机的数字化研发理论[16]。该理论从复杂产品整机的全局顶层指标出发，结合零部件的需求，基于并行工程，通过自顶向下和自底向上相结合的方式开展基于数字样机的优化设计，并取得了很好的效果，大大缩短了研发周期，减少了反复设计，降低了研发成本，对物理样机的依赖程度也减弱，是当前研发复杂产品主要采用的理论和技术手段。装备的主机单位基本都配备了 CAD、产品数据管理(product data management, PDM)、CAE 及仿真优化系统、部件及整机台架试验与真实环境的型式试验环境。在该阶段，逐步吸收个性化、多样化的需求，向面向谱系的系列化、标准化、规范化和模块化的基于知识驱动的定制型创新研发发展。虚拟样机和模块化、谱系化定制设计理论将复杂产品的研发水平提升到一个新的高度，但主要还是在设计阶段开展，制造、运维阶段的需求主要是通过时间和经验的总结反馈到研发需求中，逐步实现迭代，对产品的全生命周期欠缺考虑。

在并行工程的应用中，面向产品生命周期的设计(design for X, DFX)是复杂产品研发的重要手段[17]，面向成本、装配、制造、拆卸等的设计方法得到了广泛应用，但主要还是以串行研发为主、并行研发为辅，对全生命周期要素考虑得不够全面。考虑 RAMS 的研发设计无疑是考虑全生命周期要素的重要研发技术，对产品的可靠性、可用性、可维护性和安全性进行综合考虑。考虑 RAMS 的研发设计对复杂产品的服役环境、安全可靠度、故障率、维护维修情况等要素考虑得比较周全，虽然没有考虑过多的制造环节要素，但通过长期的积累和基于 RAMS 的可靠性设计理论，基本能代表复杂产品向全生命周期和多综合要素作用的创新研发等发展方向。

1.2.2 复杂装备研发的问题及挑战

不管是虚拟样机、定制化设计，还是 DFX 或者正向设计、迭代设计、逆向设计，都将在现有的研发平台上开展研发实践，面临着如下共性问题和挑战。

(1)复杂产品的设计、制造、运维异常困难，很难统一到一个体系中开展，导致数据的一致性和关联性差[18]。复杂产品因其功能、性能、需求、行为、服役环境等的复杂性存在研发困难，表现在研发的体系庞大、研发的部门多、数据孤岛多、研发的标准和规范一致性差等方面，直接导致部门之间、协作研发机构之间、企业之间出现产品信息的粒度和层次不统一、数据和模型不一致，甚至采用的研发工具都不一致等情况。在制造阶段，生产组织涉及的资源环境更多，质量跟踪更加困难，设计和制造的数据大多没有真正打通，导致数据的一致性差，缺乏关联性；复杂产品的运维是一套更加复杂的体系，从运营期间的监控、预警，到故障的采集、处理，大多在运维部门开展，大量的现场运维数据、状态采集数据得不到很好的整理和应用，其使用的物料编号往往与设计、制造阶段的物料编号不一致，导致全生命周期数据集成异常困难，也很难提炼出有用的信息来提升设计。

(2) 复杂产品的数字研发体系复杂，导致数据孤岛多、一致性差。我国的研发平台大多依赖于相对独立、自成体系的 CAD/CAE/OPT (最优生产技术) 等工业软件，这些工业软件大多来自国外的软件平台[19]。例如，以设计为主的 CAD 软件，如达索、西门子、PTC；以分析为主的 ANSYS、MSC、ABAQUS、LMS 以及其他细分领域 CAE 软件；以产品数据管理为主的 PDM 软件，如 Windchill、Teamcenter、Enova (VPM)；以企业资源管理为主的企业资源计划 (enterprise resource planning, ERP) 软件，如 SAP、用友、金蝶等，这些工业软件大多在企业不同阶段由不同部门购买，主要技术都掌握在国外开发者的手里，国内用户主要通过使用或局部的二次开发应用软件，往往因软件数据和模型格式不对外开放，导致复杂产品庞大的研发体系中出现大量的数据孤岛，以及数据不统一、不一致，造成产品整体性和完整性差。虽然有类似于 STEP、IGS 等中性文件作为数据和模型交换的标准，但这些中性文件均是由国外的公益组织操作和实施的，更新的版本和周期都不一样，导致各种软件的更新版本不一样，大量的数据和模型在传递过程中会产生精度误差。

(3) 复杂产品正向设计和逆向设计中对影响设计要素的全生命周期信息挖掘不够，导致设计陷入局部，缺陷多[20]。复杂产品大量采用正向设计理论，如需求驱动的定制设计，也采用 DFX、虚拟样机、RAMS 可靠性设计等适当考虑全生命周期要素的并行设计工程，但主要是通过定性的经验和知识归纳来弥补部分设计缺陷，是一种被动型的设计迭代，对整个全生命周期设计要素影响因素的分析力度和程度还不够。在整个研发过程中，经验和知识的积累异常艰难，时间历程异常长，需要上下几代研发人员的共同努力完成，但这些往往在复杂产品研究主体的企业中很难延续实现。

(4) 在整个全生命周期研发过程中，缺乏具有一致性数据管理的工业软件或研发工具来支撑复杂产品正向设计以及积累后期制造、运维的经验教训和知识的逆向迭代设计[21]。在研发前期，缺乏对动态需求管理的工具和对动态方案设计的管理工具，只有 PDM 工具，也缺乏支持运维的管理工具和支撑检修过程的管理工具以及能够集成这些业务的集成工具，导致各个业务部门各自为政，各自处理自身部门的信息、数据和模型，很难找到有用的信息。过多的独立业务处理导致研发很难实现闭环，全局优化能力差，系统性弱，研发缺陷屡改不断。

以上问题和挑战使得现有的研发设计理论和方法遇到了瓶颈，需要进一步发现新的理论支撑来突破复杂产品现有研发困难导致的数据和模型不一致性、全生命周期研发不闭环、研发经验和知识发掘积累困难等难题。

1.2.3　复杂装备研发的发展趋势

复杂装备研发面临的问题,归结起来源头是要解决全生命周期过程中数据和模型的时空一致性问题[22]。数据和模型在全生命周期中存在大量的关联关系、逻辑关系等,通过这些数据和模型与业务逻辑和物理系统的融合,可以挖掘、发现和应用知识,对产品健康状况进行预示、预测、推演,挖掘设计中存在的问题等,使得大量的问题可以量化解决,对原有的虚拟样机、DFX、RAMS 等理论和方法进行扩展和补充,从而形成新的全生命周期设计理论及方法。

要实现这一目标,首先需要采集全生命周期各种静态、动态多源异构数据,流式和非流式数据,结构化、非结构化、半结构化数据,以及信息空间数据和物理空间数据,并与装备的物理本质进行融合,以支持全生命周期研发[23]。这一思路将改变传统的设计理论成为以大数据驱动的设计理论及方法,而信息空间和物理空间数据的融合变成整个问题的关键。但是物理空间的数据获取因为先进的传感技术发展进程而受到挑战,使得传统的设计理论难以突破。随着物联网技术的出现,新一代信息技术以及无线传感、云计算、边缘计算、人工智能得到快速发展,并深入融合到制造业中,使得具有时间历程的多源数据采集成为可能,从而在复杂产品全生命周期阶段能够全面获得各种数据。

随着物联网及传感技术的发展,复杂装备全生命周期各种实时数据采集成为可能,信息系统与物理系统之间的融合与映射关系使得信息数据与物理数据之间得到有效融合形成信息物理系统(cyber physical system, CPS),这为数据的整合和一致性表达提供了数据完整性基础,但如何融合、融合后在全生命周期中如何作用或服务成为关注的难点问题。数据融合最终的目的是解决设计、制造、运维中的应用问题,因此以全生命周期中应用模型为驱动的数据整合和应用成为解决问题的关键。但是复杂装备全生命周期过程体量大、数据和模型多、业务应用场景复杂,业界一直没有一套统一的方法来指导完整意义的数据向模型应用服务有效转化。

知识图谱通过大数据挖掘发现海量数据中隐藏的可用知识,采用实体、属性、关系的方式进行表达和存储,提供查询、问答、推理等多种知识服务。在装备制造领域,通过挖掘装备全生命周期多源异构数据,提取可用于装备设计、制造、运维的知识,建立装备多维度知识图谱,为装备全生命周期数据的关联和应用服务提供新的思路和方法。近十年来发展的数字孪生(digital twin, DT)技术将信息数据和应用模型融合,解决了复杂装备全生命周期过程中的各种问题。数字孪生是对现实场景全要素的数字化精确表达,并通过现实场景要素的实时感知分析和建模仿真校验,构建现实场景与数字模型之间的双向实时映射,采用数字模型重构或者流程重定义的仿真验证手段,推演现实场景的变化趋势。复杂装备全生命周期数据的全息采集以及相互之间的融合，作用在数字孪生模型(digital twin model, DTM)上形成孪生应用，即可解决设计阶段基于历史设计缺陷和反馈设计迭代要素的仿真优化设计，制造过程的仿真评价，运用过程的状态评估、故障预测，并在全生命周期进行闭环迭代优化等问题。

1.3　信息物理融合理论基础

1.3.1　信息物理系统

信息物理融合系统作为新一代信息技术在制造业应用背景下推进和支撑真实世界和虚拟空间融合的核心概念已成为工业信息与通信技术领域的研究热点，被认为是工业国家发展战略规划的关键技术[24]。该理论最早由美国国家科学基金会(National Science Foundation, NSF)提出，并在近年来不断发展与完善，最终形成了构建在密集的链接和反馈回路上，通过 3C(计算(computing)、通信(communication)和控制(control))的集成和协作，赋予物理过程精确控制、远程协作、自主管理等功能的集成网络世界和动态物理世界的多维复杂系统。

当前 CPS 在工业制造领域存在广泛的应用场景，具体涵盖设计、制造、运维等全生命周期各阶段。物理实体、生产环境和制造过程通过 CPS 技术可精准映射到信息空间，从而实现实时控制和优化决策，全面提升工业制造全过程、全产业链、全生命周期的智能化和高效性。具体来讲，CPS 能够将产品开发伊始的设计理念、制造工艺和试验等有效映射到虚拟空间中仿真、迭代、优化和形式化验证，使得在后续产品研发全周期的不同阶段及不同开发者之间实现友好的信息共享复用。在设计阶段，通过将 CPS 与数字孪生相结合可以有效提升设计研发效率；在制造阶段，通过 CPS 技术可实现车间建模与重构，从而预测车间内可能出现的异常，提高车间生产效率；在运维阶段，通过将 CPS 和预测健康管理(prognostic and health management, PHM)相结合可提升机械装备预测性维修效果，确保机械装备服役过程中的可靠性。此外，CPS 与工业制造的深度融合，有效打破了生产过程中各组件间的信息孤岛。通过 CPS 建立由底层装置硬件到上层柔性管理平台，实现对工序的实时优化控制和柔性组织配置，提供智能服务，并合理管理和调度各种生产资源，实现从"制造"到"智造"的升级。例如，利用 CPS 开发智能自动运行管理平台，可实现产品全生命周期制造过程的有效管控。针对产品定制化需求增加导致产品制造过程柔性化增加的问题，通过 CPS 理论可将制造需求转化为可重构的规则来组织分析，实现定制化生产过程，为柔性制造工艺的制定提供技术支撑。可见，CPS 理论已成为当前制造技术升级的重要技术支撑，如何利用产品全生命周期 CPS 提升产品制造过程，将对制造业产业升级意义重大。

1.3.2 信息物理融合

近年来，云边协同、数字孪生、人工智能以及区块链等前沿新技术的发展极大程度促进了 CPS 技术的演进和应用，形成了面向全生命周期信息物理融合的应用模式。

基于云边协同技术的面向产品全生命周期信息物理融合的应用模型，通过融合边缘计算和云计算各自特点，综合边缘计算与云计算的优势以解决工业制造现场中出现的复杂问题[25]。考虑到工业应用场景存在时延敏感等特点，对相关问题研究多集中于边缘计算卸载技术及基于云边协同计算架构的数据传输优化技术。例如，云边协同的三层架构模型可进一步降低时延的影响；结合基于强化学习的优化策略，形成了满足用户时延约束且功耗最小的三层任务卸载框架；基于云边协同计算的四层调度模型，利用贪婪策略和时延约束阈值来实现边缘层资源调度，从而确保系统的实时性。上述模型虽然为信息物理融合提供了良好的应用模式，但是其实质忽略了云计算资源的作用，没有明确区分边缘端和云计算、存储等核心能力。此外，云边协同数据传输优化方法虽然考虑了数据完整性，但没有具体到实际应用模型中。这些存在的不足将限制全生命周期信息物理融合技术在产品制造全过程中的应用。

部分学者着眼于时下热门的数字孪生技术，提出了基于数字孪生的产品全生命周期信息物理融合应用模式。数字孪生作为能够实现 CPS 概念的突破性应用技术框架，能够在实现物理过程和信息过程集成的基础上，更多考虑使用物理系统的数字模型进行分析，执行实时优化。此外，数字孪生技术还可以利用当前最佳的物理模型、传感器、历史数据等，构建具有超逼真、多系统融合、高精度等特点的模型，实现监控、预测、数据挖掘等功能。

1.3.3 数字孪生

数字孪生充分利用物理模型、传感器更新、运行历史等数据，集成多学科、多物理量、多尺度、多概率的仿真过程，在虚拟空间中完成物理产品的映射，从而反映物理产品的服役状态，预测和推演将来可能发生的事件 [26]。数字孪生被列为未来十大战略技术趋势之一，被认为是第四次工业革命中推动产品研发和创新的关键技术引擎。

数字孪生作为一种通用的、先进的技术手段，已广泛应用于智慧城市、医疗、电力、制造业等诸多领域[27]。在数字孪生构建及其在复杂产品孪生应用方面，国内外学者提出了多种面向不同对象、不同场景的数字孪生建模方法，然而都难以在产品的实际业务活动中得到有效应用。国内外学者于 2003 年开始构建了许多数字孪生描述，并相继提出了许多数字孪生构建框架。数字孪生概念可归结为一个由物理产品、虚拟产品及其连接组成的 3D 框架。为了准确预测智能信息物理系统的未来状态，需构建数字孪生的仿真架构，形成基于仿真的孪生模型。为了提高复杂设备的 PHM 的准确性和效率，有研究者建立了一个五维数字孪生架构，还有将数字孪生八维模型用于智能工厂单元的数字孪生解决方案。现有的各种数字孪生模型均是针对特定的物理实体和应用程序需求构建的，对象包括制造系统、复杂设备及其部件等，应用场景包括优化设计、制造过程预测、使用寿命预测、故障诊断等。由于数字孪生缺乏一致的、公开的、广泛接受的架构，数字孪生构造方法缺乏通用性。因此，数字孪生模型很难有效地应用于不同的对象和场景。

2003 年，数字孪生的概念模型首次被提出，当时被称为"镜像空间模型"，后被定义为"信息镜像模型"和"数字孪生"。2010年，美国国家航空航天局（National Aeronautics and Space Administration, NASA）首次引入数字孪生的概念，意于采用数字孪生实现飞行系统的全面诊断和预测功能，以保障在整个系统使用寿命期间实现持续安全的操作。之后，NASA 和美国空军联合提出面向未来飞行器的数字孪生范例，并将数字孪生定义为一个集成了多物理场、多尺度、概率性的仿真过程，基于飞行器的可用高保真物理模型、历史数据以及传感器实时更新数据，构建其完整映射的虚拟模型，以刻画和反映物理系统的全生命周期过程，实现飞行器健康状态、剩余使用寿命以及任务可达性的预测；同时，可以预测系统对危及安全事件的响应，通过比较预测结果与真实响应，及时发现未知问题，进而激活自修复机制或任务重规划，以减缓系统损伤和退化。2011 年，美国空军研究实验室（Air Force Research Laboratory, AFRL）引入数字孪生技术，将它应用于飞机结构寿命预测的概念模型，并逐渐扩展至机身状态评估研究中，通过建立包含材料、制造规格、控制、建造过程和维护等信息的机身超现实、全寿命周期计算机模型，以及结合历史飞行监测数据进行虚拟飞行，以评估允许的最大负载，确保适航性和安全性，进而减轻全寿命周期维护负担，增加飞机可用性。AFRL 同时给出了实现机身数字孪生中存在的主要技术挑战。

在上述数字孪生概念和框架基础之上，国外部分研究机构开展了相关关键技术探索，如范德比尔特大学构建了面向机翼健康监测数字孪生的动态贝叶斯网络，用于预测裂纹增长的概率。由于 GE、西门子等公司的推广，数字孪生技术近年来在工业制造领域同样发展迅速。世界著名咨询公司 Gartner 连续两年（2017 年、2018 年）将数字孪生列为十大战略性科技趋势之一。GE 公司基于 Predix 平台构建了资产、系统、集群级的数字孪生，生产商和运营商可以分别利用数字孪生来表征资产的全寿命周期，以便更好地了解、预测和优化每个资产的性能。西门子公司提出了"数字化双胞胎"的概念，致力于帮助制造企业在信息空间构建整合制造流程的生产系统模型，实现物理空间从产品设计到制造执行的全过程数字化。

ANSYS 公司提出利用 ANSYS Twin Builder 创建数字孪生并可快速连接至工业物联网平台，帮助用户进行故障诊断，确定理想的维护计划，降低由于非计划停机带来的成本，优化每项资产的性能，并生成有效数据以改进其下一代产品。

1.3.4 数据挖掘

数据挖掘(data mining)是在大型数据库中自动发现有用信息的过程[28-30]。当今时代，大数据已经成为新型工业革命的重要驱动力。在这个基础上，数据挖掘技术也应运而生。据调查，截至 2023 年，数据挖掘的市场规模达到 320 亿美元[31]。

美国一直是数据挖掘技术领域的热门地区，尤其是旧金山湾区及西海岸（如洛杉矶）。各大科技公司都有自己的数据挖掘研发团队，其中 Google、Amazon、Facebook、IBM 等公司较为出名，并将数据挖掘应用到广告推荐、搜索结果排序、语音识别等多个领域，对产品的性能和体验起到关键作用。此外，在医疗卫生、能源管理、保险金融等行业中，数据挖掘也得到了广泛应用。同时，欧盟也在积极探索数据挖掘的应用。例如，法国的数据挖掘解决方案提供商 Dataiku 与 Criteo、BlaBlaCar 等科技公司建立伙伴关系，共同推进人工智能技术创新；德国的 SAP 公司与 IBM 公司合作，通过提供机器学习、语音识别等产品，致力于帮助企业进行智能决策。

与国外相比，国内的数据挖掘行业起步较晚，但发展速度非常快。数据显示，截至 2022 年，我国大数据市场需求规模已达到 1029 亿元。随着互联网和移动设备的广泛使用，网络安全建设、智慧城市建设等领域的数据积累量越来越大，数据挖掘技术也得到了广泛应用。目前，阿里巴巴、百度、腾讯等互联网巨头都在数据挖掘领域投入了大量资源和精力。据不完全统计，AliData、Tencent AI Lab、百度大数据实验室等部门中已拥有数千名员工，遍布北京、深圳、杭州等城市，并且正在和各家金融、物流、电商、医疗企业进行合作项目开发。除此之外，还有一些创业公司开始专注于数据挖掘的研究和应用，如有道科技、元知科技等，它们都在数据挖掘领域取得了不俗成绩。

总体来说，当前国内的数据挖掘技术还处于萌芽阶段，需要进一步完善和发展。与此同时，数据隐私和安全等问题也受到越来越多的关注，相关法律和规定也需要及时跟进更新。

无论是国内还是国外，在这个大数据时代，数据挖掘都是一个热门话题，其需求和应用场景也在持续扩大。可以预见的是，未来数据挖掘技术仍将继续发挥重要作用，为各行各业的决策提供更精准和智能化的支持。同时，在数据隐私保护、模型开源等方面也会面临更多的挑战，需要更多的研究和创新，以推动数据挖掘技术向更加高效、安全、可靠和可持续的方向发展。

1.3.5 知识图谱

2012 年，Google 公司提出了"知识图谱"的概念，正式推出了称为知识图谱的搜索引擎服务。知识图谱是一类知识表示和应用技术的总称，是以图的形式存储可以被机器利用的结构化知识，用于描述物理世界的对象、概念及相互关系，知识图谱的受众是机器，强调机器可读，机器能读取这些实体间的关系[32]。构建知识图谱的主要目的是获取大量实体及实体关系，从而形成可以让计算机理解的数据格式。

狭义的知识图谱特指一类知识表示，构成要素包括实体、属性、关系、概念(本体)等元素。本质上，知识图谱是语义网络，是一种基于图的数据结构，由节点(point)和边(edge)组成，旨在描述真实世界中存在的各种实体或概念及其关系，构成一张巨大的语义网络图，其中节点表示实体或概念，边则由属性或关系构成[33]。广义的知识图谱是大数据时代知识工程一系列技术的总称，在一定程度上指大数据知识工程这一新兴学科。

知识图谱是关系的最有效的表示方式，把不同种类的信息连接在一起而得到一个关系网络。知识图谱提供从"关系"的角度分析问题的能力，不仅是一种揭示科学知识发展进程与结构关系的图形，同时也是一种知识发现的方法。

相较于传统的知识工程，如图 1-6 所示，知识图谱具有以下应用优势。

知识工程	知识图谱
主要依赖人工构建知识库，数据量一般在数万或数十万左右	使用机器学习、自然语言处理等方法自动化构建，数据量都在数十亿到数百亿的量级上
包括一阶逻辑谓词、产生式规则、描述逻辑等多种不同的知识表示方式，主要是为了推理的应用	主要以RDF(资源描述框架)三元组、属性图和分布式表示的方式来表示知识
注重逻辑推理，包括确定性和不确定性推理	注重事实知识的检索，也能完成一定的推理任务，可赋能智能搜索、智能问答、推荐系统等应用

图 1-6　知识工程与知识图谱对比

(1)知识的高效采集：针对各种标准、规范中的知识项，可辅助快速提取。

(2)知识管理和补全：以三元组的方式将结构化和非结构化数据进行链接，具备依赖关系路径与属性标签的推理优点，通过表示学习，可辅助发现冗余和错误的知识，也可以推理出新的知识。

(3)高效精准搜索：图数据库可计算超过百万潜在的实体的属性分布，可实现秒级返回结果，并且可以从上下文获取用户搜索意图，通过链接加入更多语义关系，深层次发现用户兴趣。

(4)知识嵌入应用：通过情景感知获取用户上下文环境，关联知识库获取相关知识进行推荐，或针对场景进行辅助决策(如风险识别、故障诊断等)。

复杂装备知识图谱构建的基本流程包括数据采集、本体建模、知识抽取、知识融合、知识存储五个步骤。

1.3.6 其他相关理论

1. MBSE

基于模型的系统工程(model based system engineering, MBSE)是一种形式化的方法，用于支持与复杂系统开发相关的需求、设计、分析、验证和确认[34]。与以文档为中心的工程不同，MBSE 将模型放在系统设计的中心。在过去的几年中，越来越多地采用数字建模环境导致 MBSE 的采用率增加。

数字建模环境中的 MBSE 提供了基于文档的系统工程无法提供的优势。例如，在基于文档的方法中，许多文档是由不同的作者生成的，以从各种利益相关者的观点(如系统行为、软件、硬件、安全或其他学科)中捕获系统的设计。使用数字建模方法可以建立系统的单一真实来源，其中使用相同的模型元素创建系统的特定于学科的视图。

MBSE 汇集了三个概念，即模型、系统思维和系统工程，具体描述如下。

(1)模型是某事物的简化版本——一种图形化、数学化或物理化的表示，它抽象现实以消除某些复杂性。这个定义意味着简化、表示或抽象的形式或规则。为了对系统进行建模，必须用较少的细节表示系统，以使系统的结构和行为清晰可见，并且其复杂性是可管理的。换句话说，模型应足以表示系统，并且系统应确认模型。

(2)系统思维是一种看待系统的方式，可以帮助工程师识别问题(如缺少交互、过程中缺少步骤、重复工作等)并管理系统的复杂性。系统思维从一开始就系统进行分解和分析，用系统思维方式识别各个部分并描述它们之间的联系，然后将这些部分合成为一个连贯的整体。部分不仅要与其他部分相连，而且还要相互依赖，才能正常工作。系统思维强调了这种相互联系。系统的行为来自系统各子系统的活动。系统思维可以使问题更明显，更易于识别，平衡系统和管理系统的复杂性。

(3)系统工程是一个跨学科的、综合的方法，利用系统原理和概念以及科学、技术和管理方法，使工程系统成功实现、使用和退役。它汇集了多种技术，以确保设计的系统满足所有需求。系统工程专注于系统在其生命周期中的体系结构、实现、集成、分析和管理，还考虑了系统的软件、硬件、人员、流程和程序等方面。

2. SysML

SysML 是多种图形建模语言的一种，由对象管理组织发布，其目的是在利益攸关者之间可视化并沟通系统设计。SysML 是在统一建模语言子集的基础上扩展而来的，SysML 图分为三大类，分别为行为图、需求图、结构图。其中，行为图包括活动图、序列图、状态机图和用例图，结构图包括模块定义图、内部模块图、包图和参数图，如图 1-7 所示。建模者可以使用这 9 类图对需求详述、行为、结构、属性约束和分配进行建模，以完成系统工程的分析。

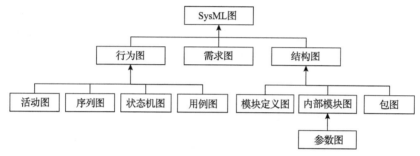

图 1-7　SysML 的 9 类基本框图

每类图的目的简要总结如下。

（1）模块定义图：用于表示系统和值类型元素以及元素间的关系。模块定义图的通常用法包括显示系统层级关系树及分类树。

（2）内部模块图：用于指定单个系统的内部结构，显示模块内部组成部分之间的交联关系，定义交联接口。

（3）用例图：用于表达系统执行的用例及与之相关的外部参与者。

（4）活动图：用于描述系统的一系列行为流程。

（5）序列图：用于描述系统运行流程的一个剖面，主要关注系统的组成部分如何通过操作调用和异步信号交互。

（6）状态机图：用于描述系统的一系列状态、每个状态下的行为及状态间的转换关系。

（7）参数图：通常与模块定义图配合使用，用于表示一种或多种约束，特别是等式和不等式如何与系统的属性绑定。

（8）包图：用于显示模型包之间相互包含的层级关系。

（9）需求图：用于表示基于文字的需求、需求之间的关系，以及需求和操作、属性、事件、状态等模型元素之间的追溯关系。

1.4　本书的章节结构

本书全面系统地阐述复杂装备全生命周期信息物理融合的相关理论和方法，提出复杂装备多维度、多层次信息物理融合理论，从关键技术体系、数字孪生平台两方面论述该理论在装备制造业开展应用的模式，介绍典型行业的应用案例。全书共 6 章。

第 1 章主要叙述复杂装备特征及研发趋势与挑战，综述信息物理融合相关基础理论。

第 2 章详细阐述复杂装备全生命周期多维度、多层级信息物理融合理论，首先提出基于数字孪生与信息物理融合的闭环反馈框架，建立复杂装备结构维、周期维、数据维、模型维、知识维五维空间表达，提出多维度、多层次信息物理融合模式，进一步讨论该理论在装备制造企业的应用模式。

第 3 章以"数据采集—知识挖掘—智能服务"为主线，重点介绍复杂装备全生命周期数据融合模式构建、数据采集与智能挖掘、知识图谱构建与服务技术，通过"周期维-数据维"融合、"结构维-数据维"融合、"数据维-模型维"融合，形成复杂装备全生命周期统一数据体系及多维度知识图谱，为装备孪生应用提供数据和知识基础。

第 4 章以"数字样机建模—数字孪生建模—孪生关联映射"为主线，重点介绍基于元模型的装备数字样机生成式设计、多模型融合的数字孪生模型构建、多阶段数字孪生模型关联与映射等技术，通过"结构维-模型维"融合，建立面向全生命周期多业务场景应用的数字孪生模型，实现基于孪生模型的业务驱动，为装备全生命周期孪生应用提供具体手段。

第 5 章以面向复杂装备设计、制造、运维过程中的典型应用场景为例，重点介绍数字孪生及知识图谱在装备迭代优化设计、制造过程优化、故障诊断、状态评估等方面的应用技术及应用案例，实现数字孪生在装备全生命周期多业务场景的应用。

第 6 章以信息物理融合与应用的载体——复杂装备全生命周期数字孪生平台为对象，重点介绍平台架构，并结合轨道交通、风力发电、工程机械领域的典型装备，详细阐述装备全生命周期数字孪生平台的应用案例。

参 考 文 献

[1] 马飒飒, 赵守伟, 张岩. 复杂装备故障预测与健康管理技术及应用[M]. 石家庄: 河北科学技术出版社, 2012.

[2] 穆歌, 张富雪, 郭齐胜, 等. 复杂装备系统体系架构设计工程化基本理论研究[J]. 装甲兵工

程学院学报, 2018, 32(2): 1-6.

[3] Li S Y, Huang S L, Zhang Y Y, et al. Deep learning in fault diagnosis of complex mechanical equipment[J]. International Journal of Performability Engineering, 2020, 16(10): 1548.

[4] 吕永权. 我国高端装备制造业发展问题研究[J]. 经济与社会发展, 2015, 13(3): 1-4.

[5] Yang S L, Wang J M, Shi L Y, et al. Engineering management for high-end equipment intelligent manufacturing[J]. Frontiers of Engineering Management, 2018, 5(4): 420.

[6] 缪炳荣, 张卫华, 池茂儒, 等. 下一代高速列车关键技术特征分析及展望[J]. 铁道学报, 2019, 41(3): 58-70.

[7] 丁国富, 何旭, 张海柱, 等. 数字孪生在高速列车生命周期中的应用与挑战[J]. 西南交通大学学报, 2023, 58(1): 58-73.

[8] Mi S H, Feng Y X, Zheng H, et al. Integrated intelligent green scheduling of predictive maintenance for complex equipment based on information services[J]. IEEE Access, 2020, 8: 45797-45812.

[9] Eroğlu M, Koç M A, Esen İ, et al. Train-structure interaction for high-speed trains using a full 3D train model[J]. Journal of the Brazilian Society of Mechanical Sciences and Engineering, 2022, 44(1): 48.

[10] Cheng C, Wang J H, Chen H T, et al. A review of intelligent fault diagnosis for high-speed trains: Qualitative approaches[J]. Entropy, 2020, 23(1): 1.

[11] Shen X, Cao M, Lu Y, et al. Life cycle management system of power transmission and transformation equipment based on internet of things[C]. China International Conference on Electricity Distribution(CICED), Xi'an, 2016: 1-5.

[12] Grieves M W. Product lifecycle management: The new paradigm for enterprises[J]. International Journal of Product Development, 2005, 2: 71-84.

[13] Grieves M. Virtually Perfect: Driving Innovative and Lean Products Through Product Lifecycle Management [M]. Cocoa Beach: Space Coast Press, 2011.

[14] Qi J D. Research on equipment life cycle information management[J]. Journal of Physics: Conference Series, 2019, 1345(4): 042035.

[15] Jiang L B, Su S H, Pei X, et al. Product-part level digital twin modeling method for digital thread framework[J]. Computers & Industrial Engineering, 2023, 179: 109168.

[16] 熊光楞, 郭斌, 陈晓波, 等. 协同仿真与虚拟样机技术[M]. 北京: 清华大学出版社, 2004.

[17] Eastman C M. Design for X: Concurrent Engineering Imperatives[M]. Berlin: Springer Science & Business Media, 2012.

[18] Köhlinger F, Joachimi B, Asgari M, et al. A Bayesian quantification of consistency in correlated data sets[J]. Monthly Notices of the Royal Astronomical Society, 2019, 484(3): 3126-3153.

[19] Cavalieri S, Gambadoro S. Proposal of mapping digital twins definition language to open

platform communications unified architecture[J]. Sensors, 2023, 23（4）: 2349.

[20] Wang C, Feng S C. Research on big data mining and fault prediction based on elevator life cycle[C]. International Conference on Big Data & Artificial Intelligence & Software Engineering（ICBASE）, Bangkok, 2020: 103-107.

[21] Yu C, Li Q, Liu K, et al. Industrial design and development software system architecture based on model-based systems engineering and cloud computing[J]. Annual Reviews in Control, 2021, 51: 401-423.

[22] Scherer R J, Katranuschkov P. From data to model consistency in shared engineering environments[C]. Workshop of the European Group for Intelligent Computing in Engineering, Heidelberg, 2006: 615-626.

[23] 陶飞, 程颖, 程江峰, 等. 数字孪生车间信息物理融合理论与技术[J]. 计算机集成制造系统, 2017, 23（8）: 1603-1611.

[24] 杨挺, 刘亚闯, 刘宇哲, 等. 信息物理系统技术现状分析与趋势综述[J]. 电子与信息学报, 2021, 43（12）: 3393-3406.

[25] Wang X X, Wan J F. Cloud-edge collaboration-based knowledge sharing mechanism for manufacturing resources[J]. Applied Sciences, 2021, 11（7）: 3188.

[26] Tao F, Xiao B, Qi Q, et al. Digital twin modeling[J]. Journal of Manufacturing Systems, 2022, 64: 372-389.

[27] 徐朋月, 刘攀, 郑肖飞. 数字孪生在制造业中的应用研究综述[J]. 现代制造工程, 2023,（2）: 128-136.

[28] 邓仲华, 刘斌. 数据挖掘应用热点研究: 基于 Kaggle 竞赛数据[J]. 图书馆学研究, 2019,（6）: 2-9, 23.

[29] 朱圳, 刘立芳, 齐小刚. 基于数据挖掘的通信网络故障分类研究[J]. 智能系统学报, 2022, 17（6）: 1228-1234.

[30] 李晓辉. 大数据技术架构下的高维数据挖掘算法分析[J]. 信息技术, 2021, 45（10）: 122-126.

[31] 刘铭, 吕丹, 安永灿. 大数据时代下数据挖掘技术的应用[J]. 科技导报, 2018, 36（9）: 73-83.

[32] Zhang X X, Zheng L Y, Fan W, et al. Knowledge graph and function block based digital twin modeling for robotic machining of large-scale components[J]. Robotics and Computer-Integrated Manufacturing, 2024, 85: 102609.

[33] Wang Q, Mao Z D, Wang B, et al. Knowledge graph embedding: A survey of approaches and applications[J]. IEEE Transactions on Knowledge and Data Engineering, 2017, 29（12）: 2724-2743.

[34] 张兵, 陈建伟, 杨亮, 等. 基于模型的系统工程在航天产品研发中的研究与实践[J]. 宇航总体技术, 2021, 5（1）: 1-7.

第2章 复杂装备全生命周期信息物理融合理论

复杂装备全生命周期产生海量多源异构数据，数据中隐含大量可以支持装备设计、制造和运维业务活动的业务知识[1-3]。本章提出复杂装备全生命周期五个维度多层级信息物理融合理论，首先建立基于数字孪生与信息物理融合的闭环反馈框架，形成全生命周期信息物理数据在各业务环节开展应用的基本思路；在此基础上，建立复杂装备多维空间表达方式，从装备周期维、数据维、模型维、结构维和知识维五个维度，对装备进行系统化描述和表达，形成全生命周期信息物理融合与应用的基础；随后，详细介绍复杂装备五个维度之间的融合模式，形成全生命周期数据体系、模型体系、知识体系和孪生应用体系，并阐述支撑五类融合的算法集；最后，从理论分析、技术体系构建、数字孪生平台搭建三方面介绍如何在企业中实施全生命周期信息物理融合理论。

2.1 基于数字孪生与信息物理融合的闭环反馈框架

复杂装备研发过程是一项复杂的系统工程，涉及复杂工况下长寿命周期安全可靠服役，整个设计、制造、运维过程异常复杂[4,5]。表现在研发流程错综复杂，模型交互频繁，研发效率低；全生命周期各阶段模型相对脱节，全局和局部关联信息不够，模型融合难；设计与制造、运维环节难以打通，数据难以反馈回设计阶段，闭环迭代难[6,7]。为了解决这些问题，首先将整个研发过程延伸到全生命周期过程，在全生命周期过程中采集、归纳、总结和集成研发相关的数据及模型形成体系，并在全生命周期设计、制造、运维各阶段开展基于数据和模型驱动的研发敏感要素提取，找到需要重点关注的设计要素或设计改进关联的需求，作为下一代或者新的复杂装备研发的动态更新需求，驱动装备向更优的方向迭代或进化。装备研发过程从串行或串并行结合的思路调整到考虑全生命周期的全并行工程思路，如图2-1所示。

为了解决数据的一致性、完整性、集成性问题，需要采集全生命周期物理空间、信息空间产生的数据，形成多源异构数据，面向业务模型数据进行多源异构深度融合，形成数据驱动的业务应用[8]。为了将制造阶段、运维阶段以数据驱动挖掘设计要素融入研发过程中，引入数字孪生技术，建立装备数字孪生体，构建全生命周期闭环反馈框架，如图2-2所示。

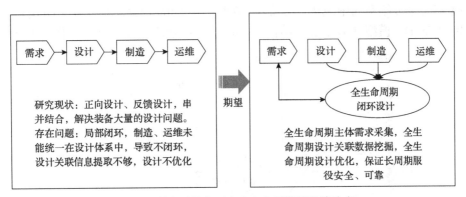

图 2-1　研发思路向面向全生命周期的思路改变

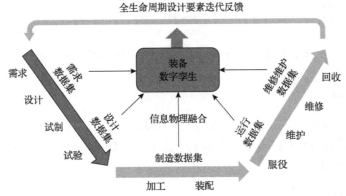

图 2-2　引入数字孪生和信息物理融合形成全生命周期闭环反馈框架

数字孪生是模拟优化现实场景状态与行为的重要技术手段，是一种跨学科、跨流程的赋能技术[9,10]，主要技术特征包括现实场景全要素的数字化精确表达、现实场景要素的实时感知与融合计算、场景要素状态和行为的建模仿真以及现实场景变化趋势的推演预测。针对复杂装备，其现实场景就是全生命周期各个阶段的具体业务过程。复杂装备全生命周期数据的全息采集及其相互之间的融合，在数字孪生模型中形成孪生作用，在设计阶段，实现基于历史设计缺陷和反馈设计迭代要素的仿真优化设计；在制造阶段，实现制造过程仿真评价与优化；在运维阶段，实现装备状态评估与故障预测，并在全生命周期进行闭环迭代优化等[11]。而这一切需要建立基于面向全生命周期闭环反馈的信息物理系统融合理论[12]。

2.2　复杂装备多维空间组成与表达

为了支撑装备全生命周期信息物理融合过程，将复杂装备的复杂活动和关系抽象在一个多维空间中表达，定义五个维度，用 Dim_i 表示，即时间维 Dim_1T、数据维 Dim_2D、模型维 Dim_3M、结构维 Dim_4Layer、知识维 Dim_5K，如图 2-3 所示。

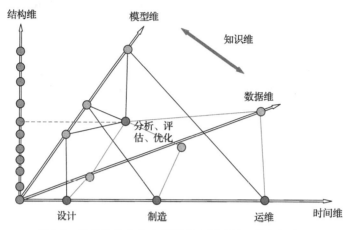

图 2-3　复杂装备全生命周期业务活动的五维空间表达

1. 时间维

时间维 Dim_1T，表达复杂装备全生命周期的设计、制造、运维等不同时间阶段，每个阶段用 Dim_1T_i 表示，Dim_1T_1、Dim_1T_2、Dim_1T_3 分别代表设计阶段、制造阶段、运维阶段。

2. 数据维

数据维 Dim_2D，表达复杂装备设计、制造、运维各阶段产生的各类型数据，每个阶段用 Dim_2D_i 表示，Dim_2D_1、Dim_2D_2、Dim_2D_3 分别表示设计阶段、制造阶段、运维阶段的数据内容。按照不同的视图可以分解为多个数据集，引入集合 $\{Dim_2D_iSetData\}$ 来表示。

(1)设计阶段数据集 $\{Dim_2D_1SetData\}$。设计阶段主要包括需求分析、功能设计、详细设计三个细分阶段，是以装备结构、功能、性能为体现的各种数据，可以分解为需求数据集 $\{Dim_2D_1SetDataReq\}$、功能及性能数据集 $\{Dim_2D_1SetDataFunAndPer\}$、结构数据集 $\{Dim_2D_1SetDataStr\}$、仿真分析数据集 $\{Dim_2D_1SetDataAna\}$ 和试验数据集 $\{Dim_2D_1SetDataTest\}$。

(2)制造阶段数据集 $\{Dim_2D_2SetData\}$。制造阶段主要包括工艺设计、生产加工两个细分阶段，装备结构组成的以制造工艺路线为主线的数据组集，可以分解为工艺设计数据集 $\{Dim_2D_2SetDataPro\}$、生产过程数据集 $\{Dim_2D_2SetDataImp\}$ 和生产组织数据集 $\{Dim_2D_2SetDataOrg\}$。

(3)运维阶段数据集{Dim₂D₃SetData}。运维阶段从装备服役运行开始，到装备报废失效阶段结束，是以装备结构组成的运行和维护为主线的数据组集，可以分解为运行数据集{Dim₂D₃SetDataOpe}、维修数据集{Dim₂D₃SetDataRep}、维护数据集{Dim₂D₃SetDataOpeMain}。

3. 模型维

1)按类型划分

面向复杂装备的数字孪生构建及应用的目标和需求，将复杂装备全生命周期模型分为三大类，即信息模型(information model, IM)、机理模型(principle model, PM)和领域模型(field model, FM)。

信息模型，是指根据表达框架组织起来的、具有完整功能的、能在计算机中表达的数据集合，信息模型包含三种类型，即状态信息模型、虚拟映射模型和孪生信息模型。状态信息是指从物理装备实际运行过程中采集的状态数据；虚拟映射模型是指在计算机中创建的物理装备映射体，即复杂装备全生命周期各阶段的各种形态在不同信息系统、应用软件中的表达，如将需求信息在产品平台中表达为需求模型、将装备的结构信息在 CAD 软件中表达为样机模型、将装备的加工工艺信息在计算机辅助工艺设计(computer aided process planning, CAPP)软件中表达为工艺规划模型等；孪生信息是指用虚拟映射模型模拟物理装备运行中产生的与状态信息模型相对应的模拟状态数据。总之，对装备全生命周期数据体系进行处理，并采用一定的框架组织起来，形成具有一定功能的数据集合，即复杂装备的信息模型。信息模型可表示为

$$IM = \{a_1, a_2, a_3, \cdots, a_i, \cdots\} \tag{2-1}$$

式中，a_i ($i=1,2,3,\cdots$)表示信息模型中所包含的数据项。

机理模型，往往通过物理模型抽象成数学模型，再变成可由仿真算法表述的仿真模型，以揭示事物的本质规律。其中，物理模型是对装备某一特性的形式化表达；数学模型是对特性的基于数学基础的表达；仿真模型在不同的输入条件下，多表现出由不同状态和数学模型计算出来的不同结果，一般包含求解方法或优化方法。机理模型包含装备的本质，因此建立精确的机理模型，通过在计算机中进行虚拟的仿真分析，可以观测到装备的不同状态，进而实现对装备的分析和优化。机理模型可表示为

$$PM = f(x_1, x_2, x_3, \cdots, x_i, \cdots) \tag{2-2}$$

式中，x_i ($i=1,2,3,\cdots$)表示物理装备结构或参数；f 表示作用规则。

领域模型，是指面向业务活动的应用模型，如设计优化、生产管控、状态评估、寿命预测、故障诊断、安全预警等，各类型领域模型面向复杂装备全生命周期不同的业务活动，支撑业务过程的实现[13]。领域模型一般包含复杂的过程。领域模型包括评估类、预测类和优化类三种：评估类领域模型通过分析状态信息模型数据与孪生信息模型数据的近似程度，进而修正机理模型，实现物理装备与虚拟映射模型同步；预测类领域模型通过分析状态信息模型数据和孪生信息模型数据，预测物理装备未来的行为和状态，更新虚拟映射模型相应结构的状态；优化类领域模型基于对物理装备未来行为和状态的预测，调整物理装备结构、运行参数和运行工况参数，以优化物理装备结构、运行方案和服役环境[14]。领域模型可表示为

$$FM = \{s_1, s_2, s_3, \cdots, s_i, \cdots\} \qquad (2\text{-}3)$$

式中，s_i (i=1,2,3,$\cdots$) 表示领域模型作用流程。

数字孪生模型，通过信息模型和机理模型融合，并由领域实时数据驱动共同作用形成新的结果。数字孪生模型的构建为信息模型和机理模型的融合过程，孪生的实质是多种模型之间的相互作用。在真实领域数据的驱动下，基于孪生模型可开展多种孪生的应用，如状态评估、寿命预测、故障诊断、安全预警、优化升级等[15]。数字孪生模型可以表示为

$$DTM = \{IM, PM, FM\} \qquad (2\text{-}4)$$

2）按时间阶段划分

模型维 Dim_3M，表达复杂装备设计、制造、运维阶段的各类型模型，用 Dim_3M_i 表示。Dim_3M_1、Dim_3M_2、Dim_3M_3 分别代表设计阶段、制造阶段、运维阶段的模型。

复杂装备每个阶段都包含信息模型、机理模型、领域模型，以及三者融合而成的数字孪生模型。在实际的业务过程中，每一个阶段的每一类模型都包含多个模型，因此将每一类模型都定义为模型集。

（1）设计阶段模型定义为四类集合：设计阶段信息模型{Dim_3M_1SetIM}，定义设计阶段所有的信息模型集合，可细分子集，主要描述装备模型、需求模型、设计流程模型、知识模型等；设计阶段机理模型{Dim_3M_1SetPM}，定义设计阶段所有的机理模型，主要描述基于假设工况的性能分析模型，包括动力学分析、强度疲劳可靠性分析、噪声分析等，可细分子集；设计阶段领域模型{Dim_3M_1SetFM}，定义设计阶段所有的领域模型，主要指因为上阶段设计缺陷传递在现有时间历程内收集得到的设计问题所形成的优化设计模型，是全机型领域模型，它是实现全

生命周期闭环反馈迭代后，因需求变动导致的改进优化设计的关键；设计阶段数字孪生模型$\{Dim_3M_1SetDTM\}$，由设计阶段的信息模型集、机理模型集、领域模型集抽取出面向领域的各种模型进行流程组合形成的孪生作用模型，由各种实时或亚实时信息物理数据驱动，以产生设计阶段的孪生作用。

(2) 制造阶段模型定义为四类集合：制造阶段信息模型$\{Dim_3M_2SetIM\}$，定义制造阶段所有的信息模型集合，可细分子集，主要包括工艺规划模型、工艺模型、生产过程资源模型等；制造阶段机理模型$\{Dim_3M_2SetPM\}$，定义制造阶段所有的机理模型，主要描述各类生产装备或生产系统运行原理模型，包括资源映射模型、制造逻辑模型、事件驱动模型、性能分析模型等；制造阶段领域模型$\{Dim_3M_2SetFM\}$，定义制造阶段所有的领域模型，主要指工艺精度预测模型、工艺规划评价模型、成本分析模型、质量分析模型等；制造阶段数字孪生模型$\{Dim_3M_2SetDTM\}$，由制造阶段的信息模型集、机理模型集、领域模型集抽取出面向领域的各种模型进行流程组合形成的孪生作用模型，由各种实时或亚实时信息物理数据驱动，以产生制造阶段的孪生作用。

(3) 运维阶段模型定义为四类集合：运维阶段信息模型$\{Dim_3M_3SetIM\}$，定义运维阶段所有的信息模型集合，可细分子集，主要描述数据模型、知识模型等；运维阶段机理模型$\{Dim_3M_3SetPM\}$，定义运维阶段所有的机理模型，主要描述复杂装备各级的动力学、强度及疲劳可靠性等原理模型，包括基于实时工况驱动的资源映射模型、性能分析模型等；运维阶段领域模型$\{Dim_3M_3SetFM\}$，定义运维阶段所有的领域模型，主要指对复杂装备进行生命周期数据模型驱动的状态分析与评估，包括性能分析、剩余寿命分析、安全预警、故障诊断等模型；运维阶段数字孪生模型$\{Dim_3M_3SetDTM\}$，由运维阶段的信息模型集、机理模型集、领域模型集抽取出面向领域的各种模型进行流程组合形成的孪生作用模型，由各种实时或亚实时信息物理数据驱动，以产生运维阶段的孪生作用。

4. 结构维

结构维 Dim_4Layer，表达复杂装备的多层级结构组成，可分为 6 层结构，Dim_4Layer_1、Dim_4Layer_2、Dim_4Layer_3、Dim_4Layer_4、Dim_4Layer_5、Dim_4Layer_6 分别表示整机、系统、子系统、部件、子部件、零件六个层级。六层结构形成复杂装备的结构树，多层级结构相互作用，每层之间互为上下关系，如图 2-4 所示。

复杂装备结构是全生命周期数据、模型和数字孪生的载体，以各级结构为对象开展数字采集、模型分析、孪生构建及应用，因此需要结构树具有可识别性、唯一性和可扩展性。各阶段业务过程汇总对装备结构划分方式不同，业务活动的对象和目标也不同，导致不同阶段的装备结构树存在差异，难以采用一套结构树

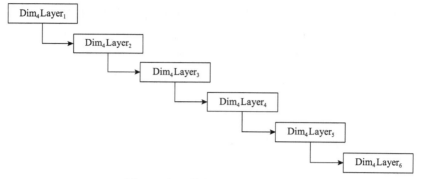

图 2-4　复杂装备六层级结构组成

贯穿全生命周期过程。因此，基于元模型建模理论，提出装备元结构树模型。根据现有复杂装备的结构层次数据，分析和归纳出现有结构的层级信息和拓扑关系；根据装备设计、制造、运维过程的特点，将复杂装备不同阶段的结构进行抽象；根据最小设计、制造、运维单元，划分结构树的叶子节点，构建统一元结构树；利用装备元结构树节点之间关系的动态变化，映射出装备在不同阶段和不同部门所对应的结构树视图，支撑全生命周期内各结构树视图之间的动态演化和映射，使得元结构树可以成为通用和高效的数据管理载体，如图 2-5 所示。

装备设计、制造和运维业务活动在不同的软件系统中完成，如产品平台、CAD 软件、CAE 软件、PDM 软件、CAPP 软件、制造执行系统（manufacturing execution system, MES）、运维系统等，各软件系统之间相互隔离，难以实现数据的共享和重用。因此，对装备结构树中的节点以及全生命周期的属性、模型进行统一编码，通过唯一编码在各个软件系统中关联结构的所有信息，实现全生命周期的贯通。结合复杂装备全生命周期特征，根据唯一性、完整性、简洁性、易处理性、继承性和可扩展性原则，复杂装备编码规则如图 2-6 所示，分别为产品编码、产品结构对象编码、产品生命周期阶段编码、属性参数编码以及生命周期模型编码。编码体系覆盖整机、系统、子系统、部件、零件等，同时包含装备的全生命周期编码及属性参数编码。

5. 知识维

知识维 Dim_5K，表达装备的各阶段形成的知识。复杂装备知识按来源和知识提取方法可分为如下五类，其中前四类来自应用不同的数据挖掘技术获取的知识，如图 2-7 所示。

（1）模型 Dim_3M 蕴含的数据驱动的分析处理模型类知识。这类知识是对同类复杂装备的信息模型、机理模型对应的算法进行聚类封装获得的知识，包括元结构树各节点对应的分析处理模型。对于基于监督的机器学习模型，它包括模型标

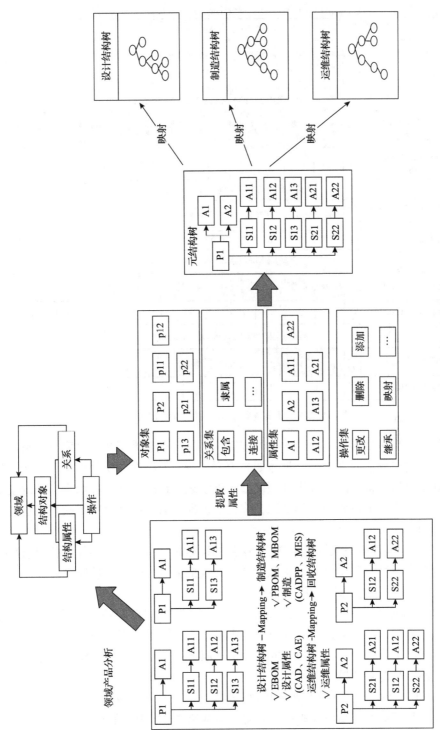

图 2-5　复杂装备元结构树构建及映射

编码体系																
产品编码(P-X-X-XX-XXX)																
产品编码(7位)	代号	大类	小类	产品类别		产品顺序号										
示例(P6200-001)	P	6	2	0	0	0	0	1								
产品结构对象编码(obj-X-X-XX-XX-XX-XX-XXX)																
产品结构对象编码(10+3位)	代号	系统	子系统	一级模块		二级模块		三级模块		最小制造维修单元		实例顺序号				
示例(obj6200000000-136)	obj	6	2	0	0	0	0	0	0	0	0	1	3	6		
产品生命周期阶段编码(Lcs-X-XX-XX)																
产品生命周期阶段编码(5位)	代号	周期阶段	子阶段		子过程											
示例(Lcs1-01-01)	Lcs	1	0	1	0	1										
属性参数编码(objA-X-X-XX-XX-XX-XXX)																
属性参数编码(11位)	代号	门类	大类	中类		一级分类		二级分类		属性参数						
示例(objA12010100001)	objA	1	2	0	1	0	1	0	0	0	0	1				
生命周期模型编码(objM-XX-XX-XX)																
模型编码(6位)	代号	模型分类		一级子模型		二级子模型										
示例(objM010102)	objM	0	1	0	1	0	2									

图 2-6　复杂装备结构、属性编码规则

记的数据，也包括自行编写的数据处理算法，其特点是模型基于时序感知数据驱动工作，输出分析处理结果。具体如高速列车转向架滚珠探伤处理模型、转向架振动处理模型、轴承温度分析处理模型、轴承裂纹预测模型、轴承寿命预测模型等，这类模型是很重要的一类知识，作为知识提取后，可针对后续同类装备进行迁移重用。

(2)数据蕴含的关联规则类知识。这类知识是来自对装备及零部件各领域数据集的挖掘，通过关联挖掘技术获取的规则，包括轴承、轮对、悬挂系统等关键零部件故障关联挖掘模型获得的规则等。

(3)数据蕴含的用户意图识别类知识。这类知识来自对装备及零部件各领域数据集的挖掘和非结构化知识抽取技术，主要用于模糊识别用户的意图，并按用户意图返回结果或为用户提供知识的主动推送服务，包括分词处理模型、意图识别模型、词库和搜索结果排序模型等。

(4)通过数据爬取获得的外部知识。这类知识来自本领域的互联网数据，通过数据爬取和半结构化知识抽取技术获得，包括论文、专利、百科卡片等。

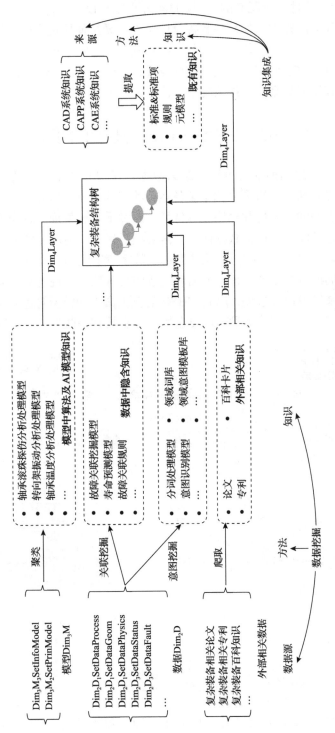

图 2-7　复杂装备及零部件全生命周期知识

(5)相关应用软件系统既有的知识。这类知识来自设计、制造、运维阶段既有的软件系统中积累的知识，如复杂装备设计 CAD 系统使用过程中积累的需求模板、装备结构元模型、各模块设计参数标准规则；CAPP 系统中工艺模板、工艺参数库、参数实例化规则；高级计划与排程（advanced planning and scheduling, APS）系统中各类排程调度规则；运维系统中的检修规范等。

2.3　多维度多层次信息物理融合模式

复杂装备全生命周期活动可以归结为数据、模型和孪生三域动态关联的过程[16-18]，如图 2-8 所示。数据来源于装备运行状态的采集，体现出实时和非实时的信息、物理类型的多源性和异构性等特征，通过采集、整理、融合形成面向全生命周期的相互关联的一体化数据体系，需要经历采集、清洗、整理、汇聚、关联、集成、映射、抽取、挖掘等过程才能通过数字孪生应用于业务活动[19]。模型是来自全生命周期过程中各种任务或活动组成的具有功能表现的抽象表达，代替传统的以文档来组织业务过程，形成 MBSE 的全生命周期模型管理体系。模型之间不一定是独立的，根据业务逻辑的复杂耦合关系具有关联性、时序性，模型之

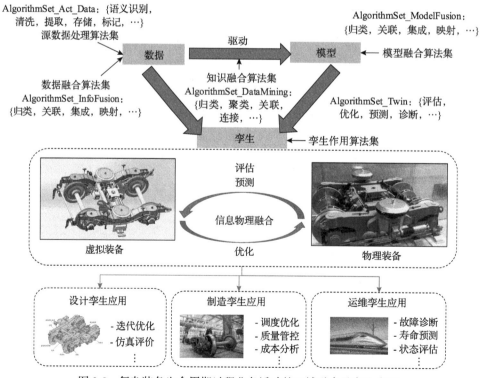

图 2-8　复杂装备生命周期过程业务活动的三域融合及孪生应用

间必然融合。为了对复杂装备设计、制造、运维各物理过程进行监控、诊断、预测，需要采集当时的状态数据[20]，并与模型"实时"融合，建立设计孪生、制造孪生、运维孪生，通过评估、预测、优化等孪生作用，形成对装备设计过程迭代优化、仿真评价、设计预测，制造过程实时调度、质量管控，运维过程故障诊断、状态评估等业务活动的孪生应用。

2.3.1　复杂装备全生命周期数据维融合

复杂装备全生命周期数据维融合首先是时间维与数据维之间的融合，形成全生命周期数据体系。在全生命周期数据体系的形成中，引入元数据集概念。元数据集就是由数据集合或者子集中形成的有一定的目的或相似性聚类在一起的数据集组成。首先形成元数据集 Sub{Sub{Sub{Dim$_2$D$_i$SetData}}}，这些元数据集将按照流、非流数据，结构、半结构、非结构化数据形成来自物理或信息空间的静态或动态数据，根据文档、图片、表格、模型、文件、视频等来源形成多源异构数据，再通过对这些源数据的单方面处理算法或算子集 AlgorithmSet_Act_Data：{语义识别，清洗，提取，存储，标记，归类，…}进行处理，从而形成大量规范的元数据集，如图 2-9 所示。

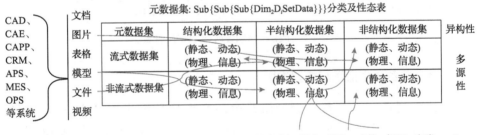

图 2-9　复杂装备各类型数据
CRM 为客户关系管理

为了形成全生命周期数据体系或履历，需要对整个元数据集组成的大量数据集合进行融合处理[21]。融合处理可由融合算法或算子集 AlgorithmSet_InfoFusion：{归类，关联，集成，映射，…}来完成，分别代表一类的算法或算子还可以更进一步细分。数据融合是对两类数据进行双方面的处理。

数据的融合处理有多个层面，如图 2-10 所示。数据纵向融合，是指同一周期阶段数据在结构维度的融合。设计、制造、运维每个周期阶段形成的{归类}元数据集向结构的分层结构点(被编码的元结构树){关联}，形成各周期阶段内部以元结构树为核心的数据集组织形式。数据横向融合，是指同一结构的数据在不同周期阶段维度的数据融合。元结构树在数字样机形成后，形成{编码}体系，基于编码体系，设计阶段数据集将向后面两个周期阶段{映射}融合形成各阶段需要的数据体系。其中设计阶段元结构树数据集将{抽取}部分数据向制造阶段{映射}，经制造阶段处理后，形成制造阶段数据履历；设计阶段同样{抽取}大量数据子集向运维阶段{映射}、{关联}，汇合制造阶段的履历数据向运维阶段{映射}、{关联}形成的数据子集，共同作用运维阶段处理后，形成复杂装备的全生命周期数据履历。

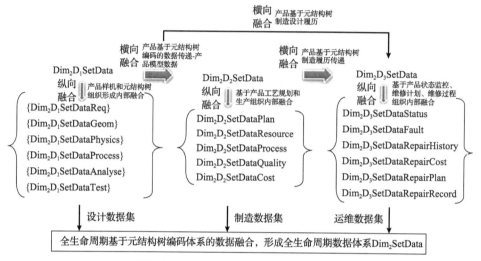

图 2-10　全生命周期各阶段数据维融合

2.3.2　复杂装备全生命周期模型维融合

设计、制造、运维每个周期阶段由四类模型集组成，包括信息模型集 $Dim_3M_iSetInfoModel$、机理模型集 $Dim_3M_iSetPrinModel$、领域模型集 $Dim_3M_iSetFieldModel$、孪生模型集 $Dim_3M_iSetTwinModel$。

为了形成全生命周期模型体系，需要对整个元模型集组成的大量模型集合进行融合处理，融合处理可由融合算法或算子集 AlgorithmSet_ModelFusion：{归类，关联，集成，映射，…}来完成，分别代表一类的算法或算子可以更进一步细分。模型融合是对两类模型进行双方面的处理，融合关系如图 2-11 所示。

复杂装备全生命周期模型融合分为三个层面。

(1)第一层面：各阶段三类模型内部的融合。每类信息模型都是基于元结构树的节点和节点层次关系形成不同类型的信息模型，且相互关联和动态更新。

(2)第二层面：孪生模型是由信息模型、机理模型与领域应用模型组成的模型，在实时信息物理融合数据的驱动下各模型相互作用产生孪生作用，设计阶段主要完成设计的优化和改进，制造阶段主要完成生产的质量和成本的管控，运维阶段则是完成元结构树各节点的故障诊断与预测、性能评估与分析以及寿命预测等[22]。

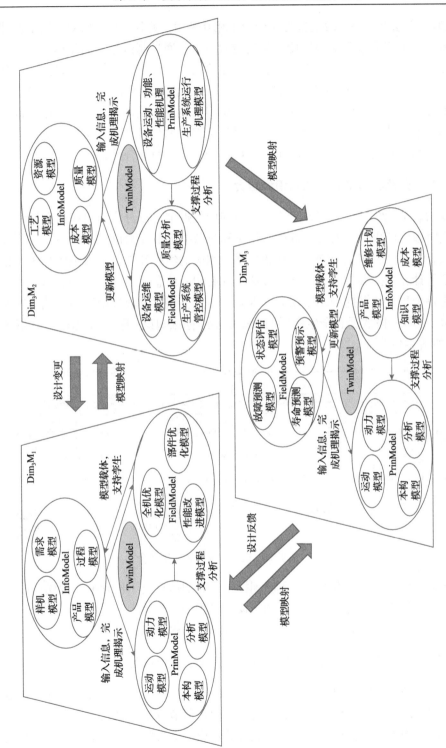

图 2-11　全生命周期各阶段模型维融合

（3）第三层面：各阶段模型之间会产生相互映射、关联和传递关系。其中设计阶段产生的模型通过元结构树传递到制造阶段，再通过制造过程的作用反馈回设计阶段进行更新；制造阶段模型映射到运维阶段，用于指导维修、了解故障、预测寿命等；设计阶段模型映射到运维阶段，用于了解装备元结构树各节点的性能、剩余寿命等，运维阶段产生的孪生作用结果将及时反馈到设计阶段，形成对设计改进需求点，从而驱动整个全生命周期闭环反馈，迭代设计。三类模型集都会在三个阶段相互关联、映射，形成闭环，具有错综复杂的融合关系。

2.3.3　基于数据和模型积累的知识维融合

复杂装备元结构树节点各阶段全生命周期数据维可以分为历史积累数据和当前一定时段内产生的"实时"数据。历史积累数据形成庞大的数据体系，这些数据体系相互关联、相互影响，不断积累形成相应的经验和知识，可采用基于大数据及智能计算与挖掘相结合的处理方法找到有用的信息。而面向领域的孪生模型应用是整个积累数据挖掘的驱动力。因此，通过各周期阶段模型维的领域孪生模型需求，在各阶段数据和全生命周期数据中不断挖掘知识，形成知识模型（知识图谱），如图 2-12 所示。

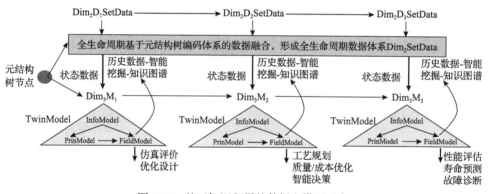

图 2-12　基于知识积累的数据和模型融合

该阶段将形成的知识模型又更新到模型维度的信息模型包含的知识模型中，不断完善和积累知识模型。在形成知识模型过程中，将采用大量的智能计算、智能挖掘算法，形成该维度的算法或算子集 AlgorithmSet_DataMining。

2.3.4　面向孪生应用的结构维、数据维、模型维、知识维融合

复杂装备元结构树的节点数据和模型首先解决该节点面临的设计、制造和运维过程中，以及全生命周期中的各种问题。但任何节点都不是独立存在的，它们在装备的结构层次中生长，并与各组成部分形成上下关联，在整个装备服役过程

中传递各个零部件需要的运动、受力等物理过程。因此，所有元结构树的数据和模型先与同级节点的数据和模型集进行融合，再与上层父节点和下层子节点的数据和模型集进行融合，逐层融合，通过整机服役性能逐层反向传递给元结构树各节点的功能和性能，构成最终的融合，如图 2-13 所示。

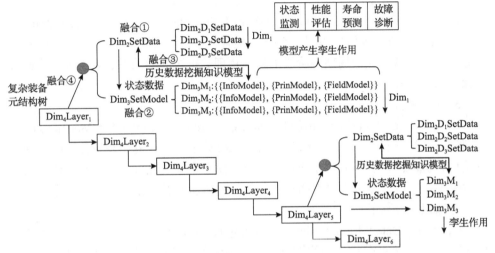

图 2-13 面向复杂装备分解结构的数据维、模型维的融合

孪生模型由信息模型、机理模型和领域模型组成，在实时数据驱动下产生孪生作用。在孪生作用过程中，已有的历史数据通过大量的智能计算、关联分析、数据挖掘形成知识图谱表达的知识模型，共同与实时数据作用在孪生模型上，解决装备的大量性能劣化、故障诊断、寿命预测、设计优化等方面的具体问题。因此，孪生也是一个算法或算子组成的集合，定义为 AlgorithmSet_Twin。

2.3.5 复杂装备全生命周期信息物理融合算子

所有的数据、模型和孪生融合过程均需要相应的动作处理才能完成，可以采用广义算子的概念来处理。广义算子定义为对数据或模型空间的操作。数据和模型空间根据分类的大小呈现不同的子集，即

$$\text{Operator } A: f(x\ \text{space}) \tag{2-5}$$

式中，$x\ \text{space}$ 为某个给定数据或模型集，f 为对 $x\ \text{space}$ 进行操作最终形成的结果。

面向复杂装备全生命周期的信息物理融合与数字孪生应用，定义五类算子来实现整个业务活动，即数据处理算子、数据融合算子、模型融合算子、知识融合算子和孪生应用算子。

1）数据处理算子

Operator Data_Collection: $fun_1(sub(Dim_2D_iSetData))$，$fun_1 \in$ AlgorithmSet_Act_Data：{语义识别，清晰，提取，存储，标记，…}，该类算子主要处理复杂装备全生命周期各阶段信息，完成物理数据的预处理，形成可用的数据源。

2）数据融合算子

Operator Data_Fusion: $fun_2(sub(Dim_2D_iSetData))$，$fun_2 \in$ AlgorithmSet_InfoFusion：{关联，归类，集成，映射，整合，…}，该类算子主要在 fun_1 的基础上处理复杂装备全生命周期各阶段信息、物理数据之间的关系、聚类等，形成可互操作的数据集。

3）模型融合算子

Operator Model_Fusion: $fun_3(sub(Dim_3M_i))$，$fun_3 \in$ AlgorithmSet_ModelFusion：{关联，映射，聚类，集成，接口，…}，该类算子主要在复杂装备各阶段各种信息模型、机理模型、领域模型的基础上进行模型之间的充分融合，并形成相应的孪生模型，用以支撑全生命周期各阶段单独的活动或者互相关联的活动等。

4）知识融合算子

Operator Data_Mining: $fun_4(sub(Dim_2D_iSetData))$，$fun_4 \in$ AlgorithmSet_DataMining：{方差分析，关联性分析，机器学习，智能计算，统计分析，…}，该类算子主要在 fun_1 和 fun_2 的基础上从复杂装备全生命周期各阶段信息、物理数据集中挖掘出价值信息，形成相应的经验、知识或者规则等。

5）孪生应用算子

Operator Twin_Action: $fun_5(sub(Dim_3M_i)$，$sub(Dim_2M_i$，$Dim_4Layer_i))$，$fun_5 \in$ AlgorithmSet_Twin：{仿真，评价，预测，诊断，优化，…}，该类算子在各种状态数据的驱动下，基于数据集合的知识挖掘，并在信息模型、机理模型、领域模型深度融合形成的孪生模型上实现评估、预测、优化等孪生作用，支持复杂装备全生命周期设计迭代优化、降低成本、提升质量和改进性能等孪生应用。

2.4　复杂装备全生命周期信息物理融合理论技术路径

复杂装备全生命周期四维度多层级信息物理融合理论是一套完整、复杂的理论体系，涉及装备全生命周期的多源异构信息物理数据采集与融合、多模型融合的数字孪生构建，以及面向设计、制造、运维各阶段业务场景的数字孪生应用[23-25]。在制造企业开展装备信息物理融合理论的应用实施，需要完整的方法技术、软件平台做支撑[26,27]，如图 2-14 所示。首先从数据挖掘与知识融合、孪生构建、孪生应用三个维度对总体理论进行细化，并构建相应的技术体系，以此为基础搭建装备全生命周期数字孪生平台，作为理论应用实施的载体。

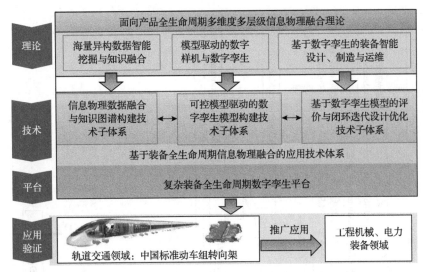

图 2-14　复杂装备全生命周期信息物理融合理论实施路径

2.4.1　融合理论多维度拆解

复杂装备全生命周期多维度多层级信息物理融合理论涉及全生命周期设计、制造、运维各阶段的数据集和子集 $Dim_2D_iSetData(i=1,2,3)$，以及全生命周期各阶段整合形成的数据体系 $Dim_2SetData$，其中包括对数据加工的算法或算子集 AlgorithmSet_Act_Data，数据融合算法或算子集 AlgorithmSet_InfoFusion；对于全生命周期各阶段的模型，同样包括各阶段的模型集合、子集以及全生命周期模型之间的关联、映射关系，涉及模型之间相互作用的算法或算子集 AlgorithmSet_ModelFusion；当数据集和模型集相互融合时，将形成面向领域的、基于历史数据驱动的知识更新模型，以及产生面向多模型融合、基于实时数据驱动的孪生作用，其中将涉及大量基于数据挖掘、处理等的智能计算、智能挖掘算法或算子 AlgorithmSet_DataMining。这一切都将在整个复杂装备基于元结构树的分解结构维度上逐层融合，进而产生各个节点及不同关联节点组成的孪生应用，采用孪生算子或算法 AlgorithmSet_Twin 来实现。

为了在制造企业开展该理论的实施，可从"数据""模型""应用"三个维度进行细化。数据维解决数据和知识的问题，是数字孪生模型作用的驱动源；模型维解决数字孪生模型构建问题，是孪生模型作用的基础；应用维解决数据和知识驱动模型形成孪生产生各项作用的问题，并解决业务过程中的具体问题，如图 2-15 所示。

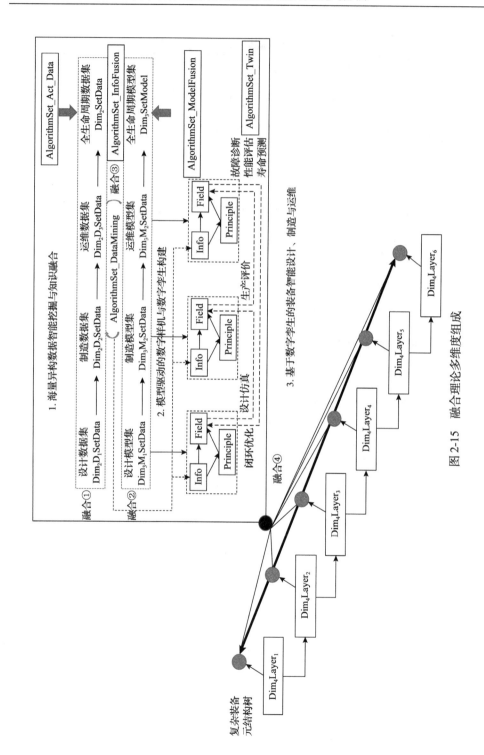

图 2-15 融合理论多维度组成

1. 海量异构数据智能挖掘与知识融合(数据维)

数据维主要解决复杂装备元结构树各节点全生命周期数据集的采集、数据的处理以及数据的挖掘等问题，汇合不同领域的孪生模型应用，形成基于数据挖掘的知识图谱和知识模型集。该部分主要形成全生命周期各阶段数据维的融合，以及基于数据维和模型维融合后的知识模型，实现知识融合。

2. 模型驱动的数字样机与数字孪生构建(模型维)

模型维主要解决复杂装备元结构树各节点全生命周期孪生模型的源头、数字样机的构建、生成式设计问题，以及样机模型表达问题；模型集驱动全生命周期各阶段孪生模型集构建、映射机制以及更新机制。该部分主要形成全生命周期各阶段模型维的融合。

3. 基于数字孪生的装备智能设计、制造与运维(应用维)

应用维主要解决复杂装备元结构树各节点全生命周期孪生模型的作用问题，包括设计阶段的设计仿真、设计改进、闭环设计优化，制造阶段的基于模型的仿真、制造评价，运维阶段的故障诊断、寿命预测、性能评估等，并在各阶段提取设计敏感要素，汇聚到设计阶段，动态改变设计需求，从而形成反馈模式，实现基于历史缺陷和现有动态要素驱动的正向设计和闭环反馈设计、改进设计等。

2.4.2　关键技术体系

1. 海量异构信息物理数据融合与知识图谱构建技术

以"海量异构数据智能挖掘与知识融合"为基础，解决复杂装备全生命周期多源异构数据"采集-管理-融合-挖掘"问题，以形成装备知识图谱。数据是模型的输入和基础，同时可以衍生出知识，作用于模型及孪生应用。复杂装备全生命周期数据异常复杂，具有多源性、异构性、实时性、非实时性、多粒度性、多模态性等特征。首先对海量、散乱、相互隔离的多源异构信息物理数据进行清洗、提取、归类、标识与整合，形成以复杂装备分解结构为核心的统一数据模型；复杂装备全生命周期数据隐含了大量的知识，对全生命周期采集的全要素多源、多粒度信息物理数据虚实进行知识挖掘与知识发现，基于融合全周期海量信息物理数据对模型的作用机理，形成全生命周期信息物理数据智能挖掘及知识融合方法。

2. 可控模型驱动的数字孪生模型构建技术

以"模型驱动的数字样机与数字孪生构建"为基础，解决复杂装备样机模型生成、数字孪生模型构建以及全生命周期数字孪生模型关联映射问题。复杂装备的结构、功能、性能、行为异常复杂，从全生命周期各阶段考虑更是涉及多专业、多学科、多领域的业务集成，是一种多维度叠加型的复杂系统工程。为了在全生命周期中挖掘到影响设计的众多要素，需要建立大量的功能模型、结构模型、力学模型、数学模型、仿真模型、评估模型、预测模型等，而这些模型体现了强烈的交叉性、耦合性、关联性，甚至矛盾性。通过可控模型驱动的装备设计、制造、运维多阶段数字孪生模型构建和模型关联及融合技术，建立全生命周期虚实结合的统一孪生模型，破解全生命周期研发要素考虑不全面、设计不闭环、模型不统一等难题，为实现复杂装备面向全生命周期动态设计需求反馈开展迭代设计优化提供模型保证。

3. 基于数字孪生模型的评价与闭环迭代设计优化技术

以"基于数字孪生模型的装备智能设计、制造与运维"为基础，解决基于数字孪生、融合知识图谱的装备仿真分析、状态监测、故障诊断、迭代优化设计等问题。所有的数据、模型以及多维度多层级融合，最终都是为了实现数字孪生在装备业务活动中的应用，因此需要面向数据、知识驱动设计相关孪生模型，构建性能评估、故障诊断、寿命预测等业务驱动的孪生模型的表达方法，形成基于数字孪生的评价及面向全生命周期动态设计需求要素反馈的整机闭环优化迭代方法，突破全机数字孪生体下装备评价与闭环迭代设计优化技术。

2.4.3　面向装备全生命周期信息物理融合理论的实践平台构建

面向装备全生命周期信息物理融合理论的实践平台是信息物理融合理论、方法、技术、工具的载体，也是结合具体装备对象和业务场景开展应用的载体，是面向全生命周期的复杂装备数字孪生服务的模型数据可视化交互整体解决方案，如图 2-16 所示。该平台以复杂装备三维模型和全阶段、全要素信息物理数据为基础，对复杂装备三维模型和全生命周期多源异构数据进行存储和管理，建立包含装备结构维、时间维的数据管理体系；在云端对装备三维模型进行轻量化重构，面向设计、制造、运维等不同业务需求形成多形态装备结构树；通过装备结构编码实现对全生命周期数据的关联和映射；管理复杂装备全生命周期的信息模型、物理模型、机理模型等基础模型，建立数据与模型之间、模型与模型之间的相互作用关系，管理各模型相关算法；对复杂装备全生命周期数据及业务过程深度挖掘，建立面向不同结构节点、不同业务场景的复杂装备知识图谱。该平台以全周期、全要素装备数字孪生模型建模技术为基础，通过"数据-模型"融合建立面向多业务场景的数字孪生模型，在领域实时数据、知识图谱的驱动下，可实现仿真分析、迭代设计、状态评估、性能预测、寿命预测、运行优化等孪生应用。

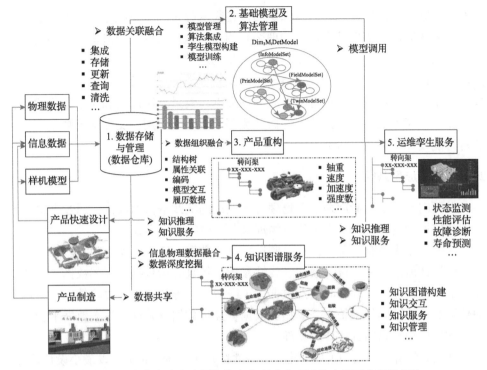

图 2-16　面向装备全生命周期信息物理融合理论的实践平台逻辑架构

　　以装备四维空间表达建立装备结构、数据、模型及周期的管理体系,在结构维,开发可配置的装备元结构树构建及编码工具,通过元结构树关联数据及模型;在数据维,从硬件和软件层面建立数据采集、数据传输、数据预处理、数据存储、数据管理等大数据平台整体解决方案;在模型维,采用模型注册、模型调用的微服务模式,对业务过程中涉及的机理模型、智能算法模型进行统一管理;在周期维,开发多阶段结构树映射工具,将装备元结构树映射形成设计、制造、运维各阶段结构树。以四维管理体系为基础,对装备结构及全生命周期的数据、模型进行统一管理,支撑信息物理融合和数字孪生应用。

　　装备全生命周期数据及业务过程中隐含了大量有用的知识。在平台中集成知识图谱构建与服务子系统,包括领域本体建模、知识抽取、知识管理、知识交互服务等功能。通过对数据和业务活动进行深度关联挖掘,提取有用知识,建立装备多维度知识图谱,采用主动搜索、智能问答、智能推理等方式提供嵌入式知识服务,充分发挥装备履历信息的价值。

　　信息物理融合和数字孪生构建的目的是服务于装备设计、制造、运维阶段业务活动,在平台中集成装备智能设计子系统、制造孪生子系统、运维孪生子系统。智能设计子系统以需求元模型、过程元模型为驱动,采用配置设计的方式形成设计方案,并生成样机模型,通过知识图谱在需求分析、方案配置、配置变更等节点的嵌入式应用,实现基于信息物理融合的闭环迭代设计。制造孪生子系统建立生产车间虚拟重构模型,采集制造过程信息物理数据,对设备故障、质量问题等异常扰动进行实时管控,实现制造过程信息物理数据融合及数字孪生应用。运维孪生子系统接入装备运行过程的实时物理数据,通过算法调用和模型集成建立状态监测、性能评估、故障诊断、寿命预测等数字孪生作用,支撑基于数字孪生的装备智能设计、制造与运维。

2.4.4 理论应用路径

以面向装备全生命周期信息物理融合理论的实践平台为载体,通过在该平台上创建应用案例和场景,实现信息物理融合理论的应用实践。

首先,搜集现有装备的设计、制造、运维数据,统一入库管理。例如,已有装备的设计需求数据、设计模型、属性参数、仿真分析数据,工艺数据、制造过程质量数据,运维过程实时状态数据、工况数据、异常数据、故障数据、维修维护数据等。从不同的系统中采集相关数据,经过数据预处理,在大数据平台中按照元结构树和编码的方式统一管理。

其次,分析装备结构组成,建立装备元结构树并统一编码。以最小设计单元、最小制造单元和最小运维单元为叶子节点,构建装备元结构树,关联各节点的模型、属性信息,对元结构树及属性进行统一编码。根据元结构树建立装备模型管理库,将现有装备的各层级结构模型进行轻量化处理和结构化管理。

然后,整理装备设计、制造、运维过程中用到的机理模型和算法模型,按照五种算法分类建立算法库。基于微服务组织架构,按照统一的语言、版本、格式要求整理所有算法,并在平台上注册、调试,形成可调用的微服务。

最后,构建装备多维度知识图谱。对现有装备全生命周期履历数据进行知识挖掘,构建装备需求、设计、制造、故障等多维度知识图谱,通过深度关联挖掘等算法形成可用于指导新装备设计的知识。

通过以上步骤形成装备信息物理融合和数字孪生应用的数据、模型、知识基础,可应用于实际业务中。在智能设计子系统中开展新装备的定制设计,定义设计流程,根据现有装备的设计需求、设计模型,结合新装备的设计需求,快速推荐相似的设计方案,在此基础上进行配置变更,在变更时充分考虑新需求和现有装备的故障信息。在制造孪生子系统中开展新装备的制造仿真优化与过程管控,建立生产车间的虚拟重构模型,结合装备零部件工艺路径和生产计划进行智能排产和仿真优化,在生产执行过程中,实时采集过程数据、质量数据,对生产扰动进行实时管控,保障加工质量和交付周期。在运维子系统中开展装备智能运维,根据传感点位置和类型配置虚拟监测点，从大数据平台中接入实时物理数据；建立实时状态监测与性能评估任务，了解装备运行状态；对于装备故障，调用故障时间点附近的监测数据，结合机理仿真数据，进行故障诊断和寿命预测，用以指导装备的维修维护。

　　以上是装备全生命周期、全业务过程的信息物理融合和数字孪生应用过程，企业可根据实际需求和现有基础，选择其中的某些功能模块和场景开展理论应用。

参 考 文 献

[1] 王红雨, 顾翠, 敬石开. 统一 MBD 数据集在产品全生命周期中的应用研究[J]. 制造业自动化, 2013, 35(24): 56-60.

[2] 周永, 罗小琦, 李荣强, 等. 面向全生命周期的飞机产品数据架构技术[J]. 航空学报, 2016, 37(1): 324-334.

[3] 余进文, 佟国香, 屈亚宁, 等. 复杂产品全生命周期数据模型关联优化技术[J]. 计算机与数字工程, 2022, 50(7): 1417-1421, 1433.

[4] 陶璟, 邬如靖, 鲍宏, 等. 面向可持续价值共创的跨组织协同产品全生命周期设计方法[J]. 机械工程学报, 2023, 59(13): 216-227.

[5] 王占富, 王姣晶, 王羿, 等. 基于QC小组活动的飞机产品全生命周期设计[J]. 飞机设计, 2022, 42(3): 73-76.

[6] Daaboul J, Le Duigou J, Penciuc D, et al. An integrated closed-loop product lifecycle management approach for reverse logistics design[J]. Production Planning & Control, 2016, 27(13): 1062-1077.

[7] 郭万林. 机械产品全生命周期设计[J]. 中国机械工程, 2002, 13(13): 1153-1158.

[8] Zhang L L, Xie Y X, Luan X D, et al. Multi-source heterogeneous data fusion[C]. International Conference on Artificial Intelligence and Big Data(ICAIBD), Chengdu, 2018: 47-51.

[9] Tao F, Zhang H, Liu A, et al. Digital twin in industry: State-of-the-art[J]. IEEE Transactions on Industrial Informatics, 2019, 15(4): 2405-2415.

[10] Tao F, Sui F, Liu A, et al. Digital twin-driven product design framework[J]. International Journal of Production Research, 2019, 57(12): 3935-3953.

[11] 赵珂, 顾佳, 姜喜民. 动车组转向架轴箱剩余寿命预测方法研究[J]. 软件, 2020, 41(3): 219-224.

[12] 王剑, 王好臣, 李学伟, 等. 基于OPC UA 的数字孪生车间信息物理融合系统[J]. 现代制造工程, 2023, (4): 43-50.

[13] 高士根, 周敏, 郑伟, 等. 基于数字孪生的高端装备智能运维研究现状与展望[J]. 计算机集成制造系统, 2022, 28(7): 1953-1965.

[14] 曹益铭, 陈悦峰, 麻雄, 等. 基于数字孪生的装甲装备故障与健康管理参数优化平台研究[J].

天津理工大学学报, 2022, 38(2): 8-13.

[15] Hu M H, He Y, Lin X Z, et al. Digital twin model of gas turbine and its application in warning of performance fault[J]. Chinese Journal of Aeronautics, 2023, 36(3): 449-470.

[16] Zheng Q, Ding G, Xie J, et al. Multi-stage cyber-physical fusion methods for supporting equipment's digital twin applications[J]. The International Journal of Advanced Manufacturing Technology, 2024, 132(11-12): 5783-5802.

[17] Zheng Q, Ding G, Zhang H, et al. An application-oriented digital twin framework and the multi-model fusion mechanism[J]. International Journal of Computer Integrated Manufacturing, 2023, (1): 1-24.

[18] Zhang H, Li R, Ding G, et al. Nominal digital twin for new-generation product design[J]. The International Journal of Advanced Manufacturing Technology, 2023, 128(3-4): 1317-1335.

[19] Wei Y Y, Law A W K, Yang C. Real-time data-processing framework with model updating for digital twins of water treatment facilities[J]. Water, 2022, 14(22): 3591.

[20] Ruah C, Simeone O, Al-Hashimi B M. A Bayesian framework for digital twin-based control, monitoring, and data collection in wireless systems[J]. IEEE Journal on Selected Areas in Communications, 2023, 41(10): 3146-3160.

[21] Wang B, Li Z C, Xu Z Y, et al. Digital twin modeling for structural strength monitoring via transfer learning-based multi-source data fusion[J]. Mechanical Systems and Signal Processing, 2023, 200: 110625.

[22] Xiong M L, Wang H W, Fu Q, et al. Digital twin-driven aero-engine intelligent predictive maintenance[J]. The International Journal of Advanced Manufacturing Technology, 2021, 114(11): 3751-3761.

[23] 丁国富, 何旭, 张海柱, 等. 数字孪生在高速列车生命周期中的应用与挑战[J]. 西南交通大学学报, 2023, 58(1): 58-73.

[24] Jiang H F, Qin S F, Fu J L, et al. How to model and implement connections between physical and virtual models for digital twin application[J]. Journal of Manufacturing Systems, 2021, 58: 36-51.

[25] 陶飞, 戚庆林, 王力翚, 等. 数字孪生与信息物理系统: 比较与联系[J]. Engineering, 2019, 5(4): 132-149.

[26] Zhou J, Zhou Y H, Wang B C, et al. Human-Cyber-Physical systems (HCPSs) in the context of new-generation intelligent manufacturing[J]. Engineering, 2019, 5(4): 71-97.

[27] Liu B, Zhang Y R, Cao X L, et al. A survey of model-driven techniques and tools for cyber-physical systems[J]. Frontiers of Information Technology & Electronic Engineering, 2020, 21(11): 1567-1590.

第 3 章　海量异构数据智能挖掘与知识融合

复杂装备全生命周期数据包括多源异构的业务履历数据和制造/运维过程采集的海量感知数据两大类，前一类数据的特征是多源异构性，后一类数据的特征是采集协议的异构性、数据的海量性和实时价值性。对这些数据进行有效整合和分析挖掘，是构建设计优化迭代和数字孪生的基石[1-3]。数据挖掘是以数据库和机器学习技术为基础探索数据中隐含知识的过程，主要包括数据采集、数据清洗、数据集成、选择变换、数据挖掘、模式评估和知识应用几个过程，本章按此路线介绍复杂装备全生命周期数据融合、知识挖掘、知识管理和应用服务技术。

3.1　全生命周期数据融合模式构建

复杂装备涉及众多物理信息系统，导致多维异构信息难以在系统层面上得到统一表达，全生命周期数据关联映射和闭环反馈是复杂装备数字孪生的基础。数据融合分为模式层融合和数据层融合，针对复杂装备全生命周期装备闭环迭代对数据的完整性和一致性需求，本节先介绍模式层融合技术。

3.1.1　全生命周期数据构成及特点分析

复杂装备全生命周期数据伴随着装备规划、设计、制造和运维过程不断产生，其业务数据记录在不同的信息化软件系统中，制造及运维过程的感知数据由不同类型的传感器采集并与相应的信息化软件系统交互。复杂装备全生命周期数据来源及构成如图 3-1 所示。图中，数据内容层描述各阶段的数据实体；数据来源层描述数据产生和存储的既有应用软件系统，图中仅示意了系统的类型，如 CAD、PDM、ERP 等；数据类型层对各数据实体属性对应的数据类型进行描述。

从数据集成和数据挖掘的角度来看，结合数据本身的特点和用途，可将数据分为业务履历数据和过程感知数据两类。

1. 业务履历数据

业务履历数据描述装备及零部件从需求→设计→分析→制造→运维→报废全生命周期的业务过程，如图 3-1 中数据内容层白色框所示，这些数据记录业务活动及其产生的结果，如用户需求、设计参数和数字样机等，这类数据体量不大，但具有多源异构的特点，即同一数据实体可能来自多个既有业务系统，存在数据模式异构及数据冗余等问题。

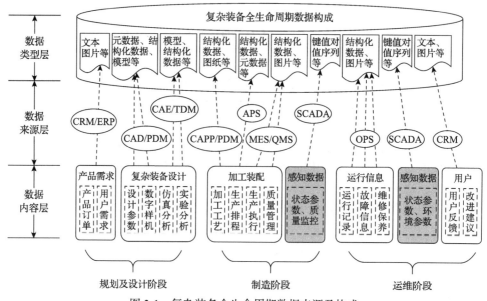

图 3-1　复杂装备全生命周期数据来源及构成

QMS 为质量管理体系

2. 过程感知数据

过程感知数据描述装备及零部件制造和运维过程中通过传感器或设备接口采集的实时数据，如图 3-1 中数据内容层灰色框所示，包括生产加工过程中设备切削进给量，运行过程中轴承的振动、温度等，这类数据具有传感协议异构、数据海量、数据类型多样(包括文本、图像、声音、视频)和需要进行实时分析计算的特点。数据的实时分析计算可用于指导和改进业务过程，因此需要建立与业务数据间的关联映射。

全生命周期数据集成的目标是将来自不同来源、不同格式、不同语义的数据整合在一起，使其完全融合，形成一个大型的数据仓库，以满足溯源分析和决策支持需求。

3.1.2　全生命周期数据关联模式构建方法

多源异构数据集成面临以下挑战：①数据模式异构性，即数据源可能来自不同的应用、不同的组织，所以数据模式也可能不同；②语义的异构性，即异构数据源可能使用不同的术语和语义，造成数据的歧义和误解；③数据质量的差异，即不同数据源的数据质量可能存在差异，包括数据完整性、一致性和准确性等。因此，数据集成需要完成数据转换、数据清洗、数据匹配和数据冲突解决等复杂的操作。

1. 多源异构数据集成技术现状

语义映射技术及数据集成中间件目前常用于解决多源异构数据集成问题，常见方法包括以下三类[4,5]。

(1) 基于规则映射的集成方法：利用规则描述数据之间的映射关系和转换关系，需要建立规则库，并对规则进行维护和更新。

(2) 基于本体的集成映射方法：通过建立本体来描述数据元素的语义信息，然后利用本体中的概念、属性等进行语义匹配，最终实现异构数据之间的集成，需要建立本体，并对本体进行维护和更新。

(3) 基于语义相似度的映射方法：语义相似度可以描述不同概念间的语义相关程度，该方法可以用于解决数据语义相似但不完全一致的问题，需要对语义相似度进行计算和匹配。

上述方法将在复杂装备全生命周期数据融合模式构建的不同层次上进行应用。

2. 数据集成模式构建方法

数据集成模式的构建可采用自上而下或自下而上的方式[6]，这两种方式的特点如下。

(1) 自上而下构建：从整体出发，先构建高层次的数据模型，再逐步细化到低层次。这种方式的优点是能够快速设计出一个完整的数据模型，可以直观地反映数据的结构和关系，并能够保证数据的一致性和正确性。但是，这种方法需要先具备完整的数据模型才能开始下一步的设计，因此可能需要花费较长的时间来完成数据集成。

(2) 自下而上构建：从数据实体和属性出发，逐步组合形成数据模型。这种方式的优点是能够更加灵活地适应数据的复杂性，不需要事先定义完整的数据模型，可以根据具体需求进行灵活组合和拓展。但是，这种方法可能会导致数据模型不完整或不一致。

在全生命周期数据融合模式构建的过程中，第一步采用自上而下的方式梳理全生命周期数据实体，基于 XBOM 建立实体级关联映射模式；第二步采用自下而上的方式对上述每个数据实体基于既有多源实体属性计算生成数据实体完整的数据模型。

3. 基于 XBOM 框架模式的构建思路

定义 3-1　BOM：用于描述装备组成关系的数据结构，通常使用四元组表示，即 $BOM=(P,C,R,Q)$。其中，P 表示产品族或产品；C 表示零部件，是产品或产品族子部分，可包含更低层级零部件；R 表示零部件之间的关联关系；Q 表示零部件间的数量关系。

XBOM 是各阶段 BOM 的统称，在复杂装备全生命周期中，XBOM 包括 GBOM（general bill of material）、EBOM、MBOM 和 MROBOM，分别代表产品族通用 BOM、设计工程 BOM、制造 BOM 和运维 BOM。

基于 XBOM 的复杂装备全生命周期数据关联映射方法为：①定义各阶段 BOM 节点；②定义 BOM 节点间的关联关系；③定义各阶段 BOM 节点与该阶段数据实体间的联系。采用映射达到闭环迭代过程中通过 XBOM 节点索引全生命周期数据的目标。

数据实体通过属性对产品族知识及具体产品设计、制造和运维过程的内容进行描述，实体间数据具有紧密的关联性，如故障类型和故障记录是两个实体，它们之间存在故障记录属于故障类型的关系，这种关系可用关系数据模型的参照完整性约束实现。

定义 3-2 参照完整性：设 D_x 和 D_y 代表两类不同对象的数据实体，若 D_y 的 A' 属性值必须引用 D_x 的 A 属性值，则称 D_y 和 D_x 之间存在参照完整性约束，D_x 称为参照实体，D_y 称为被参照实体。

在关系数据模型中，存在参照完整性约束的数据可通过式(3-1)基本关系代数式进行关联查询和计算：

$$\sigma_{D_x \cdot A = D_y \cdot A'} \left(D_x \times D_y \right) \tag{3-1}$$

式中，$D_x \times D_y$ 表示两个数据集做笛卡儿积运算；$\sigma_{D_x \cdot A = D_y \cdot A'}$ 表示在 D_x 数据模式的 A 属性值和 D_y 数据模式的 A' 属性值相等条件下的选择运算。式(3-1)的操作可映射出关系 D_x 和 D_y 的所有数据的属性值。

3.1.3 基于 XBOM 的数据关联基础模式构建

1. 知识数据关联基础模式构建

基于产品族的设计制造是一种在多个产品间共享设计和制造资源、知识及经验的方法，这种方法可以实现产品间的设计和制造知识的共享和重用。图 3-2 为自上而下梳理的知识数据关联模型，通过建立 GBOM 节点间参照、GBOM 和专业族库、设计规则、维护方法、数据驱动的分析处理模型等可重用知识类实体间的参照完整性映射，实现产品族知识模型和数据的关联和一致性约束。图 3-2 中，箭头指向的一端为被参照实体类，连线两端的数字表示参照连接数据上的约束，"0..*"表示 0 条或多条数据参与，"1"表示限定只有 1 个，"1..*"表示 1 个或多个，"0,1"表示 0 个或 1 个。

针对知识类数据关联模型中的每个实体，为其创建基础关系模式，结构如下：

base_schema=实体名(主属性, [参照属性][,..n], 主键约束, [参照约束][,..n])

$$\tag{3-2}$$

式(3-2)为巴克斯-诺尔范式(Backus-Naur form, BNF)描述语法, [ ]内的部分表示可省略, [,..*n]表示可重复多次。

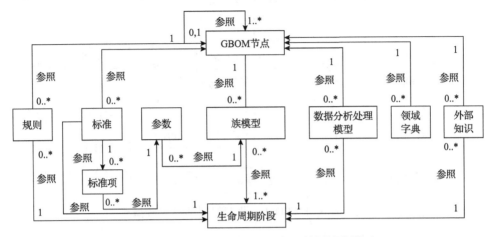

图 3-2　基于产品族 GBOM 的知识数据关联模型

在关系数据库中，参照约束可以通过外键、触发器或断言定义，其中基于外键定义是最常用的方式。

定义 3-3　外键：若 $R(U,F)$ 的属性(组) X(X 属于 U)是另一个关系 S 的主键，则称 X 为 R 的外键，F 为 R 上的函数依赖集。

外键定义在 R 上，语法如下：按照上述方法，调用数据库定义语言的 CREATE TABLE 命令完成基于 GBOM 的基础模式的创建。

2. 基于 EBOM 的设计数据关联模式

自上而下梳理设计阶段数据关联模型如图 3-3 所示。在基于产品族的配置设计过程中，EBOM 通常是基于 GBOM 节点选配实例化自动生成的，设计模型和设计参数是在配置设计过程中通过族模型和参数实例化生成的，因此先建立 EBOM 与 GBOM 节点、模型及参数间参照完整性约束，再建立 EBOM 节点与设计阶段零部件模型、二维图册、仿真分析数据、强度分析数据等的映射。针对图中新增实体及参照，调用上面方法生成关系模式定义语句，完成设计阶段基础模式的创建。

3. 基于 MBOM 的制造数据关联模式

自上而下梳理制造阶段数据关联模型如图 3-4 所示。EBOM 中的自制件需要设计产品工艺和工序，每个自制件按工艺排程生产后按数量形成多个零部件，基于此可构建 EBOM 节点与 MBOM 节点、工艺和生产任务之间的完整性约束。制造阶段的生产任务、任务排程、生产报工、质检等数据与 EBOM 节点的每个零

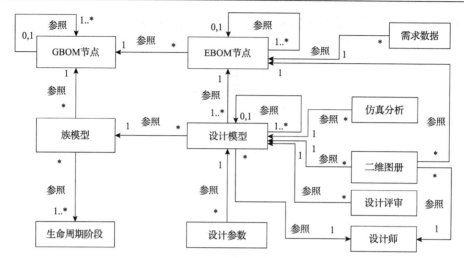

图 3-3　基于 EBOM 的设计阶段数据关联模型

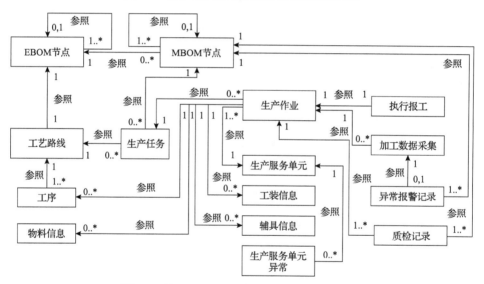

图 3-4　基于 MBOM 的制造阶段数据关联模型

部件相关，从而将制造和设计阶段的数据关联。同样，按上述方法生成关系创建语句，完成制造阶段数据实体及关系基础模式的创建。

4. 基于 MROBOM 的运维阶段数据基础模式构建

MROBOM 是针对运维阶段需求，在 MBOM 的基础上，结合某些外购件运维需求而构建的，因此 MROBOM 节点基于 MBOM 或 EBOM 实例化生成。基于MROBOM 梳理运维阶段数据构建数据关联模型如图 3-5 所示，通过 MROBOM 节点与运维阶段装机档案、运维记录、感知数据、故障报警数据、维修环境数据等进行关联。同样，按上述方法生成关系创建语句，完成运维阶段基础模式的创建。

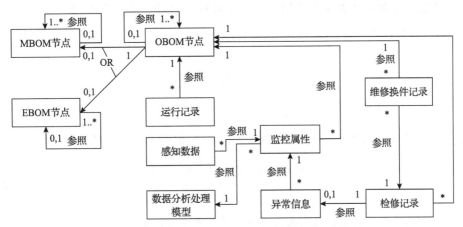

图 3-5　基于 MROBOM 的运维阶段数据关联模型

3.1.4　基于多源异构数据特征融合计算的模式补全

3.1.3 节的方法从全局的角度构建仅含主外键属性的基础数据模式，尚不能融合多源异构数据。本节在 3.1.3 节构建的基础模式基础上，采用自下而上的方法，利用已有的多源异构数据进行特征融合计算，从而对数据模式进行补全，构建出全局统一的数据模式。

1. 多源异构数据冗余属性识别与约简方法

数据的特征是由属性来描述的，不同源系统对同一类数据的同一特征，其属性命名存在差异，直接进行属性合并将造成属性爆炸和数据不一致的问题。针对此类问题，本节提出基于多源数据的冗余属性剔除方法。由于篇幅限制，本节仅按大类将属性分为标称属性和数值属性，对属于同一数据类型的属性进行约简。在实际应用中，可根据数据的特征，对数据类型进一步划分，并选择算法对冗余属性进行识别。

1) 标称属性约简

定义 3-4　标称属性：表示一个属性的取值是一组离散的、没有任何内在顺序或大小关系的标签或类别。每个标称属性的取值都是一个独立的类别，没有数值上的比较和排序。

在复杂装备数据中，许多属性都属于标称属性，如故障来源、故障类型等。为了识别多源异构数据中的属性是否冗余，可以通过分析属性间的相关性来判断。标称属性的相关性度量方法有多种，包括卡方检验、互信息、编辑距离、Jaccard相关性等。在实际集成过程中，应根据数据特征选择适合的方法。下面以卡方检验为例，介绍具体步骤。

设属性 A 和属性 B 来自不同系统 D_{x1} 和 D_{x2} ，属性 A 有 c 个值，即 $A(a_1,a_2,\cdots,a_c)$ ，属性 B 有 r 个值，即 $B(b_1,b_2,\cdots,b_r)$ ，则判断属性 A 和属性 B 是否描述同一特征，可进行如下计算：

$$\chi^2 = \sum_{i=1}^{c}\sum_{j=1}^{r}\frac{\left(o_{ij}-e_{ij}\right)^2}{e_{ij}} \tag{3-3}$$

式中，χ^2 为卡方检测值；o_{ij} 为观测频度；e_{ij} 为期望频度，计算公式如下：

$$e_{ij} = \frac{\mathrm{count}\left(A=a_i\right)\times\mathrm{count}\left(B=b_j\right)}{n} \tag{3-4}$$

式中，$\mathrm{count}\left(A=a_i\right)$ 为取值为 a_i 的数据样本个数；$\mathrm{count}\left(B=b_j\right)$ 为取值为 b_j 的数据样本个数；n 为数据样本总数。

通过卡方表对比计算出的 χ^2 ，若相关，则比较属性 A 和属性 B 的数据类型定义长度，保留数据类型定义长度大的属性，另一个属性标记为冗余。

按上述方法对来自不同系统的标称属性两两测试，完成所有标称类型冗余属性标记。

2）数值属性约简

定义 3-5　数值属性：是指在数据集中表示数量或数值的属性，其取值可以在一定范围内连续变化。在数据分析中，数值属性可以使用各种统计指标（如均值、方差、中位数等）来描述数据分布和特性。

复杂装备数据中数值属性非常多，如时间、温度、里程等。对于数值属性，识别多源异构的属性是否相关的方法有很多，常用的方法包括皮尔逊相关系数、散点图矩阵、协方差和协方差矩阵、回归分析、主成分分析等。在实际集成过程中，应根据数据特征选择适合的方法。下面以协方差为例，介绍具体步骤。

设属性 A 和属性 B 是来自不同源系统的属性，通过计算协方差来衡量属性间的相关度，即

$$\mathrm{cov}(A,B) = \frac{1}{n}\sum_{i=1}^{n}\left(a_i-\overline{A}\right)\left(b_i-\overline{B}\right) \tag{3-5}$$

式中，$a_i\in\{a_1,a_2,\cdots,a_n\}$ 为属性 A 的 n 个样本的值；$b_i\in\{b_1,b_2,\cdots,b_n\}$ 为属性 B 的 n 个样本的值；$\overline{A}$ 和 $\overline{B}$ 分别为属性 A 和属性 B 的均值；n 为样本数。

由协方差进一步计算属性 A 和属性 B 的相关系数：

$$r_{A,B} = \frac{\mathrm{cov}(A,B)}{\sigma_A\,\sigma_B} \tag{3-6}$$

将计算结果 $r_{A,B}$ 与设定的阈值进行对比,若超过阈值,则比较属性 A 和属性 B 的数据类型定义长度,保留数据类型定义长度大的属性,另一个属性标记为冗余。

按上述方法对来自不同系统的数值属性两两测试,完成所有数值类型冗余属性标记。

2. 实体融合特征计算与模式补全

对集成框架中的每一个实体应用数据集成中间件配置其多源异构数据源,提取数据源中数据的属性和属性值,按上述算法进行冗余属性的约简,用约简后的属性集更新数据实体模式,实现实体模式属性的自动补全,如图 3-6 所示。图中,虚线代表右侧数据实体和左侧源数据之间的配置,实线代表通过计算的融合属性集更新实体数据结构,中间部分表示属性计算融合过程。

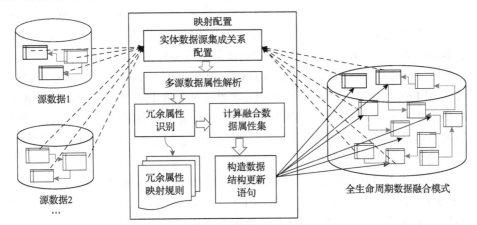

图 3-6 基于多数据源配置的属性融合及实体数据结构更新

由前述分析可知,业务数据是非流式数据,尽管规模不大,但涵盖了多源异构特征。因此,在进行业务数据提取时,选择轻量级数据集成工具是明智之选,包括 Kettle、Talend Open Studio、Apache NiFi、CloverETL、Skyvia 等。在实际项目中采用了 Kettle 中间件,Kettle 以其易用性和功能丰富性在非流式数据集成任务方面表现出色,提供了直观的图形界面和多样的转换步骤。

在利用 Kettle 提取数据之后,可以根据算法 3-1 进行多源异构数据属性解析、冗余属性识别以及数据实体模式补全。

算法 3-1 基于多源异构数据的数据实体模式补全算法

输入:全生命周期数据关联基础模式
输出:结构补全后的实体集合

---

1. **for** base_schema 中的每一个数据实体 entity$_i$ **do**
2. 在数据集成中间件中配置其数据源 source$_i$

3.	if source$_i \neq \phi$ then
4.	提取 source$_i$ 中非主属性及非参照属性集 attrs
5.	for attrs 中的每个属性 attr$_i$ do
6.	判断数据类型，加入标称属性集和数值属性集
7.	end for
8.	for 标称属性集中每一项 attr$_x$ do
9.	与队列中剩余项代入式 (3-3) 计算，移除冗余属性
10.	end for
11.	for 数值属性队列每一项 attr$_y$ do
12.	与其他项代入式 (3-6) 计算，移除冗余属性
13.	end for
14.	end if
15.	for attrs 中的每个属性 do
16.	构建并执行 ALTER TABLE 语句新增标称属性
17.	end for
18.	end for

基础关系模式中已经创建了主属性和参照属性，因此算法通过计算对非主属性和非参照属性进行补全。算法 3-1 中的部分关键步骤实现如下。

步骤 4：通过执行 SELECT COLUMN 语句，排除 KEY_COLUMN_USAGE 属性和 REFERENTIAL_CONSTRAINTS 属性，从而获取非主属性和非参照属性。

步骤 9 和步骤 12 中对冗余属性的剔除：比较属性的数据类型定义长度，保留数据类型定义长度较大的属性，将另一个属性标记为冗余。对于被标记为冗余的属性，记录其对应的保留属性。

步骤 16：通过执行类似于 EXEC('ALTER TABLE ' + @tableName + ' ADD ' + @attr) 的语句，实现数据模式的更新。其中，@tableName 是需要更新的实体关系名参数，@attr 包括要添加的属性名、数据类型和长度等信息。

这些步骤的详细实现方法在实际应用中可以根据具体的数据库管理系统和数据操作语言进行调整。

3.2　全生命周期数据采集与融合技术

在前面构建的全生命周期统一数据模式的基础上，本节将探讨数据采集与融合技术。根据数据的性质，将数据采集与融合技术分为业务履历数据采集与融合技术以及感知数据采集与融合技术两部分，并进行详细阐述。

3.2.1　基于统一编码转换业务履历数据采集

在对数据属性进行约简和补全后，需要进行多源异构数据的收集和融合，然后将经过对齐的数据和属性存储入库。业务数据采集过程如图 3-7 所示，在图 3-6 的基础上，借助数据集成中间件(如 Kettle 等)，可以进一步配置各个实体主码的

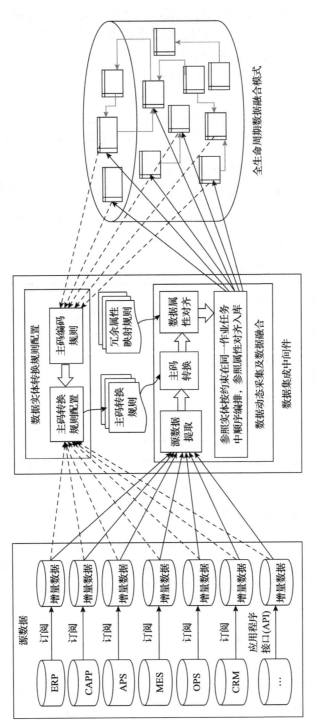

图3-7　多源异构数据采集及融合

编码规则，设定源主码与目标实体主码的转换规则。随后，配置源数据提取、主码转换以及数据属性对齐方法。同时，将具有参照关联的实体在同一作业中进行编排，以解决实体间存在参照完整性约束的问题。在数据集成中间件中设置任务执行策略，定期将多源异构数据进行采集、转换，并将其存储到统一模式的数据仓库中。

在图 3-7 的流程中，核心是将源系统的数据格式转换为统一的数据模式。为了实现这一目标，需要配置算法(见算法 3-2)。该算法的思路是：对于数据对象 X，业务系统 J(源数据)的数据模式 $S_X^J\left(A_{X_1}^J, A_{X_2}^J, \cdots, A_{X_n}^J\right)$ 是由 n 个属性构成的数据模式，其对应的目标数据模式 $S_X\left(A_{X_1}, A_{X_2}, \cdots, A_{X_m}\right)$ 是由 m 个属性构成的数据模式。对于 S_X^J 中的每一条数据，按主码转换规则转换后插入到目标数据库中，冗余数据通过关系数据库主键约束实现剔除。

算法 3-2　多源异构数据采集及融合算法

输入：源数据 S_X^J 的增量数据集 DS_X^J

输出：融合 DS_X^J 的 DS_X

---

1. 查询 S_X 对应的冗余属性标记关系
2. 获取 S_X^J 中每个属性与 S_X 中属性对应关系
3. **for** DS_X^J 中的每个原则 data_i **do**
4. 　查询 S_X^J 对应的主码转换规则进行主码转换
5. 　通过 INSERT 语句将 data_i 插入到 S_X 中
6. **end for**

在数据采集任务编排顺序上考虑参照与被参照实体间数据约束关系，可避免出现参照约束冲突问题。

3.2.2　感知数据采集与融合技术

在复杂装备的制造和运维领域，感知数据具有重要的价值。通过感知数据，能够实时监测设备的运行状态，预测可能出现的潜在故障并采取相应的维护措施，从而提高生产效率并降低停机时间。本节将探讨复杂装备领域中海量感知数据的采集与融合实现技术。

1. 多源异构感知数据采集内容

复杂装备运行过程中采集的感知数据可以分为以下几类。

(1)加工工艺数据：包括生产制造中采集的各种参数、指标和工艺数据，如温度、压力、流量、质量、加工精度、工艺参数等，这些数据可以用于分析产品制造质量和工艺稳定性，以及寻找生产过程中的问题和缺陷。

(2)机械运行数据：包括运行中机械设备的状态和性能参数，如振动、温度、压力、电流、电压、速度、位置等，这些数据可以用于实时监测装备的运行状态和性能，及时预测和诊断故障，优化运维和维护策略。

(3)环境数据：包括环境参数数据，如温度、湿度、气压、气体浓度等，这些数据可以用于环境监测和分析，及时发现环境问题，优化环境管理。

(4)能源数据：包括能源消耗和供给的数据，如瞬时功率、能量消耗、能源来源等，这些数据可以用于分析装备的能耗情况，优化能源管理和节能减排。

2. 复杂装备数据采集方式

复杂装备制造和运维过程中的数据采集通常采用以下几种方式。

(1)传感器数据采集：通过在设备和子系统中安装不同类型的传感器，如温度传感器、压力传感器、振动传感器等，实时采集设备和子系统的状态参数，如温度、压力、振幅、流量、转速等。随后，这些数据将会传输到数据采集系统进行进一步处理和分析。常用的传感器采集协议包括 Modbus、OPC、CAN、Profibus 等。

(2)数据总线采集：采用通信总线模块(如 CAN 总线、Modbus 总线等)实时采集设备和子系统中的状态参数，然后通过总线传输到数据采集系统进行处理和分析。

(3)PLC 接口采集：PLC(programmable logic controller, 可编程逻辑控制器)是专为工业自动化控制设计的电子设备，通过输入/输出模块与各种传感器、执行机构、计算机等连接，从而实现自动化控制。

这些采集方式可以对复杂装备运行过程中的感知数据进行有效的采集和处理，为装备的监测、分析和管理提供支持。

3. 海量感知数据接入及处理技术方案

为应对传感器、总线和接口协议的异构性问题，可采用 OPC-UA(OPC unified architecture)进行统一建模。通过选择适当的网关设备、配置传感器的协议和参数等，将数据转换为 OPC-UA 协议格式，实现不同设备和系统之间的数据通信和集成。

在处理复杂装备的感知数据时，鉴于其典型的骨架类装配产品特性，可采用以下方案进行感知数据的管理(图 3-8)。首先，建立感知数据、感知变量、传感器/接口与装备制造或运维 BOM 结构节点之间的映射关系，通过这种映射实现感知数据与具体的装备部件、子系统和整体结构的关联，为数据提供清晰的上下文；然后，基于感知数据的层级结构建立结构树节点-传感器/接口-感知变量-感知数据的层级关系。由此为上层应用提供统一的接口，使其能够便捷地访问和管理感知数据，无论是关注特定的装备部件、子系统，还是进行整体装备的分析和监测，都能够高效进行。

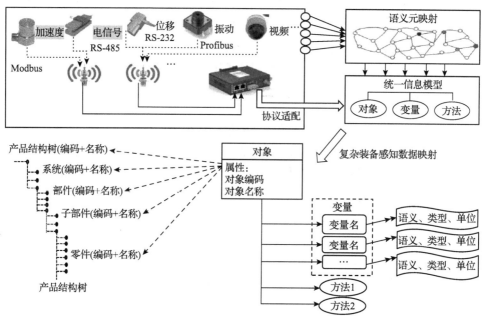

图 3-8　制造运维感知数据关联模型

在装备制造和运维过程中，采集的感知变量数量庞大且多样，每个感知变量在故障检测和数据挖掘等方面都有不同的用途和数据类型。同时，制造和运维环境的复杂性导致数据可能带有噪声。因此，在数据接入后，需要进行去重、去噪、实时阈值告警等处理。为了实现海量数据的接入、清洗、转换和处理，设计如图 3-9 所示的海量数据接入及清洗转换处理平台架构。首先，通过消息中间件实现大量低延迟的流式数据的收集和传递，确保数据的高效传输和及时接入，以满足实时性的需求。随后，由开源的流处理框架负责调用相应的算法进行实时计算，以完成海量数据的处理任务。经过清洗的感知数据和经过计算的状态数据将会通过图 3-8 中所示的方法进行关联对齐，以确保数据的一致性和准确性。最终，经过对齐的数据将被存储到时序数据库(time series database)中，同时关联关系也将被更新到关系数据库中。时序数据库是专门存储和处理时序数据的数据库系统，它按时间顺序排列数据，为处理大量的时间序列数据提供高性能的数据存储、查询和分析能力。在实际的项目实践中，采用开源的 InfluxDB 系统作为时序数据的存储解决方案。

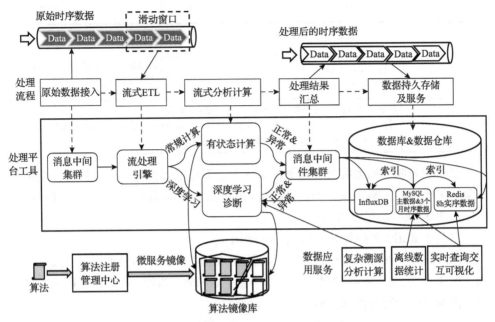

图 3-9　流数据实时处理平台总体架构

这一设计架构在处理海量感知数据时发挥了关键作用，通过流程化的方式实现了数据的接入、清洗、转换和存储，为后续的数据分析和应用提供了高效的数据基础。

4. 基于分布式消息中间件平台的数据接入

在图 3-9 所示的流数据处理平台架构中，首要任务是对各传感器/接口的海量感知数据进行接入。目前，分布式消息中间件平台因其能够高效地处理数据传输与接入，在海量感知数据接入方面发挥着重要作用。

1）分布式消息中间件平台

消息中间件是一种用于在应用程序之间传输数据的软件组件[7]。它可以有效地解耦应用程序之间的依赖关系，提高系统的可伸缩性和可靠性。常用的消息中间件有 RabbitMQ、Kafka 和 ActiveMQ，表 3-1 对比了它们各自的特点及适用场景。

表 3-1　常用消息中间件的对比

序号	名称	特点	适用场景
1	RabbitMQ	基于 AMQP 协议，支持多种编程语言，具有高吞吐量、高可靠性、易于管理和部署的特点	需要处理较小数据量的消息，适用于一般的消息队列场景

续表

序号	名称	特点	适用场景
2	Kafka	基于发布/订阅模式，适用于处理高吞吐量和大数据量的场景，具有支持消息持久化、副本机制、数据分区、数据压缩等高级特性	需要处理大数据量的消息，适用于大规模的数据流处理场景
3	ActiveMQ	基于 JMS 规范，支持多种传输协议和消息模式，具有可扩展性、高可用性和灵活的路由规则。支持事务和消息确认等高级特性，可以保证消息的可靠性和顺序性	适用于多样化的消息通信场景

复杂装备制造和运维过程需要采集成千上万种感知变量，而每种感知变量的采集频率不同，采集协议异构，同时接入的数据具有海量性，因此本节在项目实践中采用 Kafka 实现数据的接入。

2) 基于 Kafka 的海量感知数据接入架构

Kafka 是一个分布式流处理平台，适用于处理大规模的数据流，其并发处理架构如图 3-10 所示。Kafka 通过分布式的消息主题和分区组织数据，并使用消费组来实现消费者的动态分配和负载均衡。

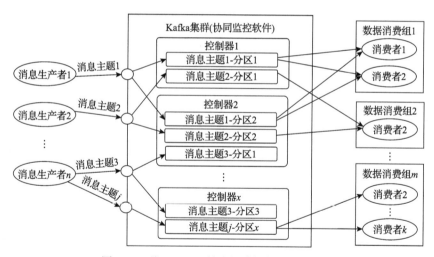

图 3-10　基于 Kafka 的海量感知数据接入架构

(1)消息主题和分区。数据被组织为一个或多个消息主题(对应采集的感知变量)，并且每个消息主题被划分为一个或多个分区，每个分区都是一个有序的消息队列，并且可以在集群中的多个控制器上进行分布式存储。

(2)消息生产者。消息生产者向消息主题中的分区发送消息(传感器或设备接口采集的实时感知数据)，消息被附加到分区的末尾，如果消息生产者指定了关键字，那么 Kafka 可以使用关键字来计算分区，以确保具有相同关键字的消息始终被附加到相同的分区。

(3)数据消费组。一个数据消费组由多个消费者组成，它们共同消费一个或多个消息主题，当消息被发送到分区时，Kafka 会在消费组之间分配分区的所有权，以确保每个分区只被一个消费者消费，消费者可以自动加入或离开消费组，以动态调整分区分配。

(4)消费者。每个消费者使用轮询方式从分配给自己的分区中读取数据，并且按照需要扩展以处理更多消息。消费者可以在消费时选择从哪个偏移量开始消费，这使得消费者可以重放过去的消息。

3)各种数据类型接入方法

Kafka 作为一个分布式流处理平台，可以支持多种不同的数据格式，常见的格式有文本格式、二进制格式和序列化格式。

(1)Kafka 可以存储和传输各种文本格式的数据，如 JSON、XML、CSV、TSV 等。

(2)Kafka 支持任意二进制格式的数据，如图像、音频、视频等。

(3)Kafka 支持多种序列化格式，如 Avro、Thrift、Protocol Buffers 等。这些序列化格式的数据紧凑且为可压缩的字节流，以便在网络中传输和存储。

复杂装备制造和运维过程中采集的感知数据类型多样，典型的类型包括传感器数据、视频数据、图像数据、音频数据、全球定位系统(global positioning system, GPS)数据和射频识别(radio frequency identification, RFID)数据等。不同类型感知数据接入 Kafka 前需要将对应的数据格式转换为 Kafka 支持的数据格式。表 3-2 列举出了复杂装备常见感知数据类型接入方法。

表 3-2　复杂装备常见感知数据类型接入方法

序号	数据类型	特点
1	传感器数据	在将传感器数据发送到 Kafka 之前，需要对数据进行适当的格式化和编码。例如，使用 JSON 或 Avro 等数据格式时，必要时需进行数据压缩，同时，为了能够有效地管理和处理消息，还需要在消息的 key 部分设置相应的元数据，如图像的时间戳、对应的感知变量编码等
2	视频数据	(1)视频压缩：由于监控视频通常是高分辨率的，传输过程中需要进行压缩，以减少数据传输的带宽需求，通常会使用一些视频压缩算法(如 H.264、H.265 等)来压缩视频数据。 (2)视频分割：对于长时间的监控视频，可以将其分割成多个短时间段的小视频片段，以便于处理和管理，使用流媒体处理平台等工具对视频进行预处理和分割。 (3)数据格式转换：将监控视频转换为 Kafka 支持的格式(如 JSON 或 Avro 格式)。 (4)为了能够有效地管理和处理消息，还需要在消息的 key 部分设置相应的元数据，如视频的时间戳、对应的感知变量编码等
3	图像数据	将图像数据转换为二进制格式的字节数组，必要时进行数据压缩，同时，为了能够有效地管理和处理消息，还需要在消息的 key 部分设置相应的元数据，如图像的时间戳、对应的感知变量编码等

序号	数据类型	特点
4	音频数据	采集的音频数据编码为音频格式，如 MP3、WAV、FLAC 等，必要时进行数据压缩，同时，为了能够有效地管理和处理消息，还需要在消息的 key 部分设置相应的元数据，如图像的时间戳、对应的感知变量编码等
5	GPS 数据	GPS 数据通常包含位置信息、速度信息、方向信息等多个数据字段，因此在将 GPS 数据发送到 Kafka 之前，需要对其进行适当的编码和序列化等处理，以便将多个数据字段打包成一个完整的 GPS 消息，在将 GPS 数据发送到 Kafka 之前，可以将其转换为 JSON、Avro、Protocol Buffers 等格式
6	RFID 数据	RFID 数据通常包含标签 ID、时间戳、读取器 ID 等多个数据字段，因此在将 RFID 数据发送到 Kafka 之前，需要对其进行适当的编码和序列化等处理，以便将多个数据字段打包成一个完整的 RFID 消息，在将 RFID 数据发送到 Kafka 之前，可以将其转换为 JSON、Avro、Protocol Buffers 等格式

5. 基于微服务和容器镜像的算法库管理

在复杂装备制造和运维领域，感知数据的实时计算具有重要意义。然而，由于制造和运维环境的复杂性，采集的数据可能受到噪声的影响，同时数据的重复性和海量性可能给存储资源带来负担，影响后续的索引和分析处理效率。此外，在许多应用中，采集到的感知数据还需要进行实时预警等计算。不同的感知变量和不同的应用场景可能需要配置不同的算法参数，因此需要对算法进行封装和动态调用。

1) 感知数据处理算法

算法库封装和动态调用是一种常见的技术。该技术将算法的实现细节封装在一个库中，然后通过动态加载和调用的方式来使用这些算法。在处理制造和运维中的感知数据时，需要封的算法如下。

(1) 去重算法：通过比较相邻数据的值，去除重复的数据，包括相邻去重排序、哈希表去重排序等。

(2) 缺失值填充算法：将缺失值通过一定的规则进行填充，如用前后数据的均值进行填充、用最近的数据进行填充等。

(3) 异常值检测和处理算法：检测和处理数据中的异常值，如用插值法进行异常值处理。

(4) 数据格式转换算法：将不同格式的数据转换为标准数据格式。

(5) 数据归一化算法：将不同范围的数据归一化到同一范围内，如将 0~100 的数据归一化到 0~1 范围。

2) 基于微服务和容器的算法库封装与动态调用

上述算法可以通过以下基于微服务和容器镜像的方法进行封装和动态调用。

(1) 封装微服务：将每个算法封装成一个微服务，每个微服务负责一个或多个相关的算法。为微服务定义标准接口，包括输入和输出格式、算法参数和返回值类型等。

(2)创建容器镜像：将封装好的微服务打包成容器镜像，这样可以方便地部署和管理微服务。容器镜像应该包含微服务的所有依赖项和运行环境。

(3)镜像仓库上传：将需要动态配置的算法封装成 Docker 镜像，并上传至镜像仓库，如 Docker Hub 等。这样，可以在需要的时候从镜像仓库中动态地拉取镜像并运行微服务。

通过这种方式，可以实现基于微服务和容器镜像的算法库管理，从而灵活地应对不同的算法需求和数据处理场景。

6. 基于流数据处理引擎的实时计算

实时接入的感知数据需要根据配置调用算法库中的算法进行实时计算，这个过程通常借助流数据处理平台来实现。流数据处理平台是一种专门用于处理实时数据流的技术，它可以帮助实现数据的实时处理、分析和转换。

1)流数据处理平台

在流数据处理平台中，感知数据可以作为实时的输入流，而算法库中的各种算法可以被封装成处理流数据的模块。根据配置选择合适的算法模块对实时输入数据进行计算和处理，并输出相应的结果。这样的流数据处理流程可以在实时性要求较高的场景下，对感知数据进行即时的处理和响应。常见的流数据处理平台引擎包括的开源产品如表 3-3 所示。

表 3-3　开源流数据处理引擎的对比

序号	名称	特点	适用场景
1	Flink	支持基于流的批处理和增量处理，并提供丰富的应用程序接口（API）和库用于流处理任务的开发和部署，具有高吞吐量和低延迟等特点，可以应用于多种实时数据处理场景	适合处理需要低延迟和高吞吐量的实时数据处理任务，能够处理无序的和有序的数据流，支持多种数据源和输出，生态系统主要基于 Apache Beam 框架，支持多种语言和扩展库，如 TensorFlow、MXNet、Kafka、Elasticsearch 等
2	Apache Spark Streaming	支持高吞吐量、低延迟和容错性的实时数据处理，通过对数据流"微批处理"来实现流数据处理，提供与 Spark 相似的 API 和库	延迟和吞吐量相对较低，但能够处理大规模数据，具有良好的可扩展性和容错性，生态系统主要基于 Spark 框架
3	Apache Storm	支持高吞吐量、低延迟和容错性的流数据处理，提供可靠的消息传递和数据流处理，支持复杂的流处理拓扑结构，并支持多语言编程接口	具有良好的可扩展性和容错性，但延迟和吞吐量相对较低，通常适用于处理较小规模的数据集，生态系统主要基于 Hadoop 生态系统和 Kafka

综合从数据处理的时效性、扩展性和生态支持的角度分析，在复杂装备制造及运维海量感知数据实时处理方面，Flink 常被作为首选的解决方案[8]，本节在实践项目中采用 Flink 来实现流数据的实时计算处理。

2)通过 Flink 根据消息主题配置算法

在 Flink 中，可以使用 Flink 的配置管理系统针对不同的消息主题配置算法镜像库中的多个算法，具体方法为：通过实现 Flink 的 RichFunction 接口或 ProcessFunction 接口来编写自定义的函数，函数中调用外部连接器来访问算法镜像仓库中的算法，创建一个 Configuration 对象来保存需要针对不同的消息主题配置的算法信息，如算法名称、参数等。

3)Flink 消费 Kafka 消息并动态调用算法

Flink 并不直接从算法镜像仓库中提取算法，而是在任务运行时通过用户自定义函数或外部连接器来调用算法。使用 Flink 的 Kafka 连接器来监听该消息主题，在监听该消息主题的回调函数中，连接器将算法镜像仓库中的算法作为外部服务来访问。由于一个消息可能会配置多个算法，针对每个算法信息，使用 Flink 的 Docker 连接器启动对应的算法容器，并将算法信息传递给容器，在算法容器中使用 Flink 的 DataStream API 执行算法。

在复杂装备制造和运维过程中，每路感知数据需要实时处理的算法由上层的数字孪生模型配置，配置参数传送到 Flink 的配置管理系统，由于感知变量和算法间为 $m:n$ 的映射关系，基于 Flink 任务的算法镜像实例化调度如图 3-11 所示。

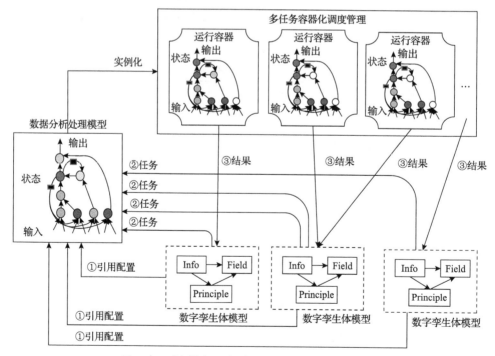

图 3-11 感知数据和实时处理平台驱动的数据计算

在接入数据进行计算之前，需要根据数据类型进行解码处理，解码方法与编码过程相反。以视频数据为例，在处理和分析视频数据之前，需要将其进行解压和解密等处理，以便恢复原始的视频数据。

3.3　全生命周期数据智能挖掘技术

随着工业 4.0 的兴起，数据挖掘技术在复杂装备领域得到广泛应用。在学术上，关联关系被称为"隐性知识"（tacit knowledge），这个概念于 1958 年由英国学者迈克尔·波兰尼（Michael Polanyi）提出。他认为，人类的知识可以分为隐性知识和显性知识两种类型。其中，80%～90%的知识属于隐性知识，而显性知识只占 10%～20%。

对于复杂装备的设计、制造、运维过程，隐性知识占比更高，这些隐性知识隐含在设计工程师、制造工程师和运维工程师对装备生产的过程中，难以明确描述、共享和传承。挖掘隐性知识的价值就是将一切难以表述的知识编码化，使人们得以理解、接受、学习，并通过获取的隐性知识升华自己的知识体系，完成知识的完善和创新。

关联关系的发现问题可以分为两类：第一类是不考虑事件发生的时间顺序，即关联关系发现；第二类是考虑事件发生的时间顺序，即序列模式发现。

3.3.1　业务数据关联关系挖掘

在复杂装备制造和运维领域，业务数据之间的关联关系是十分重要的。通过关联关系挖掘，可以识别出不同业务数据之间的内在联系，从而为决策制定和问题解决提供有力支持。

1. 关联关系发现的相关概念

关联关系挖掘中一些常用的概念和术语介绍如下。

二元表示：数据集中每一行对应一个事务，每一列对应一个项，若项在事务中出现，则值为 1，不出现则为 0。

项集：令 $I = \{i_1, i_2, \cdots, i_n\}$ 为数据集中所有项的集合，$T = \{t_1, t_2, \cdots, t_N\}$ 为所有事务的集合。每个事务 t_i 包含的项集都是 I 的子集。在关联分析中，包含零个或多个项的集合称为项集。若一个项集包含 k 个项，则称为 k-项集；若项集 X 是事务 t_j 的子集，则称为事务 t_j 包含项集 X。

支持度计数：支持度是一个项集在事务数据集中出现的频率，表示为项集在事务数中出现的次数除以总事务数。项集 X 的支持度计数可以表示为

$$\sigma(X) = \left|\left\{t_i \mid X \subseteq t_i, t_i \in T\right\}\right| \tag{3-7}$$

式中，$|\cdot|$ 表示集合中元素的个数。

支持度：支持度是兴趣的属性，它是一个有项集出现的事务片段，即 $s(X) = \sigma(X)/N$，若 $s(X)$ 比用户定义的某些阈值 minsup 大，则称项集 X 是频繁的。

关联规则：关联规则是形如 $X \to Y$ 的蕴含表达式，其中 X 和 Y 是不相交的项集，即 $X \cap Y = \varnothing$。关联规则的强度可以用它的支持度和置信度度量。支持度确定规则可以用于给定数据集的频繁程度，而置信度确定 Y 在包含 X 的事务中出现的频繁程度。支持度 $S(X \to Y)$ 和置信度 $C(X \to Y)$ 的形式化定义如下：

$$S(X \to Y) = \frac{\sigma(X \cup Y)}{N} \tag{3-8}$$

$$C(X \to Y) = \frac{\sigma(X \cup Y)}{\sigma(X)} \tag{3-9}$$

关联规则发现：给定事务的集合 T，找出支持度大于等于 minsup 并且置信度大于等于 mincof 的所有规则，其中 minsup 和 mincof 分别是对应的支持度和置信度的阈值。

大多数关联规则挖掘算法通常采用的一种策略是，将关联规则挖掘任务分解为如下两个主要的子任务：①频繁项集的产生，其目标是发现满足最小支持度阈值的所有项集，这些项集称为频繁项集；②规则的产生，其目标是从上一步发现的频繁项集中提取所有高置信度的规则，这些规则称为强规则。关联分析的目标是发现频繁项集，由频繁项集产生强关联规则，这些规则必须大于等于最小支持度和最小置信度。

2. 关联关系发现算法

在关联规则挖掘领域，主要涉及 Apriori 算法、FP-增长树（frequent pattern-growth tree）算法以及它们的改进版本[9]。

1）Apriori 算法

Apriori 算法是影响最大的频繁项集挖掘算法之一，其核心思想是基于频繁项集的两阶段递推方法。在该算法中，项集的频繁性至少与预定义的最小支持度相同。算法步骤如下。

（1）找出所有频繁项集：从单个项开始，逐步生成更大的候选项集，然后计算每个候选项集的支持度，并筛选出满足最小支持度的频繁项集。

（2）生成关联规则：基于频繁项集，生成满足最小可信度阈值的关联规则。

2) FP-增长树算法

为了突破 Apriori 算法的局限性，FP-增长树算法被提出。该算法采用分而治之的策略，通过构建 FP-树来存储频繁项集的信息，然后对树进行切割和递归，以实现频繁项集的挖掘。算法步骤如下。

(1) 构建 FP-树：将数据库中的事务按照支持度降序排列，并构建 FP-树，该树以频繁项为节点，以链接指向相同项的路径。

(2) 挖掘频繁项集：从 FP-树的叶子节点开始，逐步构建条件 FP-树，对每个条件 FP-树进行递归，从而挖掘频繁项集。

(3) 生成关联规则：基于挖掘出的频繁项集，生成满足最小可信度阈值的关联规则。

相较于 Apriori 算法，FP-增长树算法通过减少候选项集的生成和比较，以及更高效的数据结构，显著提高了挖掘效率。

3. 复杂装备关联关系挖掘实例

1) 场景描述

在复杂装备制造领域，单件小批量生产的特点使得装备个性化需求较高，而这种需求在基于元结构树和智能配置模型的情境下可能面临一定挑战。在这个背景下，设计变更成为设计工程师和技术人员面对实际设计需求变化或技术进步时所做的关键技术决策。设计变更的过程蕴含了设计工程师和技术人员的经验和知识，因此有效地发现和提取这些知识对于提升设计过程的智能性具有重要意义。

随着时代的不断发展，运营商和客户对复杂装备的技术需求逐渐增多，这导致需求元模型中的需求特征可能无法完全覆盖模块的需求。同时，某些模块现有的设计模型可能无法满足新的需求，因此需要在基于某个相近模型的基础上进行设计变更，从而产生新的模型。然而，如果设计变更的需求特征不能被有效地提取并纳入需求元模型中，知识图谱就无法学习到设计变更的原因，从而影响后续的推荐准确率。在这种情况下，关联关系挖掘技术可以帮助识别设计变更过程中的关键因素和影响因素。通过挖掘设计变更过程中不同模块、需求特征、技术决策等之间的关联关系，可以帮助设计工程师和技术人员更好地理解设计变更的动机和原因，从而更加准确地做出技术决策，提升装备设计的智能性和效率。这种关联关系挖掘的实例可以为复杂装备制造领域带来更深入的洞察和决策支持。

2) 需求项与设计变更事务集获取

根据上述分析，可以将模块需求项与设计变更之间的关联分析问题转化为需求项与模块模型之间的具有时序约束关系的关联关系问题。这意味着将分析需求项与模块模型的变更关系相关联，考虑需求项值的不同情况下，观测模块模型的变化,以推测需求项与模型变更之间的关系。

为了进行设计变更与需求项序列关联的挖掘,可以依赖两个主要数据来源:①需求实例提取中产生的候选需求项记录;②配置设计/工艺设计中形成的模块实例、工艺实例以及变更日志。这两个数据源需要基于项目编码和零部件编码进行对齐,以确保数据的一致性。提取的数据内容涵盖以下方面。

(1)模块编码:挖掘以零部件为对象,发现候选需求项与设计变更属性、工艺变更属性间的关联,以实现需求元模型的优化。

(2)产品族编码:这是一个分类属性,表示更高层次的产品抽象。在项目中,可以按产品族进行知识的组织和应用,使得一个产品族的知识可以在多个车型上复用。

(3)项目编码和项目时间:每个产品设计项目中的每个零部件在序列数据中只保留一条记录。若存在多次设计变更,则需要合并多次变更的设计和工艺属性。每个项目都需要记录其立项时间,以便进行时间过滤。

(4)候选需求项:每个项目提取的候选需求项可以没有也可以有多个。这些需求项形成各个子系统或零部件对应的候选需求项集。

(5)模块模型和产生项目:模块的配置设计可以直接复用现有的模型,也可以通过变更产生新的模块模型。产生项目记录了该模型是在哪个项目的设计过程中产生的。

(6)父模型:记录该模型是基于哪个模型版本进行变更的。

以转向架轮对为例,产品配置设计及变更数据格式如表 3-4 所示。

表 3-4　产品配置设计及变更数据格式

零部件编码	产品族编码	项目编码	项目时间	{候选需求项}	模块模型	变更标识	父模型
DCZXJLD	DT	2022DC01	2022-05-20	车轮踏面与轮缘形状=磨耗形	DCZXJLD-M01	否	—
DCZXJLD	DT	2022DC02	2022-06-02	内侧距=1353(+2,0)mm,轮对动不平衡值=50g·m	DCZXJLD-M02	是	DCZXJLD-M01
DCZXJLD	DT	2022DC03	2022-07-14	轮对动不平衡值= 50g·m	DCZXJLD-M03	是	DCZXJLD-M02
DCZXJLD	DT	2022DT05	2022-12-12	内侧距= 1353(+2,0)mm	GTZXJLD-M03	否	DCZXJLD-M02
DCZXJLD	DT	2022DT06	2022-12-24	内侧距1353(+2,0)mm,轮对动不平衡值=45g·m	DCZXJLD-M04	是	DCZXJLD-M02
…	…	…	…	…	…	…	…

3) 候选需求项分解与二元化处理

在开展关联分析之前，需要对候选需求属性进行一系列处理，这涉及产品族内各个模块的需求项。处理过程可以分解为以下几个关键步骤。

(1) 提取产品族模块的候选需求项：针对表 3-4 中的需求及设计记录，以产品族 DT_i 及模块 $Model_j$ 为条件进行数据分割，分割方法如式 (3-10) 所示：

$$condreqM_{ij} = \pi_{候选需求项}\left(\sigma_{产品族编码=DT_i \wedge 零部件编码=Model_j}(data)\right) \quad (3\text{-}10)$$

式 (3-10) 是数据查询的关系代数式，data 是由表 3-4 获取的数据，π 表示属性投影，σ 表示条件筛选，$\wedge$ 表示两个条件需要同时满足，查询的结果存储在 $condreqM_{ij}$ 中。

(2) 对候选需求项数据进行规范化处理：对每个候选需求项分析其数据类型和数据值，并进行规范化处理，使其具备二元化分析条件。处理方法为：对于二元值类型，若某个属性仅有两个可能的取值，则可以将其拆分成两个子项。例如，对于轮对类型，可以表示为 {轮对类型-动力轮对，轮对类型-非动力轮对}；对于标称值类型，一个属性具有有限个取值，需要根据情况分为以下两种情形处理。

①如果每个取值的样本数量足够用于分析，可以直接进行拆分，将候选需求项按照值拆分为多个子项。例如，对于牵引电机类型，可以表示为 {牵引电机类型-直流，牵引电机类型-交流异步，牵引电机类型-交流同步}。

②如果每个取值的样本数量较少，可以考虑使用概念分层的方法，原理如图 3-12 所示。概念分层是一个概念归纳评估过程，将概念分层纳入关联分析可解决底层项没有足够的支持度，从而不在频繁项集中出现的问题。通过概念分层，可以将前 6 个属性在两层抽象之后得到两个抽象的子需求项值，从而更适合进行关联关系挖掘。

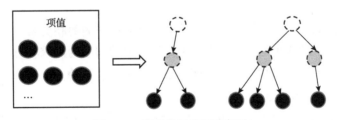

图 3-12　概念分层处理示意图

连续值类型是指需求项的取值不是有限的，如轮对内侧距，对于连续值需求项可基于离散化方法和统计学方法进行处理。对复杂装备需求项而言，连续值绝大多数为数字类型，因此采用离散化方法。这种方法将连续属性按邻近值分组，形成有限个区间，区间的划分可采用区间等宽、等频、基于熵或聚类等方法，这里采用人工分析划分区间的方法。连续值变换为标称值涉及两个子任务：决定需要多少个分类值 n，以及确定如何将连续值映射到这些分类值，结果可用区间集合表示 $\{(x_0,x_1],(x_1,x_2],\cdots,(x_{n-1},x_n)\}$，分解后的候选需求子项与原始候选需求项之间的关系依然可用图 3-12 右侧的有向无环树表示。

（3）需求项值 0/1 二元化处理：利用上述方法对候选需求项进行分解处理后，按实际项目需求项值对数据进行 0/1 二元化处理，以表 3-4 中的候选需求项为例，其结果如表 3-5 所示。

表 3-5　候选需求项分解与二元化处理

零部件编码	产品族编码	项目编码	项目时间	{候选需求项}							模型模块	变更标识	父模型
				车轮踏面与轮缘形状		内侧距/mm			轮对动不平衡值/(g·m)				
				磨耗形	非磨耗形	(0, 1200]	(1200, 1400]	(1400, ∞)	(0, 50]	(50, ∞)			
DCZXJLD	DT	2022DC01	2022-05-20	1	0	0	0	0	0	0	DCZXJLD-M01	否	—
DCZXJLD	DT	2022DC02	2022-06-02	0	0	0	1	0	1	0	DCZXJLD-M02	是	DCZXJLD-M01
DCZXJLD	DT	2022DC03	2022-07-14	0	0	0	0	0	1	0	DCZXJLD-M03	是	DCZXJLD-M02
DCZXJLD	DT	2022DT05	2022-12-12	0	0	0	1	1	0	0	GTZXJLD-M03	否	DCZXJLD-M02
DCZXJLD	DT	2022DT06	2022-12-24	0	0	0	1	0	0	1	DCZXJLD-M04	是	DCZXJLD-M02
…	…	…	…	…	…	…	…	…	…	…	…	…	…

4）频繁候选需求项产生

本场景需要求解候选需求项与设计变更之间可能的关联关系，对于候选需求项首次出现未引起设计变更的需求项和低于频繁项阈值的需求项可进行剔除。设分解变换后的底层需求项集合为 regM_{ij}，变换后的数据集为 regData，则对其按表 3-5 进行剔除，方法如下。

（1）查询候选需求子项首次出现时，模块模型是否发生了变更，若未变更，则剔除此候选需求子项，对应的关系代数式如下：

$$\mathrm{nonreg}_1 = \pi_{\mathrm{req}}\left(\sigma_{\text{项目时间=min(项目时间)}\wedge\text{变更标识='否'}}(\mathrm{regData})\right) \tag{3-11}$$

式中，π 表示属性投影；σ 表示条件筛选；min(项目时间)表示该需求项最早出现的时间。

(2)计算候选需求子项的支持度，剔除支持度小于最小支持度阈值 minsup 的项：

$$nonreg_2 = \pi_{req}\left(\sigma_{reg=1 \wedge count(*) \geqslant minsup}(regData)\right) \tag{3-12}$$

(3)获取剔除后的频繁候选需求项 candreqs：

$$candreqs = reqM_{ij} - nonreg_1 - nonreq_2 \tag{3-13}$$

需求场景仅涉及需求项与模块模型变更之间的关联关系，因此可以采用一种简化的方法进行需求项关联发现的规则求解。简化的方法是针对需求项与各模块的频繁 2-项集进行支持度和置信度的计算，而不考虑涉及 2-项集以上的情况。因此，无需复杂的剪枝算法，只需在各模型的组合中选择支持度和置信度大于阈值的 2-项集即可。

5)模块频繁需求子项-模型 2 项集构造

产品族 DT_i 及模块 $Model_j$ 的频繁需求项 candreqs 和该模块对应的模型集 MMS_j 之间的关联关系可描述为：设候选需求项 candreqs 有 k 项，MMS_j 模型有 m 个，则可将求解问题转换成求矩阵(3-14)中各 2-项集是否为频繁 2-项集的问题：

$$\begin{bmatrix} condreq_1\text{-}MMS_{j1} & condreq_1\text{-}MMS_{j2} & ... & condreq_1\text{-}MMS_{jm} \\ condreq_2\text{-}MMS_{j1} & condreq_2\text{-}MMS_{j2} & ... & condreq_2\text{-}MMS_{jm} \\ \vdots & \vdots & & \vdots \\ condreq_k\text{-}MMS_{j1} & condreq_k\text{-}MMS_{j2} & ... & condreq_k\text{-}MMS_{jm} \end{bmatrix} \tag{3-14}$$

式中，$condreq_1\text{-}MMS_{j1}$ 表示由候选需求子项 $condreq_1$ 与模型 MMS_j 构成的 2-项集，以此类推。

考虑模型变更继承关系的模型二元赋值步骤如下。

(1)获取需求子项最早出现的时间。对于任一项 $condreq_p\text{-}MMS_{jq}$，用 $condreq_p$ 查询变换后的数据集 regData，获得其最早出现的时间 $time_p$：

$$time_p = min\left(\pi_{项目时间}\left(\sigma_{condreq_p=1}(regData)\right)\right) \tag{3-15}$$

(2)分割出该频繁需求子项对应的数据集，采用式(3-16)运算：

$$dataofcans_p = \pi_{序号,候选需求项,模块模型,父模型}\left(\sigma_{项目时间 \geqslant time_p}(regData)\right) \tag{3-16}$$

式中，序号按时间升序排列自动生成，获得的数据是该需求子项出现后的事务数据，对应的事务集如表 3-6 所示。

表 3-6　频繁需求子项"内侧距-(1200,1400]"事务集

TID	内侧距-(1200,1400]	模块模型	父模型
1	1	DCZXJLD-M02	DCZXJLD-M01
2	0	DCZXJLD-M03	DCZXJLD-M02
3	1	GTZXJLD-M03	DCZXJLD-M02
4	1	DCZXJLD-M04	DCZXJLD-M02
…	…	…	…

(3)模型列分解。取模块模型集，将其转换为列，列名取模型名称。

(4)考虑模型变更继承关系的模型二元赋值。首先将列数据初始化为 0，然后按照以下方法来更新这些值：对于模型变更数据集中的每一行，将模型名对应的列值更新为 1；取第 1 个事务对应的模块模型，从第 2 个事务开始扫描，若其等于事务行的父模型，则将其对应值更新为 1；取第 2 个事务对应的模块模型，从第 3 个事务开始扫描，若其等于事务行模型，则将其对应值更新为 1，以此类推，直至所有模块模型遍历完成。

经过此过程可获得一个事务集，其中每个事务都对应着模块模型的继承关系。上述过程对应的伪代码如算法 3-3 所示。

算法 3-3　频繁需求子项 condreq_p 的事务集转换算法

输入：频繁需求子项 condreq_p，需求项对应的模式变更事务 dataofcans_p

输出：转换后的需求项模型事务集

1.　扫描 dataofcans_p 获取按事务排序的模块模型集 MMS　　//找出候选模型
2.　**for** 每个模型模块 $M_i \in \text{MMS}$ **do**　　//将每个模型变为一列
3.　　　$\text{dataofcans}_p \cdot \text{Addcolumn}(M_i)$
4.　　**for** 每项事务行 T_j **do**　　// 对模型先做简单二元化 0/1 处理
5.　　　　**if** $(T_j \cdot \text{column}[模型模块] \cdot \text{value} = M_i)$
6.　　　　　　set $T_j \cdot \text{column}[i] \cdot \text{value} = 1$
7.　　　　**else**　set $T_j \cdot \text{column}[i] \cdot \text{value} = 0$
8.　　　**end if**
9.　　**end for**
10.　**end for**
11.　**for** 每个模型模块 $M_i \in \text{MMS}$ **do**　　//考虑模型变更因素，将更新模型置为相关
12.　　**for** 第 $i+1$ 项开始的每项事务 T_j **do**
13.　　　　**if** $(T_j \cdot \text{column}[父模型] \cdot \text{value} = M_i)$
14.　　　　　　set $T_j \cdot \text{column}[父模型 \rightarrow 模块模型] \cdot \text{value} = 1$

15. 　　　**end if**
16. 　　**end for**
17. **end for**
18. dataofcans$_p$ · removecolumn(模块模型)　　//删除模型模块列

19. dataofcans$_p$ · removecolumn(父模块)　　　//删除父模块列

20. **return**　dataofcans$_p$

以表 3-6 中的数据为例，经过算法 3-3 转换后形成如表 3-7 所示的事务集。

表 3-7　频繁需求子项"内侧距-(1200,1400]"事务集模型继承关系二元赋值结果

TID	内侧距-(1200,1400]	DCZXJLD-M02	DCZXJLD-M03	DCZXJLD-M04	…
1	1	1	0	0	…
2	0	1	1	0	…
3	1	1	1	0	…
4	1	1	0	1	…
…	…	…	…	…	…

下面介绍需求子项相关频繁 2-项集产生算法。

需求项关联发现的规则求解可简化为需求项 condreq$_p$ 与各模型频繁 2-项集的支持度和置信度的求解，这里不涉及 2-项集以上的项集，因此不需要复杂的剪枝算法，而只需要在 condreq$_p$ 和 MMS 各模型的组合中选择支持度和置信度大于阈值的 2-项集即可，算法伪代码如算法 3-4 所示。

算法 3-4　频繁需求子项 condreq$_p$ 的 2-项集产生算法

输入：频繁需求项 condreq$_p$，转换后的需求项模型事务集 dataofcans$_p$

　　　支持度阈值 minsup，置信度阈值 mincon

输出：关联模型集 freqM_p

1. 　N = dataofcans$_p$ · count　　　//计算记录数
2. 　M = dataofcans$_p$ · columns · count - 2　　//计算数据集中的模型数
3. 　**for**　$j = 0$　to　M　**do**
4. 　　$j = j + 1$
5. 　　$C_j = \{candreq_p, dataofcans_p \cdot column[j]\}$　　//产生 2-项集
6. 　　**for** 每项事务行　T_j　**do**
7. 　　　**if** (dataofcans$_p$ · column[2] · value=1 ∧ dataofcans$_p$ · column[2 + j] · value = 1)
8. 　　　　$\sigma(C_j) = \sigma(C_j) + 1$　　//计算支持度计数
9. 　　　**else if**　(dataofcans$_p$ · column[2] · value=1 ∧ dataofcans$_p$ · column[2 + j] · value = 0)
10. 　　　　$\sigma(nonC_j) = \sigma(nonC_j) + 1$

11.　　　　**end if**
12.　　　**end for**
13.　　　$S(C_j) = \sigma(C_j) / N$　　　　　//计算支持度
14.　　　$C(C_j) = \sigma(C_j) / (\sigma(C_j) + \sigma(\text{non}C_j))$　　//计算 C_j 的置信度
15.　　　**if** $(S(C_j) \geqslant \text{minsup} \wedge C(C_j) \geqslant \text{mincon})$
16.　　　　$\text{freqM}_p \cdot \text{add}(\text{dataofcans}_p \cdot \text{column}[j])$
17.　　　**end if**
18.　　**end for**
19.　　**return** freqM_p

假设 minsup =0.5，置信度阈值 mincon =0.7，以表 3-7 中频繁需求子项"内侧距-(1200,1400]"事务集的前 4 项记录为例，计算结果如表 3-8 所示。

表 3-8　"内侧距-(1200,1400]"的频繁 2-项集

候选 2-项集	$\sigma(C_j)$	$\sigma(\text{non}C_j)$	$S(C_j)$	$C(C_j)$
{内侧距-(1200,1400]-DCZXJLD-M02}	3	0	0.75	1
{内侧距-(1200,1400]-DCZXJLD-M03}	1	2	0.25	0.33
{内侧距-(1200,1400]-DCZXJLD-M04}	1	2	0.25	0.33
返回相关模型　{DCZXJLD-M02}				

针对计算得到的 freqM_p，若不为空，则说明 condreq_p 与 MMS_{jq} 模型存在关联，即 $\text{candreq}_p \rightarrow \text{MMS}_{jq}$ 成立，说明变更与 condreq_p 子项相关。

针对每个频繁的 2-项集，计算关联规则。对于每条规则，从规则中的子项中查找根节点，将根节点作为需求特征，将这些特征更新到模块需求元模型中。以表 3-8 的计算结果为例，一条规则是"内侧距-(1200,1400]"→"DCZXJLD-M02"，其中"内侧距"可以作为需求特征加入模块需求元模型。

3.3.2　感知异常序列模式挖掘

在基于感知大数据驱动的零部件故障挖掘领域，已经涌现出了众多研究成果。这些方法包括利用极限学习机(extreme learning machine, ELM)实现基于数据驱动的故障诊断、构建基于数据的失效模式与影响分析(failure modes and effects analysis，FMEA)框架、采用增量差分进化-极限学习机(incremental differential evolution-extreme learning machine, IDE-ELM)算法对零部件故障进行融合诊断、使用无偏自相关分析的增强最小熵解卷积方法、借助深度自编码网络方法以及采纳深度学习模型等[10-12]。然而，这些成果主要专注于多元感知变量与零部件故障之间的因果关系，如通过振动和温度等多源感知数据来诊断轴承异常，并未充分考虑在部件运维过程中，多个零部件协同运行可能导致感知变量异常在时序上的

传播关系[13,14]。这种忽略可能影响预防性维修模型计算结果的准确性，从而使得分析结果仅对预防性维修和设计迭代优化的局部指导具有影响，而缺乏全局性的指导作用。因此，挖掘多变量事件间的依赖关系在工程中有助于发现异常发生的根本原因[15,16]。

1. 序列模式挖掘的相关概念

序列模式发现问题的输入是一个序列数据集，其中每一行记录了在特定时刻与特定对象相关联的一系列事件。传统的关联模式概念在这里对应于不同事务中共同出现的事件，但序列数据集还包括对象信息和事件的时间戳信息，这两列信息为每个事务添加了上下文，在序列模式挖掘中需要考虑时间限制约束条件，以保证序列事件或元素之间满足一定的间隔限制[17]。序列数据的对象-时间-事件关系如图 3-13 所示。

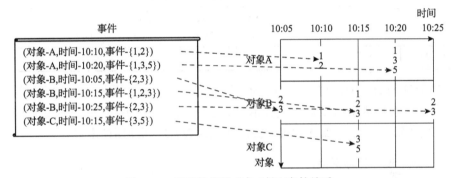

图 3-13　序列数据的对象-时间-事件关系

序列模式发现能够发现关联规则无法发现的规律，它的主要目标就是找出一些序列。序列模式发现的相关概念阐述如下。

项集：非空集合 $I=\{i_1,i_2,\cdots,i_n\}$ 称为项集，其中每个 $i_k(1\leqslant k\leqslant n)$ 是一个项，含有 k 个项的项集称为 k-项集。项集中的项目无顺序之分且约定同一项集中每个项目只出现一次。

数据序列：与单个数据对象相关联的时间的有序列表，由元素或事件的有序集组成。序列可记为 $\alpha=\langle a_1,a_2,\cdots,a_m\rangle$，其中 $a_i\subseteq I(i=1,2,\cdots,m)$。

子序列：若通过删除 α 中的事件或者删除 α 中的元素能推导出 β，则称 β 为 α 的子序列。从形式上来看，序列 $\beta=\langle b_1,b_2,\cdots,b_n\rangle$ 是序列 $\alpha=\langle a_1,a_2,\cdots,a_m\rangle$ 的子序列，如果存在，使得 $b_1\subseteq a_{j1}$，$b_2\subseteq a_{j2}$，$\cdots$，$b_m\subseteq a_{jm}$，则 β 是 α 的子序列，称 β 包含于 α。

最大序列：在一组序列中，若某序列 α 不包含在其他任何序列中，则称 α 为该组中的最大序列。

序列模式：序列 S 的支持度是包含 S 的所有数据序列所占的比例，若序列 S 的支持度大于或等于用户指定的最小支持度阈值，则称 S 是一个序列模式（或频繁序列）。

序列模式发现：给定序列数据集 D 和用户指定的最小支持度阈值 minsup，序列模式发现的任务是找出支持度大于或等于 minsup 的所有序列。

序列模式的支持度计算是针对对象计算，以图 3-13 为例，设置 minsup=60%，其包含 3 个对象 A、B、C 的数据序列模式如表 3-9 所示。

表 3-9　图 3-13 的数据在 minsup=60% 下的序列模式

序列类型	序列模式 （支持度）				
1-序列	$\langle\{1\}\rangle$ (S=67%)	$\langle\{2\}\rangle$ (S=67%)	$\langle\{3\}\rangle$ (S=100%)	$\langle\{5\}\rangle$ (S=67%)	
2-序列	$\langle\{1,2\}\rangle$ (S=67%)	$\langle\{3,5\}\rangle$ (S=67%)	$\langle\{2\}\{1\}\rangle$ (S=67%)	$\langle\{1\}\{3\}\rangle$ (S=67%)	$\langle\{1,2\}\{3\}\rangle$ (S=67%)
3-序列	无				

频繁序列的一个很重要的特性为：如果某一长度为 k 的序列不是频繁的，那么它的任何长度为 $k+1$ 的超序列也不可能是频繁的。序列模式挖掘一般使用算法产生频繁序列集，从频繁序列集中找出的最大频繁序列即序列模式。

2. 序列模式挖掘算法

序列模式挖掘算法基本上可以分为两大类。第一类是基于 Apriori 特性的算法，包括采用水平数据格式的 AprioriAll 算法、GSP 算法和 PSP 算法等，以及采用垂直数据格式的 SPADE 算法、SPAM 算法等。第二类是基于模式增长策略的算法，其中包括 FreeSpan 算法、PrefixSpan 算法等。在这些算法中，有两种经典的算法值得关注：一种是以宽度优先方式进行空间搜索的 GSP 算法，其核心在于候选集的生成和支持度的计算；另一种是 PrefixSpan 算法，它采用模式增长的原则，其高效性源于不需要多次扫描原始数据库，只需要考虑相应的投影数据库即可。

1）GSP 算法

GSP 算法是对 AprioriAll 算法的扩展。GSP 算法中引入了时间约束、滑动时间窗和分类层次技术，以增加扫描的限制条件，有效减少了需要扫描的候选序列数量。此外，GSP 算法克服了基本序列模型的局限性，更贴合实际情况，避免了生成多余无用模式的问题。GSP 算法在频繁模式的定义上进行了扩展，引入以下三个概念。

（1）时间约束（min_gap、max_gap）：要求连续的项在规定的 min_gap～max_gap

时间范围内出现。

(2)时间窗大小(time_windows_size)：在 time_windows_size 内的项被认为是同一 ItemSet。

(3)分类标准：引入了分类的概念，更贴合实际应用需求。

2)PrefixSpan 算法

PrefixSpan 算法是基于前缀投影的序列模式挖掘算法，其核心思想是通过分治策略将序列数据库不断划分成更小的投影数据库，然后在每个投影数据库上进行序列模式挖掘。以下是该算法中几个核心概念。

前缀：设序列中每个元素的所有项目都按照字典序列排列。给定序列 $S_a = \langle s_1, s_2, s_3, \cdots, s_n \rangle$，$S_b = \langle s_1', s_2', s_3', \cdots, s_m' \rangle$，其中，$m \leqslant n$。如果 $s_i' = s_i (i \leqslant m-1)$，$s_m' \subseteq s_m$，并且 $s_m - s_m'$ 中的项目按字母顺序均在 s_m' 中项目的后面，那么称 S_b 是 S_a 的前缀。

投影：给定序列 S_a 和 S_b，如果 $S_b \subseteq S_a$，那么 S_a 关于 S_b 的投影 a' 必须满足 S_b 是 a' 的前缀，a' 是 S_b 上满足上述条件的最大子序列。

后缀：序列 $S_a = \langle s_1, s_2, s_3, \cdots, s_n \rangle$ 关于子序列 $S_b = \langle s_1', s_2', s_3', \cdots, s_m' \rangle$ 的投影为 $a' = \langle s_1, s_2, \cdots, s_n \rangle (n \geqslant m)$，则 S_a 关于 S_b 的后缀为 $\langle s_m'', s_{m+1}, \cdots, s_n \rangle$，其中，$s_m'' = s_m - s_m'$。

投影数据库：令序列 a 为序列数据库 D 中的一个序列模式，序列 a 的投影数据库为 D 中所有以 a 为前缀的序列相对于 a 的后缀，记为 $D|_\alpha$。

投影数据库中关于前缀的支持度：令序列 a 是数据库 D 中的一个序列，序列 b 以 a 为前缀，则 b 在 a 的投影数据库 $D|_\alpha$ 的支持度计数为 $D|_\alpha$ 中满足条件 $b \subseteq ac$ 的个数。

PrefixSpan 算法实现方法如下：

(1)以扫描序列数据库所得的频繁序列模式为前缀，对序列数据库进行投影划分，获得相应的投影数据库 $D|_\alpha$。

(2)对 $D|_\alpha$ 进行扫描，得到其所有的频繁 1 序列模式 FL，将 FL 中的每个 1 序列模式 γ 与序列前缀 α 进行连接，可得到新的序列模式 α'。

(3)将每一个新获得的 α' 作为前缀，对 $D|_\alpha$ 进行划分，从中生成新的投影数据库 $D|_\alpha$，重复上述步骤，挖掘出序列数据库中所有的频繁子序列模式。

3. 运维感知特征关联序列模式发现实例

1)场景描述

为了实现对复杂装备关键零部件和子系统的有效监控及预测性维护，制造商和运营商已在关键零部件和环境中安装了传感器和设备接口，以获取感知变量的时间序列数据。这些数据经过实时处理和诊断，用于检测异常事件。在复杂装备的运行过程中，许多部件的运行以固定的时间周期为单位，如高速列车在站点间的运行。每到达一个站点，列车会停靠一段时间，然后再次运行。将每个运动周期内的异常事件作为时序项，通过挖掘这些时序数据之间的关联，可以基于异常事件实施预防性维护，从而降低故障风险。

2) 异常事件时序事务集获取

感知数据通过中间件如 Kafka 或 RabbitMQ 接入大数据处理平台，如 Flink，数据经过实时处理并按照设定的时间窗口进行计算。算法库中配置的算法被调用，其输出对应的模式。如果输出为异常，就会生成一个异常事件。为了更清晰地描述异常事件时序数据关联挖掘过程，下面对涉及的相关概念进行阐述。

感知变量：指通过传感器或设备接口采集的反映装备零部件某一方面运行性能的特征，用 sencode 感知变量编码。一个传感器 (用 Sourceid 标识) 可采集多个变量，因此 sencode 应唯一，且满足 $sencode \xrightarrow{f} Sourceid$，即通过 sencode 可以唯一找到一个对应的传感器。

一个关键零部件上可能放置多个感知变量，通过观察感知变量的数值变化趋势来观测和诊断零部件的异常情况，如高速列车转向架轴承的 X 方向、Y 方向和 Z 方向的振动变量、温度变量、轴加速度变量等。

感知数据：指通过传感器采集的具有时间序列的数据，一般由三元组 SensDate= (sencode,timestamp,value) 组成，其中，timestamp 表示时间戳，value 为采集的值。

感知异常事件：将感知数据接入后按设置的时间窗口接入大数据平台，由大数据平台按预先配置好的数据清洗、转换和诊断算法进行诊断，若诊断为异常，则生成一个异常事件。事件可由一个三元组表示，即 $f = (timestamp,sencode,eventtype)$，其中，eventtype 表示事件类型，如对转向架轴承温度感知变量温度高于阈值报警。

感知异常事件序列：用 $F_i = \{f_1, f_2, \cdots, f_n\}$ 表示感知变量对应的异常事件时序，具有典型的时间先后次序。

3) 多元感知变量异常模式关联序列

如前分析，一个零件的多个感知变量之间以及多个零件的感知变量之间并非相互独立无关。例如，电机电压的不稳定可能会对齿轮振动产生影响，而齿轮的振动又可能影响齿轮的温度变化。这些不同感知变量之间的影响具有一定的时序性和因果关联性。通过对大数据进行关联挖掘可以发现事件之间的序列模式，从而更好地理解这些复杂装备部件或子系统之间的关联关系，进而为其整体性能的优化提供有益的指导。

(1) 感知变量异常模式：对于感知变量 $sencode_i$，用 $\{f_i^1, f_i^2, \cdots, f_i^k\}$ 来表示其异常模式。式中，f_i^k 表示高温预警、f_i^2 表示低温预警等。例如，对于转向架轴承温度变量监测，事件模式分为：f_i^1 设置时间窗口内温差超过阈值报警，f_i^2 温度超过阈值报警。

对于 $f_i^1, f_i^2, \cdots, f_i^k$ 序列模式间的关系，采用传统的方法即可发现，本节不再具体分析，仅分析感知变量间事件模式的时序关联关系。

(2) 感知变量异常关联模式序列：若感知变量 sencode_j 的事件模式为 $\{f_j^1, f_j^2, \cdots, f_j^p\}$，则感知变量 sencode_j 与感知变量 sencode_i 之间可能的模式序列组合有 $k \times p \times 2$ 种，即 $\{\langle f_i^1, f_j^1 \rangle, \langle f_i^2, f_j^1 \rangle, \cdots, \langle f_i^k, f_j^1 \rangle, \langle f_i^1, f_j^2 \rangle, \cdots\}$。有 n 个感知变量的异常模式关联序列称为 n 序列。

(3) 感知变量异常关联模式序列发现：通过关联挖掘，计算序列模式的支持度和置信度，筛选出频繁序列模式，即 $F_k = \left\{ c \mid c \in C_k \wedge \dfrac{\alpha(c)}{N} \geqslant \text{minsup} \right\}$。式中，$C_k$ 表示 k-序列，$\alpha(c)$ 表示支持度计数，minsup 表示支持度阈值，N 表示事务数。

(4) 关联有效时间窗口：有别于单个感知变量实时处理的时间窗口，关联有效时间窗口是指关联故障的有效时间间隔。例如，高速列车转向架关键零部件工作具有一定的时间周期性，在到站后会停止运行，到时间后再启动运行，因此有效时间窗口可设置为部件运行时间窗。

感知变量关联序列模式发现示意图如图 3-14 所示。图中，水平箭头线代表时间轴，时间轴上的不同形状代表不同感知变量的异常事件模式，虚线框代表关联分析的时间窗口，如感知变量 1 有两种事件模式，分别用矩形和五边形表示，时间上标用 1、2 区分不同的告警模式，其余类推。

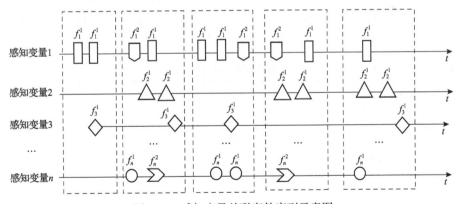

图 3-14　感知变量关联事件序列示意图

(5) 项目：抽取观测同类零部件每个时间窗口的多元感知变量的多元告警模式序列数据，构建感知时序项目数据 SensorD，每个观测零部件的每个关联时间窗口的多个感知变量的多个报警模式构成序列数据。

在进行时序关联挖掘时，需要将故障事务数据转换为告警模式序列数据库。

这一转换方法涉及将同一关键时间窗口内的告警事件模式按照时间的先后顺序合并为一条记录，每个事务发生的具体时间被忽略，只保留事务间的顺序关系。以图 3-14 为例，将这一转换过程应用到数据上，可以得到 5 个项目。具体而言，转换后的项目数据如表 3-10 所示。每一行数据代表一个具体观测零部件在一个关联时间窗口内的事件模式序列。告警模式按照时间顺序从左到右进行升序排列。各个模式是由不同的报警模式的大数据平台计算而来的，且使用时间戳记录模式的出现时间，因此理论上不会出现多个模式同时存在的情况。

表 3-10 感知变量关联事件序列数据示例

项目	序列数据
1	f_1^1, f_3^1
2	$f_n^1, f_1^2, f_1^1, f_n^2, f_2^1, f_2^1, f_3^1$
3	$f_1^1, f_n^1, f_1^1, f_3^1, f_n^1, f_1^2$
4	$f_1^2, f_2^1, f_n^2, f_2^1, f_1^1$
5	$f_n^1, f_2^1, f_1^1, f_2^1, f_3^1$
...	...

4)感知变量关联序列模式发现算法

本部分对感知变量之间的报警模式关联关系进行挖掘。根据复杂装备感知异常事件关联挖掘的应用场景，可以不考虑同一感知变量的不同报警模式之间的关联。因此，在进行算法处理时，需要从表 3-10 的序列数据中删除只有一元报警模式的数据。下面是对应的算法伪代码，详见算法 3-5。

算法 3-5 删除 SensorD 中二元以下报警模式序列数据算法

输入：序列数据库 SensorD
输出：删除小于二元感知变量的数据

1. N=SensorD.count( )   //计算序列数据库数据条目数
2. **for** $i=1$ to N **do**
3. $\text{SD}_i = \pi_{序列数据}\left(\sigma_{项目=i}(\text{SensorD})\right)$ //读取第 i 条时序数据
4.   fs = $\text{SD}_i \cdot \text{split}(',')$
5.   codes = ϕ
6.   **for** $j=1$ to fs$\cdot$length **do**
7.   codes=codes$\cup$fs[i]$\cdot$getSenvarcode( )   //获取第 i 行数据中包含的感知变量
8. $j = j+1$
9.   **end for**
10.   **if** (codes$\cdot$length $\leqslant 1$)
11.   SensorD=SensorD$-\sigma_{项目=i}(\text{SensorD})$

12.　　　$i = i + 1$
13.　　end if
14.　end for
15.　return SensorD

　　一个感知变量可能会产生多个报警模式，本应用场景下不需要考虑一个感知变量不同模式间关联序列，因此需要排除同一感知变量不同报警模式间关联的干扰，面向多元感知变量关联的 PrefixSpan 改进算法见算法 3-6。在实现过程中，首先得到长度为 1 的序列，然后按 1 序列构建投影数据库，这里需要先从投影数据库中删除前序同类感知变量的报警模式，再基于删除后的投影数据库计算序列计数，得到局部频繁集，做递归投影。

算法 3-6　感知变量关联模式发现算法

输入：零部件感知报警序列数据库 SensorD ，最小支持度 minsup
输出：感知变量关联序列模式

1.　查询数据库获取所有不同的报警模式
2.　统计每个报警模式出现的次数计数，得到所有的频繁 1 项序列 SK
3.　将支持度计数小于阈值的报警模式从 SensorD 中删除
4.　for $j = 1$ to $SK \cdot length$ do
5.　　以频繁模式 SK[j] 为前缀求其投影数据库 PJD$_j$
6.　　从 PJD$_j$ 中删除 SK[j] 同类感知变量的报警模式
7.　　if PJD$_j \neq \phi$
8.　　　统计 PJD$_j$ 中各项的支持度计数，获取频繁项 PI
9.　　　if PI $\neq \phi$
10.　　　满足支持度计数的单项与前序 SK[j] 合并得到新前序
11.　　　以 SK[j] 为前缀求其投影数据库 PJD$_j$
12.　　　删除投影数据库中的非频繁项
13.　　end if
14.　end if
15.　end for
16.　return SK

3.4　复杂装备知识图谱构建技术

　　知识图谱以图的形式存储结构化知识，这种知识可以被机器有效利用，并且对人也具有可理解性。作为人工智能的重要领域，知识图谱在知识管理和应用中扮演着关键角色[18]。知识图谱的构建要素包括实体、属性、关系以及概念(本体)[19,20]。它不仅具备信息的存储和管理功能，还能够为各种下游应用任务提供支持。知识图谱在其本质上具有图和谱的双重特点：①图的表示方式可以直观地呈现内容结构；②谱用于描述实体之间的相互关系和发展趋势，从而为决策提供支持。通过基于知识图谱的方法来存储复杂装备在其全生命周期内的大量知识，可以有效促进知识的语义搜索、问答以及推荐等服务的实现。

3.4.1　复杂装备知识类型、特征及构建方案

复杂装备知识图谱属于典型的垂直领域知识图谱，构建复杂装备知识图谱过程中需要针对复杂装备全生命周期的各个阶段需求进行知识的准确提取和构建。这个过程本质上是在建立对该行业或领域的认知和理解。构建复杂装备知识图谱需要对各个领域知识的特点进行知识的采集、融合、推理和服务，因此这个过程是不断演进、动态丰富的。为此，本节提出了一套工具化的知识图谱构建方法，如图 3-15 所示。该方法按照自上而下的知识图谱构建流程，分别介绍了自动化构建技术及工具。

(1)领域本体建模：首先定义知识图谱知识的 Schema。复杂装备领域的知识图谱对知识的精确性要求较高，因此需要构建适应不同领域知识的 Schema 模式。本项目将探索自动构建结构化数据的 Schema 工具，以及针对非结构化和半结构化数据的本体构建方法。同时，开发基于模板的知识数据模板。

(2)领域知识抽取：基于非结构化数据的文本数据中命名实体、关系抽取和事件抽取模型，以及这些模型的注册和在线训练实现技术，采用适用于结构化数据的自动抽取工具、训练和测试数据的标注工具，实现领域知识抽取。

(3)知识融合：采用基于产品族元结构树的本体级概念映射和关系推理方法，应用多领域命名实体识别消歧、实体关系对齐映射方法。开发本体融合、知识导入工具，实现领域知识融合。

(4)知识存储：将融合后的本体及数据存储到原生图数据库 Neo4j 中，实现持久化存储。

(5)知识服务：设计复杂装备知识图谱的系统架构，通过图谱可视化查询、语义搜索和知识问答的实现技术，实现基于元结构树的知识可视化交互、语义搜索、问答和嵌入式应用。

3.4.2　复杂装备领域本体构建技术

本体一词最早源于哲学，而在 20 世纪 80 年代，本体的概念被引入计算机领域，用于描述知识。本体在领域内扮演着重要角色，用以揭示领域概念体系，规范概念之间的关系[20]。同时，本体也是构建知识图谱语义模型的基础，从语义层面上规范与约束知识图谱的数据填充。

1. 本体的概念及结构

本体反映了领域内的概念、概念之间的关系、概念属性以及对知识范围的约束。借助本体，可以从专业数据源中通过知识抽取获得所需的实例和关系。通过

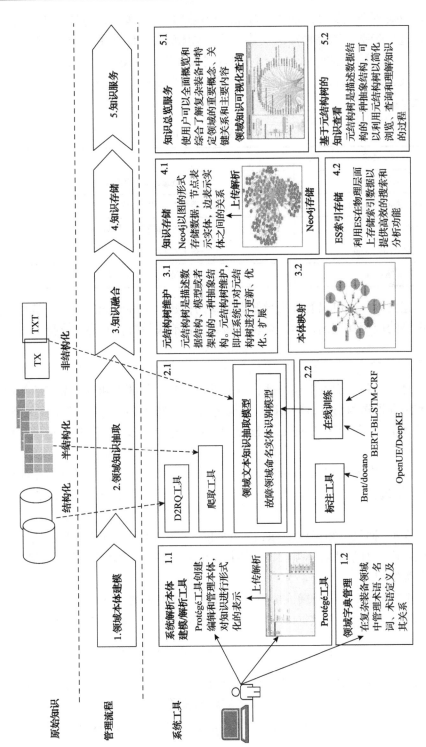

图 3-15　复杂装备知识图谱构建流程及思路

本体，可以对夹杂大量噪声的实例数据进行规范化，实现实体对齐，补全缺失的实体，以进一步整理和完善知识及其关系。本体的核心结构由五个要素组成，即类（Class）、对象属性（Object Property）、数据属性（Data Property）、数据范围（Data Range）以及公理（Axiom），可以使用五元组的方式表示，即 Onto（C, OP, DP, DR, A），如表 3-11 所示。

表 3-11　本体结构描述

本体要素	描述
C（Class）	概念，即类（Class）
OP（Object Property）	表示类与类之间的关系，即对象属性
DP（Data Property）	概念或对象的特征，即数据属性
DR（Data Range）	基于 C 和 OP 的三元组集合
A（Axiom）	公理，表示本体的规则

通过建立本体，可以有效指导知识图谱的构建，提高知识的语义一致性，支持知识图谱的应用和查询，为复杂装备领域的智能决策提供有力的支持。

2. 知识约束

针对复杂装备知识的上述特征，本节以支持基于零部件和业务节点的知识快速索引和精准推送为目标，为知识图谱构建引入了约束条件，并定义了相关概念。

定义 3-6　业务阶段（business phase, BS）：复杂装备设计、制造、运维过程活动节点。

定义 3-7　实体类知识（entity knowledge data, EKD）：知识能独立被零部件设计/制造/运维过程业务活动应用，如高速列车的设计标准、维修方法等均为实体类知识。

定义 3-8　抽象类知识（abstract knowledge data, AKD）：知识本身不能被直接使用，仅可用于对某些实体类知识共性特征的聚类描述，如标准等级、故障分类等为抽象类知识。

基于上述概念，定义关系知识融合的完整性约束规则如下。

约束规则 1：从关系数据库导入的知识中至少包含一类实体类知识，即

$$\exists table(i) \in DS \land Datatype(table(i)) \in EKD \tag{3-17}$$

式中，DS 为需要导入的关系集合；table(i) 为 DS 中的第 i 个关系；Datatype(table(i)) 为要抽取的知识类型；$\land$ 表示逻辑与操作。

约束规则 2：每项被融入图谱的实体类知识至少存在一项与 GBOM 节点及 BS

活动的映射，即

$$\forall \text{Data}(i) \in \text{EKD}, \quad \exists \text{map}(\text{Data}(i), \text{GBOM}) \wedge \text{map}(\text{Data}(i), \text{BS}) \tag{3-18}$$

式中，Data(i) 表示要导入图谱的实体类知识数据；map 表示映射关系。

约束规则 3：每项要被融入图谱的抽象类知识至少存在一项与实体类知识的映射，即

$$\forall \text{Data}(n) \in \text{AKD}, \quad \exists \text{map}(\text{Data}(n), \text{Data}(i)) \wedge \text{map}(\text{Data}(i) \in \text{EKD}) \tag{3-19}$$

3. 复杂装备本体构建及解析

复杂装备知识图谱涉及设计、制造、运维多专业多领域知识，本体的构建需要领域专家经需求分析后抽取概念、属性和关系，全自动化构建本体目前并未实现，且本体开发是一项庞大的工程。

本体建模工具可以将人类非形式化语言转化为计算机可以理解的形式化本体语言，目前已经存在多种类型的本体建模工具。根据本体建模工具的使用语言，可以将其分为两类：一类是基于特定本体描述语言开发的工具，如 OntoLingua、OntoSaurus、WebOnto 等；另一类是支持独立于特定语言的本体建模工具，如 OntoEdit、WebODE、HOZO Editor、Protégé 等。其中，Protégé 在工具的可用性、使用难度、兼容性、扩展性、推理机制以及文件格式等方面具有显著优势[21]。本节在实践过程中采用 Protégé 作为本体建模工具。

通过集成建模工具，领域专家可以辅助完成领域本体的建模和融合。对于复杂的领域本体，专家可以借助知识图谱软件中集成的 Protégé 构建复杂的概念-关系-概念和概念-属性-属性值的本体单元。对于简单的领域本体，专家也可以使用如图 3-16 所示的功能构建。

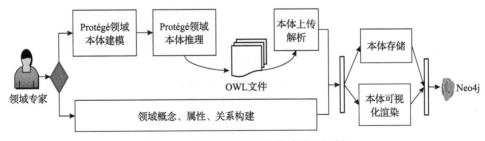

图 3-16　复杂装备领域本体建模及解析

以高速列车研发知识本体为例，采用 Protégé 构建研发本体，如图 3-17(a)所示，将本体导入原生图数据库 Neo4j 并在图谱管理系统中解析，解析后的可视化界面如图 3-17(b)所示。

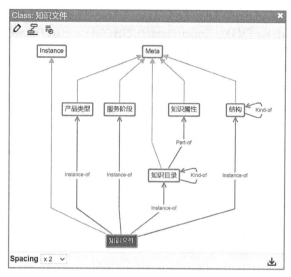

(a) Protégé构建研发本体实例

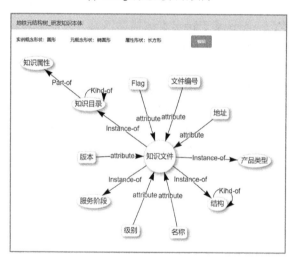

(b) OWL解析可视化

图 3-17　研发本体存储及可视化解析

3.4.3　复杂装备领域知识抽取

对不同来源、不同结构的数据进行知识抽取，形成知识再存入到知识图谱中，这一过程称为知识获取。自动知识抽取及抽取模型的迁移应用是知识图谱自动构建的关键[22]。

1. 非结构化知识抽取技术

复杂装备的全生命周期过程中，很多知识以非结构化文本的形式存在，如产品及零部件设计标准、运维规范等。将这些非结构化的知识转化为结构化、图谱化的形式可以极大地推动知识的应用。非结构化知识的自动抽取技术路线如图 3-18 所示。图中，实线框表示文本处理流程，虚线框表示知识图谱系统为用户提供的工具。

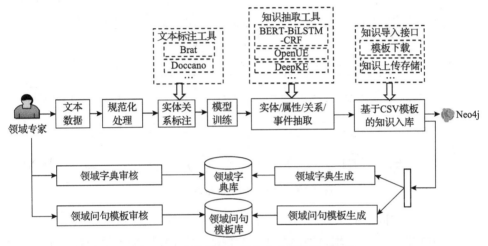

图 3-18　非结构化知识的自动抽取技术路线

通过集成多种文本标注工具(如 Brat、Doccano 等)和知识抽取工具(如 BERT-BiLSTM-CRF、OpenUE、DeepKE 等)，协助复杂装备领域的专家完成对关键文本的标注。随后，利用这些标注数据进行模型训练，从而生成适用于该领域的特定抽取模型。同时，通过研发领域知识模板下载和知识上传工具，帮助将通过模型抽取得到的知识或经过人工整理的知识导入到知识图谱中，从而实现半自动的知识抽取过程。下面对本节实践中所应用的命名实体识别和知识分类模型进行简要介绍。

1) BERT-BiLSTM-CRF 命名实体抽取模型[23-25]

应用 BERT-BiLSTM-CRF 模型进行复杂装备需求标书、设计标准等非结构化数据提取的模型框架如图 3-19 所示。模型主要包含三层，即 BERT 嵌入层、BiLSTM 层及 CRF 层。

(1) BERT 嵌入层：BERT 是一种自然语言处理预训练语言表征模型。BERT 将初始化获取输入文本信息中的字向量记为序列 $X = (x_1, x_2, \cdots, x_n)$，所获取的字向量能够利用词与词之间的相互关系有效提取文本中的特征，利用自注意力机制的结构进行预训练，基于所有层融合左右两侧语境来预训练深度双向表征，相比于以往的预训练模型，BERT 捕捉到的是真正意义上的上下文信息，并能够学习到

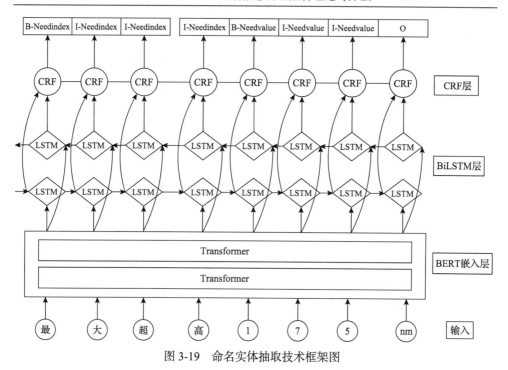

图 3-19　命名实体抽取技术框架图

连续文本片段之间的关系。

（2）BiLSTM 层：实现自动提取句子的特征。将 BERT 嵌入层获取的 n 维字向量作为双向长短时记忆神经网络各个时间步的输入，输出每个词的所有标签的各自得分。循环神经网络（recurrent neural network, RNN）在处理文本信息上具有较好的表现，但其存取上下文信息的能力较弱，这也导致了梯度弥散问题的出现。LSTM 通过引入单元以及"门"机制来解决这一问题，其中门可以用来实现对记忆单元中信息的更新，记忆单元可以用于存储历史信息。

（3）CRF 层：开展实体识别工作需要对语料进行词性标注及词边界的标注，然后利用"BIO"标注体系对获取的语料数据进行进一步标注。其中，"B"表示名词短语的开头，"I"表示名词短语的中间，"O"表示不是名词短语。以句子"固定轴距：2500mm"为例，表 3-12 展示了具体的标注过程，其中"Needindex"和"Needvalue"分别为实体类型"需求项"和"需求值"。CRF 层的作用是完成对句子的序列标注，双层 LSTM 层的输出结果是针对每个标签的预测得分，该层将这些分数作为输入，从而预测出具有最大概率的标注序列。

表 3-12　BIO 序列标注

序列	固	定	轴	距	:	2500	mm
BIO	B-Needindex	I- Needindex	I- Needindex	I- Needindex	O	B-Needvalue	I- Needvalue

2）word2vec+TextCNN 分类模型

针对命名实体识别中的文本分类需求，采用基于 word2vec+TextCNN 的深度学习模型训练分类模型，对输入文本进行需求类型分类，模型框架如图 3-20 所示。

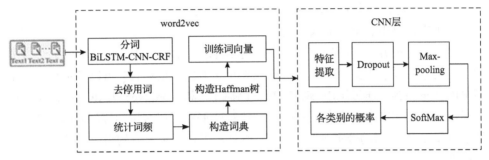

图 3-20　word2vec+TextCNN 分类模型

该模型主要有两层，即词嵌入（word2vec）层和卷积神经网络（convolutional neural network, CNN）层。

（1）词嵌入层。

在使用神经网络进行训练时，需要将文本转换成模型可以理解的形式。词嵌入层的任务是将文本表示为低维稠密的词向量，这些向量包含语义信息，并包含对分类有用的特征。本节使用基于 word2vec 的 CBOW 方法预训练词向量，以捕获句子的语义信息。

word2vec 模型的构建流程如下。

①分词和去停用词：使用基于 BiLSTM-CNN-CRF 分词器对句子进行分词，该分词器在高速列车转向架领域训练得到。分词器的训练流程和效果将在后续详细说明。

②构造词典：遍历整个文本，统计每个词语的词频。

③构造 Huffman 树：按照词出现的概率构造 Huffman 树，将所有分类放置于 Huffman 树的叶子节点处。

④训练词向量：对 Huffman 树中的叶子节点生成二进制编码，对每个非叶子节点和叶子节点中的词向量进行初始化，然后进行训练。

⑤测试生成的模型。

（2）CNN 层。

CNN 层使用词嵌入层输出的词向量作为模型的输入。使用不同大小的卷积核进行特征提取，然后通过池化层将向量维度固定，最后通过全连接的 SoftMax 层输出每个类别的概率。CNN 构建流程如下。

①特征提取：使用不同大小的卷积核对数据进行卷积操作，滑动窗口的大小

分别为 3、4 和 5，以捕捉不同尺寸的特征。

②池化层：对经过卷积操作后的特征图进行最大池化，固定输入向量的维度，减少特征维度。

③全连接层：将池化后的特征通过全连接层映射到每个类别的概率，并使用 SoftMax 函数进行分类概率归一化。

3）需求标书中需求项抽取应用实例

本节将上述方法和模型应用于高速列车需求标书中的需求项抽取。为了方便用户应用，在程序开发中封装了 PDF 文档浏览和解析的组件，可以按页获取需求标书的文本内容。通过调用 BERT-BiLSTM-CRF 和 word2vec+TextCNN 模型，能够对每一页的文本进行需求项的提取。图 3-21 展示了封装后的应用界面，界面左侧呈现了 PDF 文档的分页浏览页面，右侧展示了每一页对应的需求项的结构化数据提取结果。

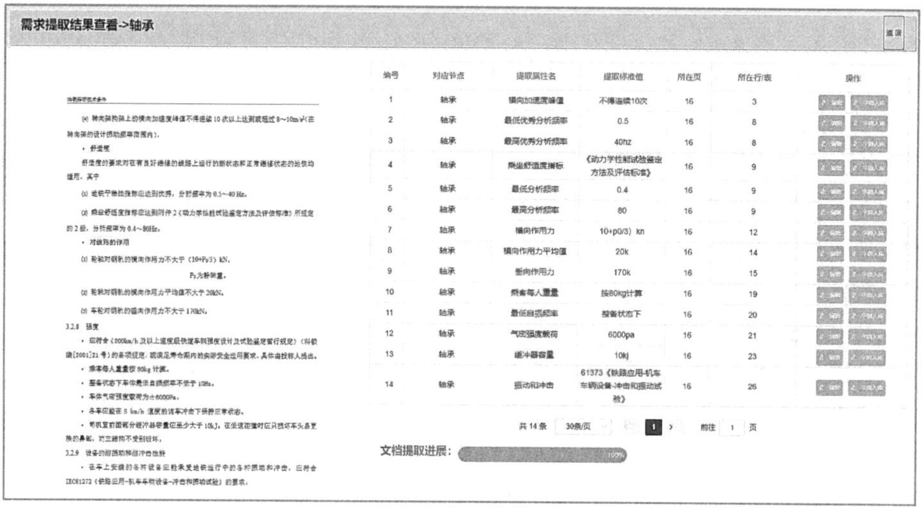

图 3-21　需求标书需求项自动提取

2. 半结构化知识抽取技术

半结构化知识抽取技术可将半结构化的文本数据分为三类，即 Web 类、科技文献类和其他类。其中，Web 类和科技文献类的抽取发生在网页或文献中，而其他类的数据，如复杂装备知识，以表格或带有一定结构的文本形式进行存储。尽管这两类数据在内容上有所不同，但它们都具有一定的结构框架，实际内容以文本形式存在。采用基于模板匹配的方法来处理这种共同的结构特点，方法流程框架如图 3-22 所示。

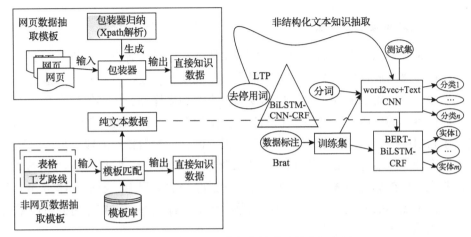

图 3-22　半结构化数据实体抽取技术框架图

半结构化知识抽取流程分为两部分：网页数据抽取模板和非网页数据抽取模板。将需要进一步抽取知识的纯文本数据输入到非结构化文本知识抽取模型中，以进行实体抽取。

1）网页数据抽取模板

网页中的非结构化数据以 HTML、XML 等标记语言形式存在。这些标记语言具有规则性，可以使用正则表达式编写 XPath 和 CSS 选择器表达式，以提取网页中的元素。这些表达式被归纳封装成包装器。XPath 是一种用于确定 XML 文档中某部分位置的语言，基于 XML 树状结构，在数据结构树中定位节点。XPath 最初被提出时是作为通用的语法模型，介于 XPointer 和 XSL 之间。然而，XPath 很快被开发者用作小型查询语言，通过 XPath 方法从网页中解析所需的知识数据。

2）非网页数据抽取模板

非网页数据抽取模板针对复杂装备领域数据中的以一定结构进行存储的数据，这类数据具有一定的结构信息，将这些结构信息进行归纳总结构造出结构模板库，利用结构模板库中的模板编写正则表达式，从而进行模板匹配，获取知识。

3.4.4　多领域知识融合与存储

知识图谱融合是为了解决多个知识图谱之间的异构性和冗余性问题[21,22]。这个过程涉及将来自不同数据源的异构、多样的知识在同一框架下进行消歧、加工和整合，从而实现对数据和信息多个角度的综合利用。目前，知识融合技术主要分为本体融合和数据融合两个方向，解决多源知识对齐和知识冗余问题对于多领域融合自动构建知识图谱至关重要。

在应对复杂装备多领域知识融合需求时，本节采用基于知识图谱的知识融合方法，下面介绍具体实现过程。

1. 领域本体层融合方法

在复杂装备知识图谱的构建中，领域本体融合涵盖概念合并、概念上下位关系合并以及概念属性定义合并，这些操作属于高层融合策略。在知识图谱的全生命周期中，不同阶段的知识应用目标及知识来源的多样性，可能导致多个知识图谱和知识本体的形成[26]。例如，在设计需求采集阶段，可能会形成需求知识图谱；在需求映射阶段，可能会形成设计参数知识图谱；在参数校验阶段，可能会形成技术标准知识图谱等。在这种背景下，领域本体的融合主要通过本体匹配来实现。本体匹配，也被称为本体对齐，在多知识图谱融合的过程中，通过本体对齐来实现不同知识图谱的模式层对齐，为数据层实体对齐提供基础。本体对齐可以采用本体集成和本体映射两种方法。

本节采用的方法是将阶段结构树中的实体作为各个阶段知识图谱的对齐实体，通过训练 BERT-BiLSTM-CRF 命名实体识别模型，对实体进行识别。然后，使用已训练的实体识别模型，对阶段领域知识图谱中的实体进行命名实体识别，从而确定领域图谱中的实体在结构树本体中所对应的概念。最终，通过这种方式建立本体概念之间的映射关系。

1）概念映射

概念映射即本体映射，是通过建立本体间的映射规则来达到本体的互操作[27]，概念映射关系主要有等价和包含两种。其具体描述为：给定知识图谱本体 $O_1(m_1, m_2, \cdots, m_n)$ 和实体 $E_1(e_1, e_2, \cdots, e_n)$ 以及相应的结构树本体 $O_2(n_1, n_2, \cdots, n_n)$，其中，$m_i(i=1,2,\cdots,n)$ 表示本体 O_1 中的概念，$e_i(i=1,2,\cdots,n)$ 表示本体 O_1 中概念 m_i 下的实体集，$n_j(j=1,2,\cdots,n)$ 表示结构树本体 O_2 中的概念，对齐的结果为一个映射 $f:m_i \rightarrow n_j$。映射集合中的 $m_i \rightarrow n_j$ 表示 O_1 中的概念 m_i 与 O_2 中的概念 n_j 具有等价或者包含关系。等价或包含关系判定如下：对于概念 m_i 下的实体 e_i，对于一个映射 $f:m_i \rightarrow n_j$，若 $e_i \subseteq m_i$ 并且 $e_i \subseteq n_j$，则 $m_i = n_j$；若 $e_i \subseteq m_i$ 并且 $e_i \not\subset n_j$，则 $n_j \subseteq m_i$。

2）建立映射关系

映射关系的建立过程如图 3-23 所示。输入 O_1 中 m_i 的实体集 E_1，将实体输出到命名实体识别模型中进行命名实体识别，若识别出有 O_2 中的概念 n_j，则输出映射 $f:m_i \rightarrow n_j$，如输入实体"转向架"，通过命名实体识别之后输出结果为映射 $f:$ 结构 $\rightarrow$ 系统。定义命名实体识别结果集 $N(n_1, n_2, \cdots, n_j)$ 和输出结果集 $\mathrm{map}\{(m_i, n_j), m_i \subseteq O_1, n_j \subseteq O_2\}$，建立映射的具体算法参见算法 3-7。

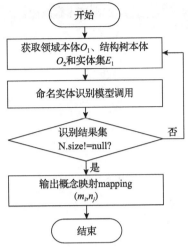

图 3-23　领域本体映射流程

算法 3-7　建立映射关系算法

输入：概念集 O_1 和实体集 E_1
输出：概念映射集合 list

1.　**for** m_i in O_1 **do**
2.　　**for** e_1 in E_1 **do**
3.　　　　命名实体识别
4.　　　**if** n_j
5.　　　　　list.append$\left(m_i, n_j\right)$
6.　　　**end if**
7.　　**end for**
8.　**end for**

以高速列车转向架的需求域、设计域、故障域为例，基于元结构树的本体层融合计算结果如图 3-24 所示。

2. 知识数据层融合方法

1) 属性规范化和实体聚类

(1) 属性规范化。

复杂装备领域实体的属性分为两类，一类为数值型，另一类为文本型[28]。采用人工的方式对属性的名称、值以及单位进行规范化，对于数值型，如属性值的单位有些是克，有些是 g，进行规范化，统一为 g；对于文本型，则将相同属性名称进行统一，如"环境最高温度"和"最高环境温度"，统一为"最高环境温度"。

将数值型属性定义为结构化属性，这类属性具有单位和约束条件，通过构造单位和约束的匹配模板库(表 3-13)对结构化属性进行匹配。

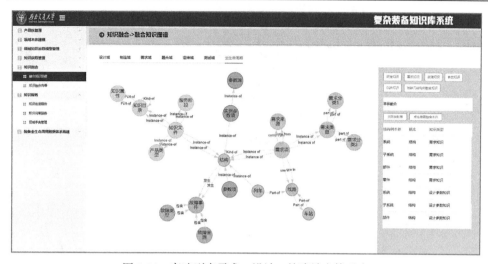

图 3-24　高速列车需求、设计、故障域本体融合

表 3-13　单位和约束匹配模板

约束	单位
不大于	mm
不大于	%
不得超过	升
±	g
±	kN

(2)实体聚类。

经过本体映射，可以将实体按照本体中的概念标签进行分类，将相同概念标签下的实体进行聚类，通过读取映射关系获取对应概念标签下的候选聚类实体，如算法 3-8 所示，并通过相似度计算实现实体对齐。

对于图谱 $G_1(A_1, A_2, \cdots, A_n)$ 中概念 $A_i(i = 1, 2, \cdots, n)$ 下的实体集 $E_1(e_1, e_2, \cdots, e_i)$ 和图谱 $G_2(B_1, B_2, \cdots, B_n)$ 中概念 $B_j(j = 1, 2, \cdots, n)$ 下的实体集 $E_2(e_1, e_2, \cdots, e_j)$，若概念 $A_i = B_j$，则 E_1 和 E_2 为两个需对齐的聚类实体集。

算法 3-8　建立映射关系算法

输入：概念集 G_1, G_2 ；实体集 E_1, E_2
输出：候选聚类实体集对 candidate

1.　**for** E_1 in A_i　**do**
2.　　**for** E_2 in B_j　**do**
3.　　　**if** $A_i = B_j$

4.	candidate.append (E_1, E_2)
5.	**end if**
6.	**end for**
7.	**end for**

2）基于属性相似度的实体对齐

（1）结构化属性相似度计算。

通过模板的正则匹配，能够获取实体的结构化属性，相同属性及属性值的表达形式和表述规范都有极大的相似度，因此可以采用最小编辑距离计算相似度。对于实体 a ，其 n 个结构化属性为 $P_a = \{P_{a_1}, P_{a_2}, \cdots, P_{a_n}\}$ ，对应的属性值为 $V_a = \{V_{a_1}, V_{a_2}, \cdots, V_{a_n}\}$ ；对于实体 b ，其 n 个结构化属性为 $P_b = \{P_{b_1}, P_{b_2}, \cdots, P_{b_n}\}$ ，对应的属性值为 $V_b = \{V_{b_1}, V_{b_2}, \cdots, V_{b_n}\}$ ，则实体 a 和 b 的公共属性 $C_p = P_a \bigcap P_b$ 的相似度计算如式（3-20）所示：

$$\mathrm{SimC}\left(P_{a_i}, P_{b_i}\right) = 1 - \frac{\mathrm{edit}\left(V_{a_i}, V_{b_i}\right)}{\max\left(\mathrm{len}\left(V_{a_i}\right), \mathrm{len}\left(V_{b_i}\right)\right)} \tag{3-20}$$

式中，$\mathrm{len}\left(V_{a_i}\right)$ 为实体 a 的第 i 个属性值长度；$\mathrm{len}\left(V_{b_i}\right)$ 为实体 b 的第 i 个属性值长度。

在进行结构化属性相似度计算时，不同属性的重要程度不同。例如，对高速列车转向架的性能属性来说，相比于"额定载客数"，其"运营速度"的设置更为重要。因此，对于不同的结构化属性，需设置不同的权重，不同结构化属性的权值确定由相关专业领域的工程师对不同属性的重要程度进行打分，并设置相应的权重比值，然后通过权值归一化确定出最后各属性的权值比重。总的结构化属性相似度计算如式（3-21）所示：

$$\mathrm{SimZ}(a,b) = \frac{\sum\limits_{i=1}^{t} w_i \cdot \mathrm{SimC}\left(P_{a_i}, P_{b_i}\right)}{t} \tag{3-21}$$

式中，w_i 为不同结构化属性的权值；t 为实体 a 和 b 的公共属性数。

（2）语义相似度计算。

针对实体中的非结构化属性，计算其语义相似度，首先通过相应属性的描述文本和领域词典进行词嵌入构造文本属性的语义特征向量，然后通过计算语义特征向量的余弦相似度来获取非结构化属性的相似度。如图 3-25 所示，将文本属性的描述文本作为训练语料库，使用 jieba 分词和百度停用词表对文本进行预处理，将文本经过随机初始化构建词向量，经过 CBOW 模型和 BiLSTM 模型训练得到综合词向量，构造出文本属性的语义特征向量。

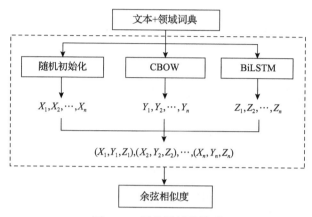

图 3-25　语义相似度模型

获取每个待对齐实体对的非结构化属性特征向量 V，求解实体 a 的每个非结构化属性特征向量 V_{a_i} 分别与实体 b 的每个非结构化属性特征向量 V_{b_j} 的余弦相似度，计算公式如式(3-22)所示：

$$\mathrm{Sim}\left(F_{a_i}, F_{b_j}\right) = \frac{V_{a_i} \cdot V_{b_i}}{\left|V_{a_i}\right| \cdot \left|V_{b_j}\right|} \tag{3-22}$$

式中，V_{a_i} 为实体 a 的第 i 个非结构化属性对应的特征向量；V_{b_j} 为实体 b 的第 j 个非结构化属性对应的特征向量。

设置相似度阈值为 K，选取相似度最高的属性对，若相似度大于阈值 K，则归为相似属性，记录相似度，循环比较后最终得到的 t 个相似属性对，则通过式(3-23)求取实体 a 与实体 b 的非结构化属性相似度：

$$\mathrm{SimF}(a,b) = \frac{\sum\limits_{i=1}^{t}\mathrm{Sim}\left(F_{a_i}, F_{b_i}\right)}{t} \tag{3-23}$$

(3)综合实体相似度计算。

将结构化属性相似度与非结构化属性相似度进行权值归一化得到实体 a 和 b 的综合相似度，计算公式如式(3-24)所示：

$$\mathrm{SimE}(a,b) = w_1 \cdot \mathrm{SimZ}(a,b) + w_2 \cdot \mathrm{SimF}(a,b) \tag{3-24}$$

式中，w_1 为结构化属性相似度的权值；w_2 为非结构化属性相似度的权值。

针对领域图谱概念 A 中的每个实体 a，通过 $\mathrm{SimE}(a,b)$ 值对结构树图谱中映射概念 B 中的实体 b 进行降序排序，生成最优候选序列，选取相似度最高且大于设定阈值 K 的实体 b 作为可对齐实体[29]。

采用上述方法对高速列车需求、设计和故障域知识进行计算融合，实验验证得到的结果如图 3-26 所示。

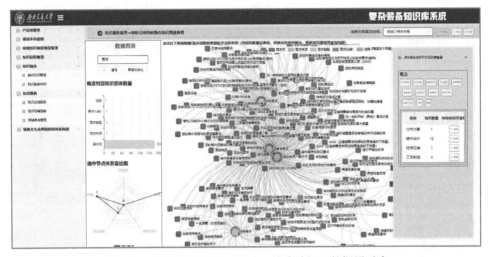

图 3-26　高速列车需求、设计、故障域知识数据层融合

3.4.5　领域图谱解析与可视化交互

基于复杂装备知识的产品族元结构树和领域主题的组织特点，本节提出了知识自动解析与可视化工具研发方案，如图 3-27 所示。在该方案中，用户首先选择特定的领域，系统随即加载相应的元结构树，用户可以根据需要按照默认的结构树节点进行图谱查询，或者选择特定的子图结构进行查询，系统按结构树节点和用户交互的领域查询知识图谱，将查询结果通过前端进行可视化渲染，以便用户更加直观地理解和交互。

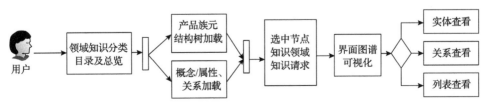

图 3-27　领域图谱自动解析与可视化交互

以研发知识文件为例，按本体解析及自动化交互服务界面如图 3-28 所示。用户选中左侧元结构树的构架节点，系统加载构架相关的研发知识，鼠标移动到对应的知识处，浮出窗口显示知识的具体属性，右侧浮出窗口上显示本部分节点相关的图片和简介。下面按本体解析出元概念分类，提供分类知识查看入口。

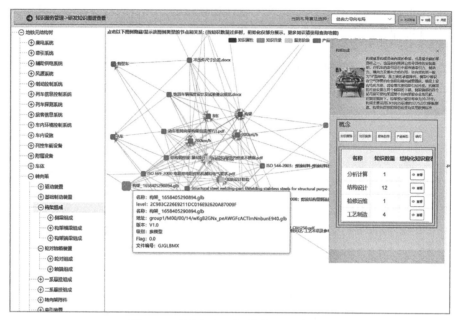

图 3-28 研发知识可视化交互图谱视图

单击“列表视图”，可查看知识文件相关的知识数据列表，如图 3-29 所示。

知识服务管理->研发知识列表

名称	地址	文件编号	级别	Flag	版本	知识目录	知识属性	产品类型	服务阶段	提取模型配置
CRH250.pdf	查看	QX-CHR250	企业标准	0.0	查看	技术指标		B车	概念设计阶段,方案设计阶段,系统设计阶段,详细设计阶段	提取
ISO 4063-1998：焊接和相关工艺-工艺术语及参考号.pdf	查看	ISO 4063-1998	国家标准	0.0	查看	设计标准	结构设计	300km/h,200km/h	概念设计阶段,方案设计阶段,系统设计阶段,详细设计阶段	提取
ISO 544-2003：焊接材料-焊接材料技术供货条件-产品类型，尺寸，公差和标志.pdf	查看	QCC05-002-2008	国家标准	0.0	查看	设计标准	结构设计	B车,300km/h,200km/h	概念设计阶段,方案设计阶段,系统设计阶段,详细设计阶段	提取
ISO 581-2005：焊接通用要求-焊接性金属材料一般原则.pdf	查看	ISO 581-2005	国际标准	0.0	查看	设计标准	结构设计	300km/h,200km/h,A车	概念设计阶段,方案设计阶段,系统设计阶段,详细设计阶段	提取
ISO 669-2000 电阻焊电阻焊机机械和电气要求.pdf	查看	ISO 669-2000	国家标准	0.0	查看	材料性能	结构设计	B车,300km/h,200km/h,A车	概念设计阶段,方案设计阶段,系统设计阶段,详细设计阶段	提取
QCC05-002-2008：焊接结构型钢连接处切口型式尺寸.pdf	查看	QCC05-002-2008	企业标准	0.0	查看	设计标准	结构设计	300km/h,200km/h	概念设计阶段,方案设计阶段,系统设计阶段,详细设计阶段	提取
QCC61-007-2007：铝及铝合金材料焊接前处理通用工艺规程.pdf	查看	QCC61-007-2007	企业标准	0.0	查看	工艺应知	工艺制造	300km/h,200km/h	详细设计阶段,生产试制阶段	提取
Structural Steel welding Part1：welding of steel structures.pdf	查看	AS/NZS 1554.1:2004	澳大利亚国家标准	0.0	查看	设计标准	结构设计	300km/h	系统设计阶段	提取
Structural steel welding-part 6Welding stainless steels for structural purpo sees.pdf	查看	AS-NZS 1554.6:1994	澳大利亚新西兰标准	0.0	查看	设计标准	结构设计	B车,300km/h,200km/h,A车	概念设计阶段,方案设计阶段,系统设计阶段,详细设计阶段	提取

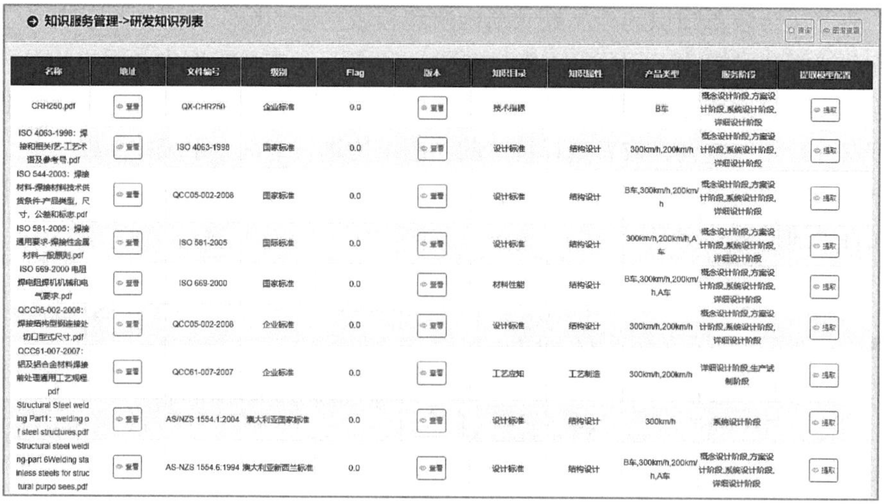

图 3-29 研发知识可视化交互列表视图

3.4.6　知识问答技术及系统构建

　　基于高速列车领域知识图谱，构建面向知识图谱的智能问答系统，通过该智能问答系统，可针对高速列车零部件设计、制造及运维人员在其活动的过程中提出来的各类问题，通过对其问句语义的解析定位到知识图谱内某一条精准的知识路径，将该知识路径提取出来作为答案返回给该人员，提高其在活动中的知识获取效率[30]。

　　问句意图识别是指通过机器学习或者深度学习使计算机对人类自然语言问句进行理解和解析。意图识别通常包含两个关键任务，即问句分类和实体抽取[31-33]。问句分类，即将当前问句归类到正确的意图，属于文本分类范畴；实体抽取，即抽取出问句中与意图相关的关键实体信息，属于序列标注范畴。意图识别模型的建模方案一般有独立建模和联合建模两种。意图识别联合建模，即将问句分类与实体抽取任务同步进行，用两个任务的强相关性来提升模型效果，是当前的研究热点[34-43]。

　　针对复杂装备知识问答服务需求，在知识图谱的基础上，采用基于知识图谱的智能问答意图识别联合模型。下面阐述该方法具体实现过程[44]。

　　1. 目标定义

　　意图识别旨在对用户输入的句子进行深入理解，以确定用户的意图并提取句子中的实体信息。在复杂装备知识问答中，意图识别任务包括细意图分类和实体抽取两个关键部分。细意图分类的目标是确定句子的具体意图类别，而实体抽取旨在确定句子中每个单词或字的实体标签类别。符号表述为：给定一个长度为 N 的句子 $S = \{S_1, S_2, \cdots, S_N\}$，$S_i\,(i = 1, 2, \cdots, N)$ 表示英文的第 i 个单词或中文的第 i 个字，求解 S 的类别分布 $Y^I = \{y_1^I, y_2^I, \cdots, y_N^I\}$ 和实体标签分布 $Y^S = \{y_1^S, y_2^S, \cdots, y_N^S\}$，进而得到 S 的类别 label^I 和实体标签序列 label^S。

　　2. 模型结构

　　在项目实践中，针对复杂装备知识问答需求，作者团队构建了名为 joint-KGBERT 的模型。该模型一共由四个关键部分组成，即知识图谱导入层、文本嵌入层、可视层以及 Transformer 层。知识图谱导入层主要负责知识图谱与训练数据的结合工作，将原始问句中的词语与知识图谱中的实体进行对齐后，可将该实体对应的本体标签插入到原始问句中，形成结合了本体标签的知识文本，并在知识文本的基础上添加本体间关系形成知识文本图；随后知识文本进入文本嵌入层，文本嵌入层将知识文本转换成 Transformer 层可处理的向量表示，知识文本图进入可视层，可视层根据知识文本图生成包含其中知识信息的实体关系可视矩阵；最后两者作为输入同时进入 Transformer 层，Transformer 层根据实体关系可视矩阵对知识文本的向量表示进行处理，解码输出问句中所包含的实体及问句分类的结果。joint-KGBERT 模型的框架如图 3-30 所示。

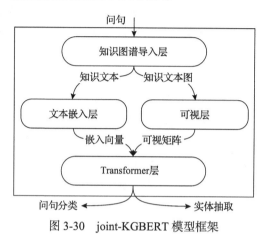

图 3-30　joint-KGBERT 模型框架

3. 高速列车问句意图识别模型 joint-KGBERT

1）知识图谱导入层

采用与 K-BERT 中同样的知识图谱导入思路，将原问句中的词语与知识图谱中的实体进行链接，并将该实体对应的本体标签结合到原问句中形成知识文本。不同的是，K-BERT 只进行了本体标签的导入，没有将问句中各本体之间的关系考虑进来。因此，本节在进行导入时额外考虑了各本体之间的关系，即在知识文本的基础上导入本体之间的关系形成知识文本图。

给定问句 $S = \{w_1, w_2, \cdots, w_n\}$，其中，$n$ 为这句话的字符个数。给定知识图谱 K，K 中的三元组表示为 $T = \{w_i, r_{ik}, w_k\}$，其中，w 为实体或者本体标签，r 为两者之间的关系，则对于任意的 $w_i \in K$，原问句可表示为知识文本 $S' = \{w_1, w_2, \cdots, \{w_i, r_{ik}, w_k\}, \cdots, w_n\}$。

将形式化的描述以知识文本图的形式表示。以高速列车领域设计参数问句"CRH380A 中转向架的使用寿命是多少"为例，在高速列车领域知识图谱中，"CRH380A"对应"列车号"本体，"转向架"对应"结构"本体，"使用寿命"对应"参数项"本体。因为"列车号"与"参数项"存在关系"使用"，"结构"与"参数项"之间存在关系"具有"，所以导入知识图谱中知识三元组后形成的知识文本图如图 3-31 所示。图中，[CLS]为问句的分类标记符，实线代表实体对应的本体标签，虚箭头代表两本体之间的关系。

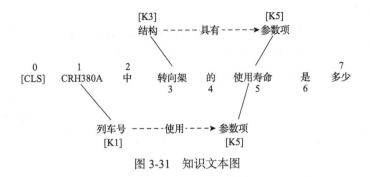

图 3-31　知识文本图

知识文本图是可视层构建实体关系可视矩阵的依据，知识文本则是将本体标签直接拼接到对应词语后面的结果，知识文本进入文本嵌入层进行向量的转换。以"CRH380A 中转向架的使用寿命是多少"为例，其对应的知识文本为"CRH380A列车号中转向架结构的使用寿命参数项是多少"。

2）文本嵌入层

由上述实例可以很明显地看出，转化后的知识文本不仅丢失了原句的结构信息，而且不具有可读性。为了使模型能够解析到其原本的结构信息，在保留模型字符级嵌入的基础上添加知识文本的位置信息嵌入，这需要明确在知识文本中哪些成分是问句的原始成分，哪些是新成分。建立如图 3-31 所示标有字符部分的位置索引，进而确定问句的原始结构。

因此，文本嵌入层由两部分组成，即字符级嵌入和位置信息嵌入。字符级嵌入与原模型一致，即将知识文本按字符分割，导入预训练模型中对应字符的向量。位置信息嵌入则是将对应字符的位置索引与其字符向量结合起来，以高速列车领域设计参数问句为例，其原理如图 3-32 所示。

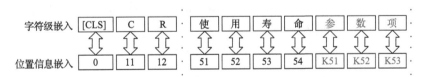

图 3-32　嵌入示意图

字符级嵌入需要将句子按字符划分，因此对于任意词 W，若其位置索引为 i，则其对应字符的索引为 $\{i_1, i_2, \cdots, i_n\}$，$n$ 为该词的字符长度。以词语"转向架"为例，它在句子中的位置索引为 3，则字符"转"的索引为 31，"向"的索引为 32。

将位置信息索引添加到字符级嵌入中，位置索引前缀为 K 的字符属于新成分，反之则为原始成分，这样模型在处理向量时便可以得到保留了原问句结构信息的知识文本嵌入表示。

3)可视层

将领域知识图谱与问句结合并得到保留原问句结构信息的嵌入表示后，接下来要解决如何衡量知识文本中各成分之间的相关程度及本体关系的展现问题。在 K-BERT 中，模型的可视层采用了一种实体可视矩阵来展现词语与被导入的本体标签间的相关程度，本节不仅考虑了实体，也考虑了实体之间的关系，因此需要在原有实体可视矩阵的基础上进行改进，将具有关系的本体标签在矩阵对应位置设置关联值，形成实体关系可视矩阵，以达到表明两者存在相互关系的目的。

实体可视矩阵的大小由知识文本词组长度决定。设知识文本词组长度为 M，则矩阵的大小为 $M \times M$。其构建的思路是依据图 3-31 中的知识文本图，将同一分支的两个词在矩阵对应的位置置为 0，表明其存在相关性，反之则将其置为$-\infty$，并通过后续的运算将其相关性评分置为 0。以知识文本"CRH380A 列车号中转向架结构的使用寿命参数项是多少"为例，其实体可视矩阵如图 3-33 所示。

	0	1	2	3	4	5	6	7	8	9	10
0	0	0	$-\infty$	0	0	$-\infty$	0	0	$-\infty$	0	0
1	0	0	0	0	0	$-\infty$	0	0	0	0	0
2	$-\infty$	0	0	$-\infty$	$-\infty$	$-\infty$	$-\infty$	$-\infty$	$-\infty$	$-\infty$	$-\infty$
3	0	0	$-\infty$	0	0	$-\infty$	0	0	0	0	0
4	0	0	$-\infty$	0	0	$-\infty$	0	0	0	0	0
5	$-\infty$	$-\infty$	$-\infty$	$-\infty$	0	0	$-\infty$	$-\infty$	$-\infty$	$-\infty$	$-\infty$
6	0	0	$-\infty$	0	0	$-\infty$	0	0	0	0	0
7	0	0	$-\infty$	0	0	$-\infty$	0	0	0	0	0
8	$-\infty$	$-\infty$	$-\infty$	$-\infty$	$-\infty$	$-\infty$	0	0	0	$-\infty$	$-\infty$
9	0	0	$-\infty$	0	0	$-\infty$	0	0	0	0	0
10	0	0	$-\infty$	0	0	$-\infty$	0	0	$-\infty$	0	0

图 3-33　实体可视矩阵

图 3-33 中，0 代表相关，$-\infty$代表不相关。例如，第 2 行第 8 列为$-\infty$，代表知识文本中第 1 个词组与第 8 个词组之间不存在相关性，即"CRH380A(1)"与"参数项(8)"之间不相关，但是该矩阵没有表现出实体对应的本体关系。为了表现这种关系，按照知识文本图，将具有关系的本体及其词语在对应的矩阵位置置为 1，表明一种比词语处在同一分支更强的相关性。改进后的矩阵示意图如图 3-34 所示。

由图 3-34 可以看出，原本不相关的两个词由于关系的设置开始具有相关性。例如，第 2 行第 8 列由 $-\infty$变为 1，这是因为"CRH380A(1)"与"参数项(8)"之间存在"使用"关系。

	0	1	2	3	4	5	6	7	8	9	10
0	0	0	$-\infty$	0	0	$-\infty$	0	0	$-\infty$	0	0
1	0	0	0	0	1	1	0	1	1	0	0
2	$-\infty$	0	0	$-\infty$	1	1	$-\infty$	1	1	$-\infty$	$-\infty$
3	0	0	$-\infty$	0	0	$-\infty$	0	0	$-\infty$	0	0
4	0	1	1	0	0	0	0	1	1	0	0
5	$-\infty$	1	1	$-\infty$	0	0	$-\infty$	1	1	$-\infty$	$-\infty$
6	0	0	$-\infty$	0	0	$-\infty$	0	0	$-\infty$	0	0
7	0	1	1	0	1	1	0	0	0	0	0
8	$-\infty$	1	1	$-\infty$	1	1	$-\infty$	0	0	$-\infty$	$-\infty$
9	0	0	$-\infty$	0	0	$-\infty$	0	0	$-\infty$	0	0
10	0	0	$-\infty$	0	0	$-\infty$	0	0	$-\infty$	0	0

图 3-34　实体关系可视矩阵

改进后的实体关系可视矩阵的形式化定义为：将问句中第 i 个词作为 w_i，第 j 个词作为 w_j，将两个词在实体关系可视矩阵中的对应值作为 M_{ij}，当两个词在知识图谱中存在关系边时，M_{ij} 为 1，否则，需要明确两词在知识文本图中是否处在同一分支上，若处在同一分支上，则 M_{ij} 为 0，若未处在同一分支上，则 M_{ij} 为 $-\infty$。w_i 和 w_j 在知识图谱中不存在关系时，其形式化公式如式 (3-25) 所示：

$$M_{ij} = \begin{cases} 0, & w_i \in w_j \\ -\infty, & w_i \notin w_j \end{cases} \tag{3-25}$$

式中，$w_i \in w_j$ 表明 w_i 和 w_j 处在知识文本图的同一分支上；$w_i \notin w_j$ 表明 w_i 和 w_j 没有处在知识文本图的同一分支上。

4) Transformer 层

在得到知识文本的嵌入表示和实体关系可视矩阵后，将两者输入到 Transformer 层进行编码，但是由于原始模型的 Transformer 层无法直接接受实体关系可视矩阵作为输入，所以需要对 Transformer 层进行一定的改变，其中改变的重点便是以实体关系可视矩阵为中心来确定不同时刻、不同字符间的关联程度。因此，可以对 Transformer 层中自注意力层 Self-Attention 的相关性评分函数进行改变，将相关性评分与实体关系可视矩阵 M 相结合，再由 SoftMax 函数计算出其最终相关度。

在保持原 Self-Attention 参数不变的情况下，有

$$\begin{cases} Q^{i+1} = h^i W_q \\ K^{i+1} = h^i W_k \\ V^{i+1} = h^i W_v \end{cases} \tag{3-26}$$

式中，W_q、W_k、W_v 为可训练的参数；h^i 为第 i 层的隐藏层输出；Q^{i+1} 为第 $i+1$ 层的 Query 向量（负责寻找该字符与其他字符的相关度）；K^{i+1} 为第 $i+1$ 层的 Key 向量（用来与 Query 向量进行匹配，得到相关度评分）；V^{i+1} 为第 $i+1$ 层的 Value 向量（即字符本身的向量表示，根据嵌入层得到）。进行 SoftMax 函数的改变，引入实体关系可视矩阵 M：

$$S^{i+1} = \text{SoftMax}\left(\frac{Q^{i+1} K^{i+1} + M}{\sqrt{d_k}} \right) \tag{3-27}$$

式中，M 为实体关系可视矩阵；S^{i+1} 为第 $i+1$ 层的相关度评分；d_k 为模型预定义的缩放因子，其余参数同式（3-26）。

最后，更新下一层的隐藏层输出：

$$h^{i+1} = S^{i+1} V^{i+1} \tag{3-28}$$

在式（3-25）中，若 $M_{ik} = -\infty$，则代表 w_i 和 w_k 不相关，将会在其进行计算后使结果加上负无穷，再经过 SoftMax 函数将其相关性评分置为 0，即 $S_{ik}^{i+1} = 0$。

经过改进后的 SoftMax 函数使 Transformer 层可以很好地利用实体关系可视矩阵中所包含的信息，有效地解析知识文本中所包含的实体和实体关系知识，并且由于不相关的词汇其相关度会被计算为 0 值，有效避免了文本扩充导致的语义变化等问题。以高速列车领域设计参数知识文本"CRH380A 列车号中转向架结构的使用寿命参数项是多少"为例，其中"结"字符对其他字符的相关性影响如图 3-35 所示。

由图 3-35 可以看出，"结"字符与分类标记符[CLS]无相关性，对其没有直接影响，因此保持了原问句的语义，但是"结"字符可以通过其相关字符"转""向""架"间接影响[CLS]标记符，从而影响问句分类的结果。除此之外，更是可以直接对"转"字符的实体识别结果产生影响。得益于联合模型对两个任务相关信息的整合，意图识别的效果得到了提升。以"CRH380A 列车号中转向架结构的使用寿命参数项是多少"为例，由于结合了图谱知识，模型在识别到列车号"CRH380A"以及列车号与"使用寿命"之间的关系后，会更倾向于将"使用寿命"识别为"参

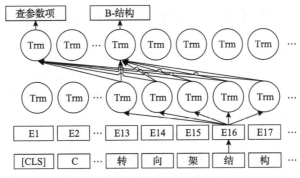

图 3-35　Transformer 示意图

数项"而非其他错误实体，达到以知识图谱知识纠正实体抽取错误并提升问句分类效果的目的。

4. 智能问答系统构建

集成意图识别模型，构建了知识问答系统，其体系架构如图 3-36 所示。系统主要包含三个功能模块：领域模板和领域词典管理模块、智能问答相关模型管理模块和智能问答知识获取模块。

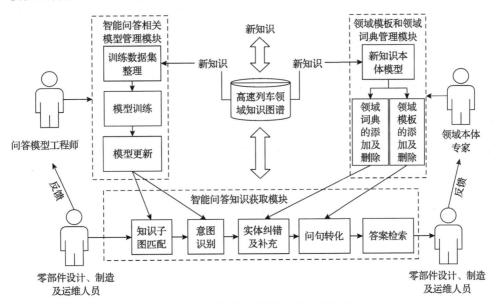

图 3-36　智能问答系统构建及应用流程

领域模板和领域词典管理模块专注于领域本体专家，其功能包括添加、删除查询模板、问答模板、实体词典项，以及增添同义词。此模块基于知识图谱本体模型，通过构建新的查询模板和答案模板，以知识本体为基础，将新的领域模板集成至领域模板库，同时将新实体词汇添加至领域词典，从而实现领域模板和词典的有效管理。

智能问答相关模型管理模块针对问答模型工程师，涵盖模型的训练与更新操作。依靠知识图谱本体模型，问答模型工程师根据新的图谱本体整理问答模型训练数据，并创建样例，通过数据增强算法生成新的训练数据。随后，他们重新训练模型，将训练得到的模型参数文件取代之前的文件，从而实现问答模型的更新。

基于前述方法和流程的指导，本节开展复杂装备知识问答系统的实践构建，系统的运行服务界面如图3-37所示。在这个系统中能够对用户的意图进行分类，并引导解析模糊的意图。一旦获取了用户的意图，系统就会提供满足条件的知识反馈，以满足用户的需求。这一构建实践旨在实现一个高效的知识问答系统，以支持复杂装备领域的知识获取和交互。

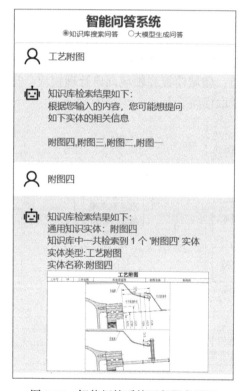

图 3-37 智能问答系统运行服务界面

参 考 文 献

[1] Tao F, Cheng J F, Qi Q L, et al. Digital twin-driven product design, manufacturing and service with big data[J]. The International Journal of Advanced Manufacturing Technology, 2018, 94 (9):

3563-3576.

[2] Li J R, Tao F, Cheng Y, et al. Big data in product lifecycle management[J]. The International Journal of Advanced Manufacturing Technology, 2015, 81(1): 667-684.

[3] Niang C, Markhoff B B, Sam Y, et al. A semi-automatic approach for global-schema construction in data integration systems[J]. International Journal of Adaptive, Resilient and Autonomic Systems, 2013, 4(2): 35-53.

[4] 李蕊, 朱华. 一种基于规则的多源异构数据语义映射方法[J]. 计算机科学, 2017, 44(6): 273-277.

[5] 吴红玲, 邓锦昌, 黄家宝. 多源异构数据集成的本体映射技术研究综述[J]. 计算机工程与设计, 2017, 38(9): 2407-2412.

[6] 张春, 袁天宁. 针对动车组全生命周期集成管理的多源异构数据融合框架设计[J]. 计算机与现代化, 2017, (10): 36-41.

[7] 陈付梅, 韩德志, 毕坤, 等. 大数据环境下的分布式数据流处理关键技术探析[J]. 计算机应用, 2017, 37(3): 620-627.

[8] 赵润发, 娄渊胜, 叶枫, 等. 基于 Flink 的工业大数据平台研究与应用[J]. 计算机工程与设计, 2022, 43(3): 886-894.

[9] 王万良, 张兆娟, 高楠, 等. 基于人工智能技术的大数据分析方法研究进展[J]. 计算机集成制造系统, 2019, 25(3): 529-547.

[10] Kalayci T E, Bricelj B, Lah M, et al. A knowledge graph-based data integration framework applied to battery data management[J]. Sustainability, 2021, 13(3): 1583.

[11] 宋佳, 石若凌, 郭小红, 等. 基于核极限学习机的飞行器故障诊断方法[J]. 清华大学学报(自然科学版), 2020, 60(10): 795-803.

[12] 李业波, 李秋红, 黄向华, 等. 航空发动机气路部件故障融合诊断方法研究[J]. 航空学报, 2014, 35(6): 1612-1622.

[13] 何逸茹, 刘晨, 杨中国. 面向多源传感事件序列的时序依赖关联挖掘方法[J]. 小型微型计算机系统, 2021, 42(11): 2307-2312.

[14] Ye R Z, Li X L. Collective representation for abnormal event detection[J]. Journal of Computer Science and Technology, 2017, 32(3): 470-479.

[15] Song W, Jacobsen H A, Ye C Y, et al. Process discovery from dependence-complete event logs[J]. IEEE Transactions on Services Computing, 2016, 9(5): 714-727.

[16] Plantevit M, Robardet C, Scuturici V M. Graph dependency construction based on interval-event dependencies detection in data streams[J]. Intelligent Data Analysis, 2016, 20(2): 223-256.

[17] 杨梦涛, 王翠青, 陈未如. 基于间隙模式的并发序列模式挖掘算法[J]. 沈阳化工大学学报, 2019, 33(2): 183-187.

[18] 李涓子, 侯磊. 知识图谱研究综述[J]. 山西大学学报(自然科学版), 2017, 40(3): 454-459.

[19] Liu Q, Li Y, Duan H, et al. Knowledge graph construction techniques[J]. Journal of Computer Research and Development, 2016, 53(3): 582-600.

[20] AbdEllatif M, Farhan M S, Shehata N S. Overcoming business process reengineering obstacles using ontology-based knowledge map methodology[J]. Future Computing and Informatics Journal, 2018, 3(1): 7-28.

[21] 王昊奋, 漆桂林, 陈华钧. 知识图谱: 方法、实践与应用[M]. 北京: 电子工业出版社, 2019.

[22] Kaushik N, Chatterjee N. Automatic relationship extraction from agricultural text for ontology construction[J]. Information Processing in Agriculture, 2018, 5(1): 60-73.

[23] Dai Z, Wang X, Ni P, et al. Named entity recognition using BERT BiLSTM CRF for Chinese electronic health records[C]. The 12th International Congress on Image and Signal Processing, Biomedical Engineering and Informatics(CISP-BMEI), 2019: 1-5.

[24] Ruta M, Scioscia F, Gramegna F, et al. A knowledge fusion approach for context awareness in vehicular networks[J]. IEEE Internet of Things Journal, 2018, 5(4): 2407-2419.

[25] Zhao X J, Jia Y, Li A P, et al. Multi-source knowledge fusion: A survey[J]. World Wide Web, 2020, 23(4): 2567-2592.

[26] 王淑营, 李雪, 黎荣, 等. 基于知识图谱的高速列车知识融合方法[J]. 西南交通大学学报, 2022, 2: 1-11.

[27] Jiang L, Shi J Y, Wang C Y. Multi-ontology fusion and rule development to facilitate automated code compliance checking using BIM and rule-based reasoning[J]. Advanced Engineering Informatics, 2022, 51: 101449.

[28] Zhu Q, Wei H, Sisman B, et al. Collective multi-type entity alignment between knowledge graphs[C]. Proceedings of The Web Conference, Taipei, 2020: 2241-2252.

[29] 王雪鹏, 刘康, 何世柱, 等. 基于网络语义标签的多源知识库实体对齐算法[J]. 计算机学报, 2017, 40(3): 701-711.

[30] 马自力. 高速列车知识图谱智能问答系统构建技术研究[D]. 成都: 西南交通大学, 2023.

[31] 韩东方, 吐尔地·托合提, 艾斯卡尔·艾木都拉. 问答系统中问句分类方法研究综述[J]. 计算机工程与应用, 2021, 57(6): 10-21.

[32] 刘娇, 李艳玲, 林民. 人机对话系统中意图识别方法综述[J]. 计算机工程与应用, 2019, 55(12): 1-7, 43.

[33] 侯丽仙, 李艳玲, 李成城. 面向任务口语理解研究现状综述[J]. 计算机工程与应用, 2019, 55(11): 7-15.

[34] Goo C W, Gao G, Hsu Y K, et al. Slot-gated modeling for joint slot filling and intent prediction[C]. The Conference of the North American Chapter of the Association for Computational Linguistics: Human Language Technologies, New Orleans, 2018: 753-757.

[35] 李慧颖, 赵满, 余文麒. 面向知识库问答的多注意力 RNN 关系链接方法[J]. Journal of

Southeast University（English Edition），2020，36（4）：385-392.

[36] 彭敏, 姚亚兰, 谢倩倩, 等. 基于带注意力机制 CNN 的联合知识表示模型[J]. 中文信息学报, 2019, 33（2）：51-58.

[37] Gangadharaiah R, Narayanaswamy B. Joint multiple intent detection and slot labeling for goal-oriented dialog[C]. The Conference of the North, Minneapolis, 2019: 564-569.

[38] Chen Q, Zhuo Z, Wang W. BERT for joint intent classification and slot filling[J]. ArXiv e-Prints, 2019,（1）: 1-4.

[39] Sun Y, Wang S H, Li Y K, et al. ERNIE: Enhanced representation through knowledge integration[J]. Computation and Language, 2019, 19: 1-8.

[40] Qin L B, Xie T B, Che W X, et al. A survey on spoken language understanding: Recent advances and new frontiers[J]. Computation and Language, 2021, 4: 03095.

[41] 侯罗玲, 李硕凯. 基于知识图谱、TF-IDF 和 BERT 模型的冬奥知识问答系统[J]. 智能系统学报, 2021, 16（4）：819-826.

[42] Sun T X, Shao Y F, Qiu X P, et al. CoLAKE: Contextualized language and knowledge embedding[J]. Computation and Language, 2020, 1: 00309.

[43] Liu W J, Zhou P, Zhao Z, et al. K-BERT: Enabling language representation with knowledge graph[J]. Proceedings of the AAAI Conference on Artificial Intelligence, 2020, 34（3）: 2901-2908.

[44] 马自力, 王淑营, 张海柱, 等. 基于知识图谱的智能问答意图识别联合模型[J]. 计算机工程与应用, 2023, 59（6）：171-178.

第4章　模型驱动的数字样机与数字孪生构建

复杂装备在组织全生命周期业务过程中，主要采用流程驱动的方式，这种组织形式能够将大量的工作集成到以流程组织的活动、接口关系中，但需要进行细致的流程、活动、任务梳理，且主要用文档来表达其过程，比较适合流程相对固定的情况。分析复杂装备全生命周期过程的管理和业务开展，涉及大量的业务活动和业务场景，且是以海量数据为导向驱动的业务模型应用，对流程驱动的模式不太适用。事实上，复杂装备全生命周期管理过程中，主要是以应用需求为牵引的业务处理和集成，而业务处理过程中往往需要大量以数据为核心的模型参与。因此，组织复杂装备全生命周期海量数据、大量模型，并且面向业务场景开展有效应用，是基于模型的复杂装备系统工程的核心，数字化表达是这种数据驱动的主要方式。

本章借鉴传统的基于模型的系统工程(MBSE)思想，以全生命周期孪生模型为对象，建立 MBSE 的孪生模型理论框架，通过多模型融合的方式建立全生命周期孪生模型，对复杂装备数字孪生模型进行有效管理，同时面向迭代优化设计、生产组织、健康管理开展孪生应用。

4.1　模型驱动的数字样机与数字孪生构建框架

面向复杂装备全生命周期数字孪生应用，定义数字孪生模型和数字孪生体两个概念。复杂装备全生命周期各阶段数字孪生模型有很多，按照领域应用进行区分和归类。数字孪生模型是由信息模型、机理模型和领域模型融合而成的，在实时或亚实时数据驱动下，形成分析、预测、决策、优化等孪生作用[1]。

数字孪生模型是面向复杂装备全生命周期各业务活动的融合和应用模型，数字孪生体是面向复杂装备本身的数字-物理映射和交互的主体。数字孪生建立与装备物理实体对应的虚拟装备体，通过虚实之间的双向交互，达到评估、预测、调整、优化等目标。因此，复杂装备孪生体的概念出现在装备的运行阶段，而装备虚拟映射体和物理实体在设计、制造阶段形成，在形成孪生体的过程中数字孪生模型起着重要的作用[2]。各阶段数字孪生体和数字孪生模型之间的关系如图 4-1 所示。

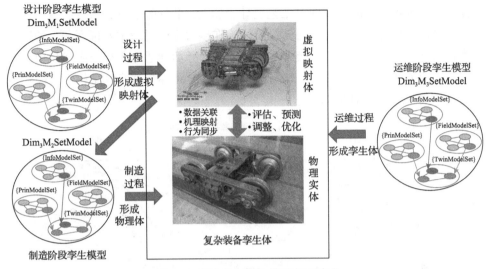

图 4-1　孪生体与孪生模型交互关系

1. MBSE 的全生命周期数字孪生模型管理

相对于传统的基于文档的系统研发，MBSE 用数字化建模来代替文档进行系统方案设计，把文档中描述的功能、性能、流程等采用数字化模型方式表达[3]，从而改变文档表达中自然语言描述一致性差、表达模糊、不易理解、很难与装备的数字化模型关联、难以追溯等诸多问题。MBSE 的思想大量应用在以数字模型表达的系统研发中，尤其是仿真系统设计。

在复杂装备全生命周期基于闭环反馈的信息物理系统融合理论中，各阶段将开展多种不同的孪生应用，而这些应用需要建立在数据模型、知识模型和反映物理特征的机理模型等基础上，这期间还涉及大量的信息处理模型等，因此模型在整个理论中尤其重要。为此，借鉴 MBSE 的全生命周期管理思路，用于模型驱动的数字样机与数字孪生构建与管理，便于整个项目中的数据和模型充分融合，完成闭环反馈迭代和各种孪生应用[4]。

引入闭环型的"宽 V"模型的 MBSE，将传统的 MBSE 延伸到全生命周期运维阶段，并将相关信息反馈回需求端，如图 4-2 所示。其中，模型可以分为四种类型，即支持装备设计的模型、支持装备迭代优化的模型、支持装备运维的模型以及支持装备闭环反馈迭代优化的模型，考虑到支持装备闭环反馈迭代优化的模型是对设计需求的全生命周期动态完善，因此可以归类到设计类模型中。全生命周期业务活动中包含大量的数字孪生模型，支持各业务活动的实现。在装备设计阶段，不断形成完善设计方案，最终形成装备样机模型，并贯穿到后续所有业务过程中；在装备制造阶段，通过工艺设计、加工、装配等过程，形成装备实体，也是对设计结果的验证；在装备运维阶段，在装备运行过程中发现问题，通过迭代优化对设计方案进行改进。装备全生命周期业务活动通过各种数字孪生模型实现，基于业务活动之间的并行、串行、耦合关系，可建立数字孪生模型之间的数据交互，实现孪生模型的关联与映射。

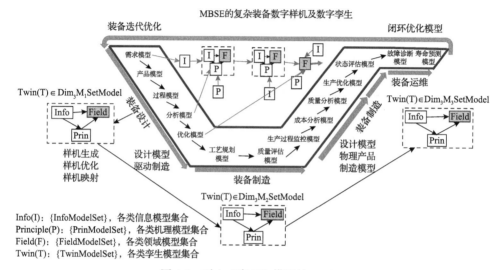

图 4-2　引入"宽 V"模型的 MBSE

2. 数据和模型融合的孪生作用

数字孪生建立了与装备物理实体对应的虚拟装备体，通过虚实之间的信息数据关联、机理映射、行为同步，实现装备全生命周期业务活动的评估、预测、调整和优化。各阶段的孪生应用通过多模型融合的数字孪生模型在实时数据驱动下的作用来实现[5]。

图 4-3 为数据和模型融合的数字孪生架构。本节所提出的数字孪生模型的数据和模型融合过程如下：先确定应用场景，然后实时获取物理装备的运行过程数据，形成状态信息模型(sIM)，同时收集物理设备的运行工况数据，形成工况信息模型(cIM)；状态信息模型和工况信息模型代表物理装备的实际情况，构成数字孪生模型的物理部分；将状态信息模型和运行工况数据输入机理模型中，驱动虚拟装备模型(vIM)在虚拟系统中模拟物理装备的工作过程，并保持同步，从而形成孪生模型的虚拟部分；从虚拟装备模型中提取孪生信息模型(tIM)，将孪生信息模型和状态信息模型中的数据共同输入到领域模型中，从而实现数字孪生应用。数字孪生模型可以实现三种应用，即评估、预测和优化。

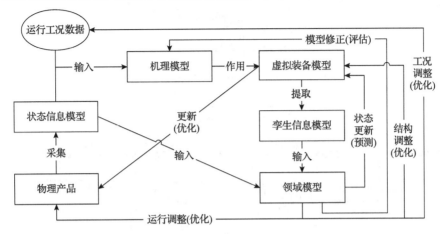

图 4-3 数据和模型融合的数字孪生架构

4.2 基于模型驱动的装备数字样机建模

随着复杂产品需求越来越多变、产品运行环境越来越复杂，复杂产品市场从传统的相对稳定型向动态多变型演变，复杂装备制造业已经从大批量生产方式向大规模定制方式转变。在面向订单需求进行新产品设计时，目前大部分制造企业均是根据设计师经验组织设计过程并进行产品设计的，在设计知识重用、设计过程组织的合理性等方面都存在不足，导致设计修改反复多、效率低下，难以控制产品设计的质量和成本。如何快速响应多样化的客户需求，以较低的成本、较短的设计周期研发出较高质量的产品，已经成为众多制造企业竞争发展的重大战略课题[6]。

为解决现有技术中存在的问题,本节提出一种基于元模型的复杂产品数字样机生成式设计方法，以过程元模型为研发流程基础，基于结构化客户需求元模型，通过对复杂装备客户需求进行高层次抽象，明确和统一客户需求的术语和概念，并利用产品元结构树作为数据基础架构来实现客户需求元模型的结构化管理，消除各阶段数据之间的异构性。此模型不仅能够保证复杂产品客户需求在产品的不同全生命周期阶段、不同结构层次、不同学科领域等信息维度中的独立性、唯一性、一致性、可重用性和集成性，同时还有助于复杂装备需求信息的共享、集成、转化、查询、阅读等高效管理和应用，为面向需求驱动的全生命周期的产品研制过程提供统一的数据支撑，模型驱动的装备数字样机建模流程如图 4-4 所示。

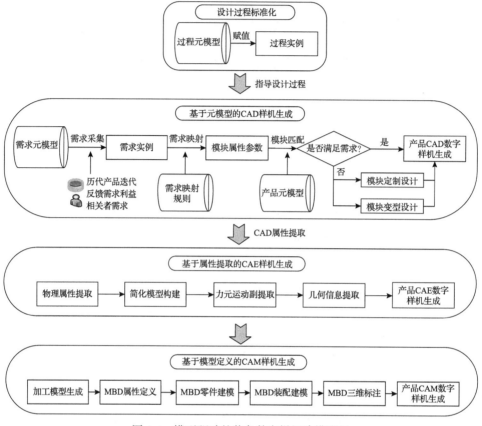

图 4-4   模型驱动的装备数字样机建模流程

4.2.1   基于模型驱动的数字样机基本内涵

基于模型驱动的数字样机是在基于文本驱动的数字样机的基础上建立的。传统的设计是将设计相关的信息、参数通过文本的方式表达，如需求规格说明书、方案设计文档、方案选型文档、产品测试报告、需求确认报告等。语言表达具有歧义性、隐含性、文件间的非关联性、变更和关联分析复杂等缺点[7]。基于模型驱动的数字样机是将设计相关的信息通过 SysML 等语言建模来表达，SysML 语言建模表达具有明显的优点，即通过图表达更加清晰，易于表达，且便于需求的管理、模型重用。将 SysML 建模与系统仿真软件 AMESim、Modelica 等相关联，使与配置设计相关的模块可以指导系统仿真模型的建立，且配置设计的模块参数可以为仿真模型输入值，从而进行系统、子系统的仿真计算。系统、子系统仿真软件可以与零部件级仿真软件 ANSYS 等相关联，通过系统仿真的关联传递参数进行参数化建模。MBSE 各个层级的仿真软件相关联，就组成了一个统一的基于模型驱动的数字样机[8]。

与传统的产品设计技术相比，数字样机技术强调系统的观点，涉及产品全生命周期，支持对产品的全方位测试、分析与评估，强调不同领域的虚拟化的协同设计，利用虚拟样机代替物理样机对产品进行创新设计、测试、评估和人员训练，使产品的设计者、制造者和使用者在产品研制的早期可以直观形象地对产品进行设计优化、性能测试、制造仿真和使用仿真。数字样机技术结合了多学科的知识对产品性能进行分析：基于多体系统动力学和有限元理论，可以解决产品的运动学、动力学、变形、结构、强度、疲劳寿命等问题；基于多领域物理系统理论，可以解决复杂机械产品中的机-电-液-控等多领域能量流和信号流的传递与控制问题；基于多学科设计优化理论，可以快速解决复杂机械产品的整体综合优化问题[9]。通过上述方法，可以提早发现产品设计方案中许多潜在的设计缺陷，有效减少所需建立的物理样机的数量，从而降低产品的开发成本、校验及测试等费用，缩短产品上市时间，快速响应客户需求和市场变化，提高产品的竞争力。

4.2.2　基于元模型的 CAD 样机生成

1. 设计过程标准化

基于元模型的复杂产品数字样机生成式设计方法以过程元模型为研发流程基础，因此需要首先构建过程元模型，通过对过程元模型赋值得到过程实例，用于指导设计过程[10]，具体包括以下内容。

(1)获取复杂产品对象过程元信息。过程元信息包括项目集合、任务集合和活动集合，每个过程元信息中项目集合至少包含一个项目，任务集合至少包含一个任务，活动集合至少包含一个活动。

(2)构建复杂产品对象过程元模型。根据订单研发需求在过程元信息的项目集合中选取恰当的项目，根据本次订单研发任务工作流，在构建的所述过程元信息的任务集合和活动集合中抽取符合研发任务工作流的任务与活动，从而构成带有描述研发过程内容、研发中各过程关系的过程元模型。

例如，以轨道交通行业地铁产品作为对象，过程元模型可以表示为 Process = {〈Project〉〈Task〉〈Activity〉}。假定当前订单研发需求是对某城市某号线地铁进行总体设计，则其过程元模型表示如下：

$$\text{Process} = \langle \text{P1}, \{\text{T1}\langle \text{A1}, \cdots, \text{A4}\rangle, \cdots, \text{T8}\langle \text{A1}, \cdots, \text{A6}\rangle\}\rangle \tag{4-1}$$

式中，项目 P1 为总体设计，其任务集合为{T1：设计输入，T2：技术指标，T3：列车编组，T4：牵引制动计算，T5：元模型赋值，T6：配置设计，T7：变型设计，T8：设计任务下发}。任务 T3 列车编组包含活动集合为{A1：动力配置，A2：车内布局，A3：断面设计，A4：车下布置，…}；活动 A1 动力配置包含根据列车编组数量确定的列车动拖比和车辆编组型式。

(3) 对过程元模型赋值得到过程实例。基于订单任务定制选择过程元并组建定制产品研发的过程元模型，根据实际订单进行具体赋值，得到具体研发过程，包括研发过程项目、任务以及具体研发活动，通过上述过程实现对产品各系统、子系统、模块及零部件后期研发过程流的初定义。

赋值示例如下：

$$Process = \langle P1, \{T1\langle A1, A2, A3, A4, A5\rangle, T2\langle A1, A2, A3, A4, A5\rangle,$$
$$T3\langle A1, A2, A3, A4, A5, A6\rangle\}\rangle$$

式中，项目 P1 为数字样机生成，其任务集合为{T1：产品 CAD 数字样机生成，T2：产品 CAE 数字样机生成，T3：产品 CAM 数字样机生成}；任务 T1 包含活动集合为{A1：需求采集，A2：需求映射，A3：模块匹配，A4：需求确认，A5：生成产品 CAD 数字样机}；任务 T2 包含活动集合为{A1：物理属性提取，A2：简化模型构建，A3：力元运动副提取，A4：几何信息提取，A5：生成产品 CAE 数字样机}；任务 T3 包含活动集合为{A1：加工模型生成，A2：MBD 属性定义，A3：MBD 零件建模，A4：MBD 装配建模，A5：MBD 三维标注，A6：生成产品 CAM 数字样机}。

2. 基于元模型的 CAD 样机生成

构建需求元模型，并结合实际订单需求形成需求实例，通过需求-模块映射将需求参数转换成模块参数，在所在定位产品平台实例库范围内进行产品模块实例匹配，得到可以重用的产品模块实例，即产品 CAD 样机。

首先对产品的需求进行采集，通过事先构建对应复杂产品需求元模型，以需求元模型为基础，对某订单的客户需求、历代产品迭代需求进行采集，作为产品设计的输入。需求元模型是通过定义客户需求的语义和语法规范描述特定领域客户需求，包含特定领域客户需求的基本对象、客户需求间影响关系、客户需求属性以及相关操作方法[11]。首先通过需求获取和需求处理实现对领域内客户需求分析；然后基于元模型建模规则约束提取需求元模型包含的需求对象、属性、关系和方法等元素集合，并基于提取的元素，通过五元组的方式对需求元模型进行表达：

$$Meta\text{-}Requirement = \{领域, 需求对象, 需求属性, 关系, 操作\} \qquad (4\text{-}2)$$

式中，领域(Domain)表示需求元模型所处的特定产品领域，限定了客户需求元模型表达和描述的边界；需求对象(R-Object)描述的是客户需求的语义抽象，表示产品设计的客户需求的集合；需求属性(R-Attribute)描述的是需求对象的特征，包含需求参数取值、参数范围、参数单位、参数重要度等；关系(Relation)表示需求元模型间的关系及需求对象和其他数据的引用关系等；操作(Operation)指的是对需求元模型进行增删改查、引用、抽取以及映射等操作。

根据所述需求元模型构建复杂产品的需求模板，确定需求模板对象所在领域，划清领域内需求知识范围和专业术语定义。对复杂产品对象领域内积累的产品实例进行分析，并整理出产品全生命周期内相关需求知识数据，对需求进行抽象凝练，明确描述需求的概念和专业术语，即需求对象和需求属性，确定需求模板组成要素。基于需求元模型基本格式构建需求模板，形成对复杂产品对象需求描述模板。

以轨道交通行业地铁产品作为对象，对产品的招标文件、设计说明书、历史履历文件等进行分析，根据需求属性不同，将需求分为适应性需求(环境适应性、线路适应性、运营适应性)、安全性需求(主动安全性、被动安全性)、舒适性需求(乘坐环境、乘坐感受)、环保性需求(车外噪声、环境振动、电磁辐射、材料环保、能耗)、RAMS 需求(可靠性、可维修性、可用性)、经济性需求(生产经济性、运行经济性、维护经济性)；根据需求参数在既有产品实例中取值的差异，将需求分为基本需求、可变需求、可选需求，其中基本需求具有唯一的取值，可变需求具有一个可调节的范围，可选需求具有多个枚举值。

根据不同层级的需求对象构建相应的需求模板，所述需求对象包括零部件级、系统级、产品级。系统级和零部件级的需求与产品级需求并不相同，系统级与零部件级的需求信息除了订单需求(客户需求)以外，还包括总体或上层系统设计师所确定的技术参数(技术需求)，如尺寸、性能、材料等属性信息，构建的需求模板如表 4-1 所示。

表 4-1　构建的需求模板

对象	类别	名称	值域	类型(通用程度)	单位	取值条件
产品	特征信息	标识符(编码)				
		产品名称				
		粒度	产品级			
		订单客户				
		...				
	适应性需求-环境	环境最低温度	[−40,0]	可变需求	℃	>
		环境最高温度	[0,+45]	可变需求	℃	<
		...				
	适应性需求-线路	车辆限界	GB 50157	基本需求		=
		最大坡度	[0,50]	可变需求	‰	=

对象	类别	名称	值域	类型(通用程度)	单位	取值条件
		…				
	…					
子系统1	…					
子系统2	…					

在完成所述需求模板构建后，通过参考以往产品实例、基于需求模板填写和添加新需求参数的方式进行需求采集，获得需求采集实例。参考以往产品实例是在企业单位需求实例库中存在和此次订单设计需求类似的需求实例，因此在对新设计需求进行需求采集时可以参考既往需求实例进行需求赋值。需要注意的是，参考的需求实例值可以由设计人员根据实际情况进行修改；若无相似的需求实例，可以直接基于需求模板进行需求填写。基于需求模板填写是设计人员、销售人员或客户根据预先制定的需求模板在规定范围内进行填写或选择；添加新需求参数是由于需求模板中项点不满足客户个性化功能需求，设计人员或客户可以自行添加新需求项点并赋值。

以地铁需求模板为基础，通过上述三种需求采集的方式进行订单需求的采集，某地铁订单的需求实例如表4-2所示。

表4-2 某地铁订单的需求实例

类别	名称	值域	类型(通用程度)	单位	取值条件
特征信息	标识符(编码)				
	产品名称	某地铁订单的产品需求实例			
	粒度	产品级			
	…	…	…	…	…
适应性需求-环境	环境最低温度	−40	可变需求	℃	>
	环境最高温度	+45	可变需求	℃	<
	…	…	…	…	…
适应性需求-线路	车辆限界	GB 50157	基本需求		=
	最大坡度	50‰	可变需求		=
	…	…	…	…	…
适应性需求-运营	最高运营速度	80	可变需求	km/h	
	车体材料	铝合金	可选需求		=
	…	…	…	…	…

续表

类别	名称	值域	类型(通用程度)	单位	取值条件
安全性需求-主动	临界失稳速度	110	可变需求	km/h	
	脱轨系数	0.8	基本需求		<
	轮重减载率	0.6	基本需求		<
…	…	…	…	…	…

基于企业已有资源构建需求-模块映射规则, 并将需求采集的需求参数值映射为相应产品平台模块属性参数值, 作为后续研发流程输入。

将映射规则表达为 Rule=(编码, 输入〈需求参数〉, 需求类别, 输出〈模块参数〉, 相关联模块, 映射类型, 映射规则); 将映射规则表达中的 "输入〈需求参数〉" 替换为需求模板中需求参数项, 将 "输出〈模块参数〉" 替换为模块实例具有的模块属性参数。其中, 需求-模块映射规则实现需求向模块参数的快速转化。根据映射方式不同, 将映射规则分为直接映射、函数映射、知识映射。直接映射是将需求参数值直接作为模块属性参数值; 函数映射是通过函数运算将需求参数值转化成模块属性参数值; 知识映射是通过产生式规则(if〈条件〉, then〈结论〉)将需求参数值转化成模块属性参数值。所述构建需求-模块映射规则具体包括以下内容:

(1)基于所构建的需求-模块映射规则, 将采集的需求参数值映射到所定位产品平台下各模块的属性参数值, 实现需求实例到模块属性参数的映射。

(2)获得模块属性参数值后, 在定位出的产品平台的模块实例库中进行产品实例的匹配, 得到可以重用的产品模块实例。若不存在可重用的产品模块实例, 则进行产品模块实例定制设计, 最终得出可用的模块实例数字样机 CAD 模型。

将经过需求映射获得的描述产品的模块属性参数值作为输入, 在某产品平台的产品实例范围内, 采用基于实例推理(case based reasoning, CBR)的方法进行产品实例的匹配, 以获得可以重用的产品实例。

采用 CBR 的方法进行产品实例配置需要先定义产品的配置参数, 配置参数是描述产品的关键性能、结构、接口等参数, 具体的参数项可根据实际需要确定。不同车种可定义不同的配置参数表。此外, 定义产品配置参数时还需要指定某项配置参数的取值规则, 即指定某项配置参数的实例取值必须大于或小于或等于目标值。例如, 列车实例最高运营速度的实例值必须大于或等于产品的最高运营速度的目标值, 以保证所选的产品实例能满足运营要求。

采用 CBR 的方法进行产品实例匹配的过程如下。

(1)计算属性参数相似度: 考虑产品级属性参数中包含数值型数据(精确型数据、区间型数据)、字符型数据、集合型数据等, 因此分别采用以下算法实现不同类别数据之间相似度的计算。

①数值型数据的相似度计算。

产品实例中的数值型数据主要包括几何尺寸参数、性能参数及重量等，这些参数包含精确值和区间值两种。其中，精确值如最高运营速度、轨距等，区间值如寿命[20 年, 30 年]、适应的环境温度为[-20℃, 40℃]等。在计算数据相似度时，需要对这些数据进行区分处理。

若产品实例中某一属性参数的数据类型为数值型数据，其目标值和实例值分别为精确值 m 和 n，则其相似度计算公式为

$$\text{Sim}^N(m,n) = 1 - \frac{|m-n|}{\beta - \alpha} \tag{4-3}$$

式中，α 为属性参数的下限值；β 为属性参数的上限值；$\beta - \alpha$ 为属性参数的取值范围，即值域。

若不存在或不易判断属性参数的上限值和下限值，可采用式 (4-4) 进行精确值 m 和 n 的相似度计算：

$$\text{Sim}^N(m,n) = \frac{\min(m,n)}{\max(m,n)} \tag{4-4}$$

若产品实例中某一属性参数的数据类型为数值型数据，其目标值为精确值 m，实例值为区间值 $[n_1, n_2]$ 时，则其相似度计算公式为

$$\text{Sim}^N\left(m, [n_1, n_2]\right) = \frac{\int_{n_1}^{n_2} \text{Sim}^N(m,x)\text{d}x}{n_2 - n_1} \tag{4-5}$$

若产品实例中某一属性参数的数据类型为数值型数据，其目标值和实例值均为区间值 $[m_1, m_2]$ 和 $[n_1, n_2]$ 时，则其相似度计算公式为

$$\text{Sim}^N\left([m_1, m_2], [n_1, n_2]\right) = \frac{\int_{m_1}^{m_2} \int_{n_1}^{n_2} \text{Sim}^N(x,y)\text{d}y\text{d}x}{(m_2 - m_1)(n_2 - n_1)} \tag{4-6}$$

②字符型数据的相似度计算。

产品实例中的字符串型数据有动力型式、注水口型式等。对产品实例的属性参数进行相似度计算时，可直接判断其实例值 n 与目标值 m 是否一致，其相似度计算公式为

$$\text{Sim}^S(m,n) = \begin{cases} 1, & m = n \\ 0, & m \neq n \end{cases} \tag{4-7}$$

③集合型数据的相似度计算。

产品实例中的集合型数据有动车的座席设置(一等座、二等座、商务座等)集,若其目标值为 $m = (m_1, m_2, \cdots, m_i)$,实例值为 $n = (n_1, n_2, \cdots, n_i)$,则相似度计算公式为

$$\text{Sim}^A(m, n) = \frac{\text{Card}(m \cap n)}{\text{Card}(m \cup n)} \tag{4-8}$$

式中,Card 表示集合中所包含的元素数量。

(2)计算综合相似度:若产品实例属性参数集中有 k 个参数,根据上述相应数据类型的相似度计算公式计算对应的属性参数相似度,再计算产品实例的综合相似度 Sim(case_id) ,即

$$\text{Sim(case\_id)} = \sum_{i=1}^{k} \text{Sim}_i(m, n)\omega_i \tag{4-9}$$

式中, $\text{Sim}_i(m, n)$ 为第 i 个属性参数对应的相似度; ω_i 为第 i 个属性参数的权重。

(3)判断配置结果:设定综合相似度阈值 δ ,根据各产品实例与目标订单产品的综合相似度及阈值 δ 的相对大小,选出相似度满足要求的实例。根据配置参数的取值规则对筛选出的产品实例进行判断,删除不满足配置参数取值规则的实例,即可得到可行的产品实例。

(4)当所有产品实例与目标订单产品的综合相似度均小于 δ ,即不存在足够相似的实例,或相似度满足要求的产品实例均不满足配置参数的取值规则时,产品实例配置失败,则进入产品的模块化定制设计流程。模块化定制设计具体包括模块实例变型设计和新模块定制设计。

①模块实例变型设计:以该模块为基础,利用 CAD 软件对该模块进行结构、尺寸修改,从而产生新的满足需求的模块实例,并将该模块实例补充进所在产品平台下的模块实例库中。

②新模块定制设计:若产品模块实例未匹配成功,且需要进行全新设计,则需要将新模块对应的需求参数和该模块的上层级模块参数作为设计输入,利用 CAD 软件进行新模块的研发设计、三维建模等,在对新模块设计完毕后,对模块实例库、需求元模型、过程元模型进行更新[12]。

4.2.3　基于属性提取的 CAE 样机生成

以 CAD 数字样机模型为基础进行数字化仿真分析,从而优化 CAD 样机模型的结构和性能参数,可获得满意、优秀的复杂产品 CAE 数字样机。基于属性提取的 CAE 样机建模流程如图 4-5 所示。

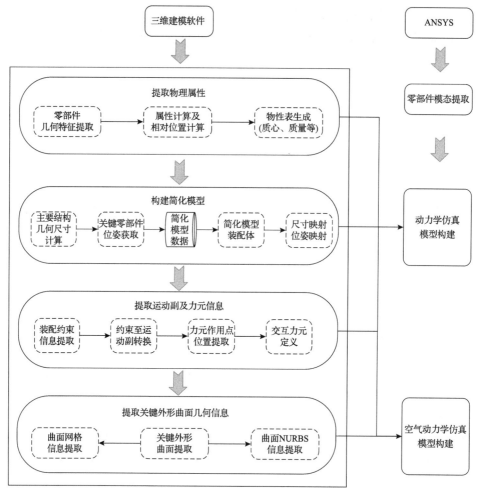

图 4-5　基于属性提取的 CAE 样机建模流程

1. CAE 仿真属性提取

CAE 仿真属性提取具体包括零部件的几何特征提取、主要结构几何尺寸参数提取等。其中，在物理属性参数提取过程中，将复杂产品 CAE 仿真属性参数分为依附于实体的参数与依附于几何特征的参数。针对依附于实体的参数，通过选择实体并计算实体的属性信息，利用 CAD 软件二次开发接口直接获取参数；针对依附于几何特征的参数，选择几何实体和几何实体对应的几何特征如点、线、面等，进一步计算获得参数[13]。

2. 简化模型构建

首先要对复杂装备主要结构几何尺寸进行计算并获取关键零部件位姿，将提取的简化模型数据信息存储到简化模型数据库中，通过调用简化模型数据库中的简化模型信息进行装配，获得简化模型装配体，并且通过简化模型数据库中的信息进行尺寸映射和位姿映射。根据简化模型几何信息、简化模型装配体的装配层次信息构建简化模型。

3. 运动副及力元信息提取

对运动副及力元信息进行提取并进行交互定义，首先需要提取装配约束信息，其次将提取的装配约束信息转换至运动副，最后提取力元作用点位置并定义交互力元，从而获取装配层次信息。

4. 外形曲面几何信息提取及 CAE 样机构建

一般地，CAE 样机包含多种仿真模型，此处以空气动力学仿真模型为例说明其一般构建流程。

空气动力学仿真几何模型的构建首先需要提取关键外形曲面的几何信息，包括曲面网格信息与曲面 NURBS 信息，然后在 ANSYS 软件中提取零部件模态信息，将关键外形曲面的几何信息输入 ANSYS，最后结合零部件模态信息与关键外形曲面的几何信息，通过 ANSYS 软件完成。

根据空气动力学仿真几何模型进行仿真，并与物理试验数据进行对比分析，调整空气动力学仿真几何模型仿真设置参数，使得仿真结果与物理试验结果吻合，从而获得满足条件的 CAE 数字样机。根据 CAE 数字样机的仿真结果对 CAD 数字样机进行调整，找出最合适的 CAD 数字样机模型结构，达到优化 CAD 模型的目的，后续 CAM 数字样机同样是由基于满足 CAE 要求的 CAD 数字样机生成[14]。

4.2.4　基于模型定义的 CAM 样机生成

1. 基于模型定义技术及数据集

基于模型定义（model based definition，MBD）技术是一种将产品的所有设计信息、工艺要求、产品属性、管理信息等附着在产品数字样机三维模型上的数字化定义方法，其核心思想是基于产品数字样机模型完整表达产品定义信息，包括与产品相关的所有几何和非几何信息，并通过 PDM 技术，实现面向制造的全生命周期的协同研制与管理。MBD 技术通过在三维实体模型上集成标注信息的方式来全面表达产品定义，这些信息包括三维模型中零件的定位尺寸信息、定型尺寸信息、公差信息或者所使用的工艺信息，如粗糙度、加工方法等。MBD 技术从根本上改变了传统描述几何形状信息的方式，它直接在三维实体模型上进行相关信息标注减少了设计人员与读图人员的工作量：设计人员不必另外生成二维图纸；读图人员可以从零件模型中获取三维模型的立体视角，无须从二维图纸信息中建立三维模型，并将图纸中的尺寸、公差等标注对应映射在三维环境中[15]。

MBD 技术将三维实体模型视为生产制造过程中唯一的依据，改变了以前依据工程图纸，以二维图纸为主的制造方法。随着 MBD 技术的发展，产品的研制从原来设计产品、工艺、工装、制造产品和检验产品五个环节均采用不同的图纸转变为五个环节均使用三维模型作为标注产品信息的唯一载体。由于上述五个环节的工作均在三维环境下完成，不涉及图纸的转化与尺寸或尺寸链的换算，从而保证了数据的唯一性，使设计有更高的精度，也减少了转换二维图纸产生的重复性劳动。

采用 MBD 技术构建的三维实体模型被定义为 MBD 数据集。完整的 MBD 数据集一般包括模型和数据两部分，其中模型提供完整的产品定义，包括设计模型、属性定义和标注，数据包括零件表、过程、结果要求、更改偏离等信息。MBD 数据集的基础和核心是模型，模型不仅包含产品几何信息模型，还包含标注的制造要求和定义的产品属性信息[16]，如图 4-6 所示。

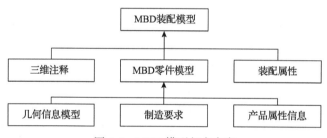

图 4-6　MBD 模型包含内容

设计模型通过产品规范化几何建模获得，包括模型几何实体、坐标系、基准特征、参考几何等几何元素。

标注内容包括尺寸公差、基准与几何公差、表面粗糙度、焊接符号、技术条件、关键特性尺寸、装配定义信息、各种文本说明以及标注信息显示管理等，通常用于表达产品制造和装配信息。

属性定义一般包括产品标识、材料、规格、工艺路线、关键特性、密级、设计单位等，是产品数据集的标识和说明。

2. 产品工艺数字样机构建

1) MBD 技术的属性定义

MBD 数据集中产品的一些特有信息通过模型定义来表达，如产品代号、名称、类型、材料信息、借用关系、关键特性、工艺路线、成熟度、密级等信息。常用的方法是在三维设计模板中定制好相关的属性，按照规范的格式填写。

2) MBD 技术的三维建模

在 MBD 数据集中，几何模型作为产品全生命周期的唯一数据源，反映物理样机的几何、功能和性能基本属性，并随着研制阶段的推进不断完善，具有稳定性和完备性，提供产品生命周期内所需的信息表达，用于产品的各个研制和使用阶段。模型的规范性尤为重要，通常考虑以下要素：建模比例、单位和精度的统一，坐标和接口的统一，模型显示控制的统一，建模流程的统一，模型简化的统一，模型标识的统一。

在装配产品 MBD 技术中，存在各种典型的装配连接关系，如紧固件连接、密封件连接、销钉连接、粘接连接、装配钻孔等，其几何表现形式和装配约束比较固定，表达方式应统一，在产品定义中应包括位置、方向、规格、数量、制造要求等基本信息。

3) MBD 技术的三维标注

三维标注是产品建模后的重要工作，在三维实体模型的基础上，通过赋予表达和描述其基本尺寸、公差、基准和注释等信息，补充几何实体不能表达的制造信息，从而形成满足生产加工要求的样机模型。三维标注包括注释和管理，其中注释包括尺寸、尺寸公差、基准、几何公差、表面粗糙度、焊接符号、技术条件和装配定义表达等，管理包括注释方向定义、层和视图定义[17]。

(1) 标注原则。

三维标注是基于三维实体模型进行的，一般存在全尺寸标注和 MBD 的三维标注两种模式。全尺寸标注需要标注产品的全部尺寸与公差，MBD 的三维标注仅需要标注具有特殊公差要求的尺寸。特殊公差要求的尺寸是指设计公差要求超出规定的未注尺寸公差标注范围之外的尺寸。在 MBD 的三维标注中，有两个参数需要关注，一个是基准，另一个是未注尺寸公差，二者必须在标准规范中进行明确，并按照零部件类型进行分类。

MBD 的三维标注中以名义尺寸建模，明确未标注尺寸公差的通用标准，需要时通过查询或者自动显示提取，在模型上标注其关联的特殊尺寸公差。因此，MBD 的三维标注需要标注：特殊公差尺寸，关键件、重要件尺寸，无法直接测量、需要加辅助线标注的尺寸，弧长尺寸，复杂型面、曲面特征尺寸，螺纹规格，结构加工或测量时对基准具有特定要求的尺寸。

(2) 标注流程。

三维标注流程包括标注环境配置、创建注释特征、设置文本、定义注释方向、尺寸公差标注、基准与几何公差标注、表面粗糙度标注、焊接符号标注、技术条件标注、关键重要特性标注、装配连接表达等[18]。

3. 产品工艺数字样机表达实例

传动轴设计尺寸与对应的尺寸公差、形位公差要求较多，采用一张 MBD 零件图无法清晰标出，因此采用两张不同基准视角的三维零件图进行标注。为了方便安装，传动轴采用两个倒角，未标注倒角采用 2.00×45°。为了保证传动过程的平稳性，其主要的形位公差为圆跳动，基准公差为 7 级，与被测试轴承配合处采用 6 级精度。该零件的 MBD 标注图如图 4-7 所示。

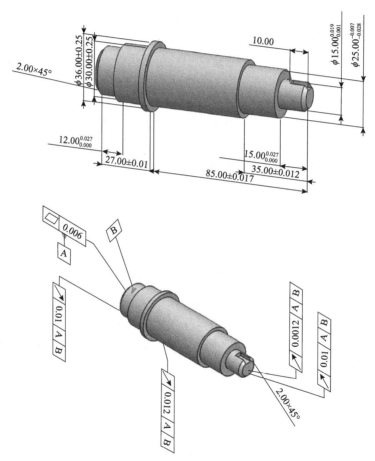

图 4-7 传动轴 MBD 标注图(单位：mm)

4.2.5 基于 SysML 的数字样机表达

对已有的实例进行共性信息提炼，包括设计和制造阶段的相关需求文档、设计文档、模型文件、加工/装配信息，以及复杂装备运维阶段使用信息、保养信息和维修信息等，利用 SysML 语言建模软件建立 SysML 系统模型(图 4-8)。

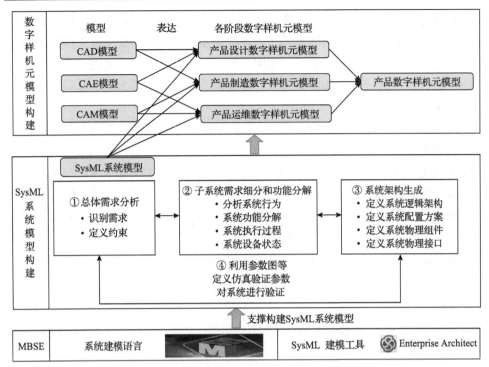

图 4-8　基于 SysML 的产品数字样机元模型构建

　　基于领域知识、经验及各专业设计人员间的有效沟通，将需求文本整理为规范的条目化需求，把用户需求和外部约束转换成系统需求，并利用需求图进行需求管理，使用用例图识别功能需求分析需执行的任务和运用环境，并据此建立系统的用例图[19]。以复杂装备高速列车为例，其部分需求模型如图 4-9 所示。

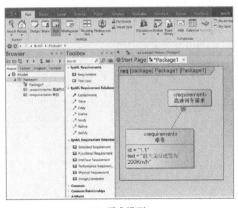

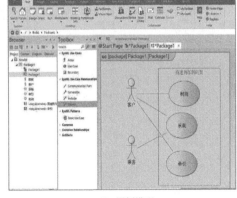

(a) 需求模型　　　　　　　　　　　　　　　(b) 用例模型

图 4-9　高速列车部分需求模型

　　在确定系统的总体需求后，进行各个子系统内部的需求细化和功能分解。系统总体用例图中的每个用例体现了一个系统功能需求，分系统先在总体需求模型中挑选各自领域相关的功能需求，使用活动图、序列图、状态机图分析各子系统中的系统行为、执行过程和设备状态。以复杂装备高速列车为例，其部分行为模型如图 4-10～图 4-12 所示。

　　最后确定系统逻辑结构和物理架构。使用模块定义图描述系统组件和结构；使用内部块图定义系统/子系统间的物理接口和配置方案，如设备连接结构、网络结构和电气结构等。结构模型的模块定义图和参数图分别如图 4-13 和图 4-14 所示。

　　每个环节都可以对系统模型进行迭代优化修改反馈。例如，建立的需求和用例模型对用户需求进行一致性及覆盖性检验，并对需求模型进行迭代修改；利用序列图、活动图等在上级系统和下一层的设计间跟踪反馈，对分系统自身的功能逻辑进行追溯管理；系统逻辑和物理结构的确定，可以逆向修正和帮助进一步分析系统功能模型；系统验证，可以对设计中的优化和仿真结果是否满足总体需求进行验证[20]。

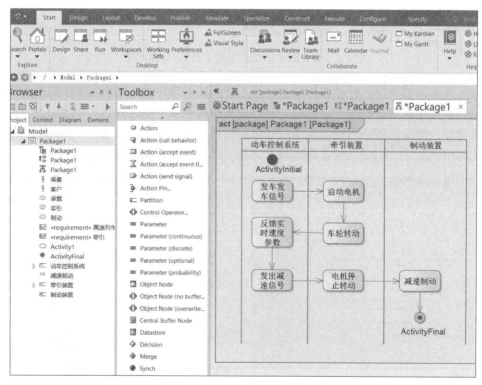

图 4-10　高速列车部分行为模型-活动图表达

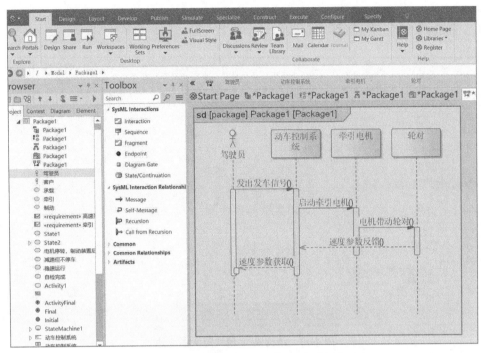

图 4-11　高速列车部分行为模型-序列图表达

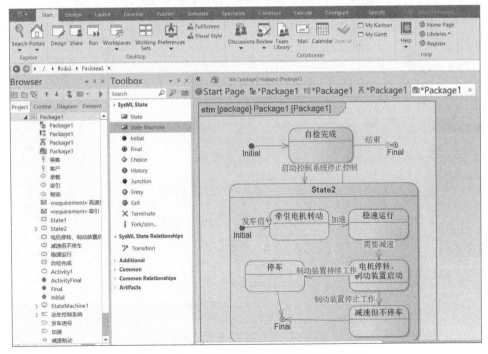

图 4-12　高速列车部分行为模型-状态机图表达

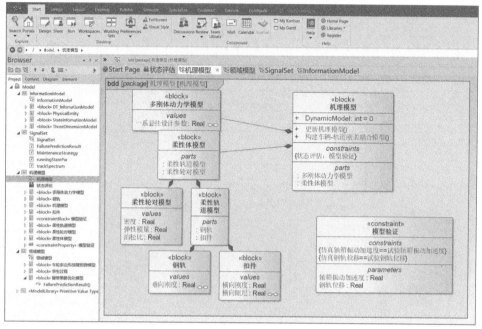

图 4-13　结构模型-模块定义图表达

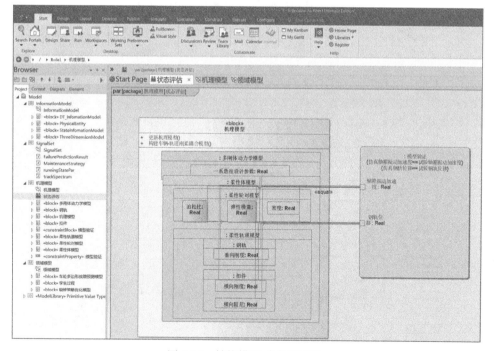

图 4-14　结构模型-参数图表达

产品设计、制造、运维三个环节中所涉及的 CAD、CAE 和 CAM 模型同基于 SysML 所建立的系统模型相互耦合，共同作为各阶段的产品数字样机元模型，三阶段数字样机元模型集成在一起构成产品数字样机元模型整体，如图 4-15 所示。

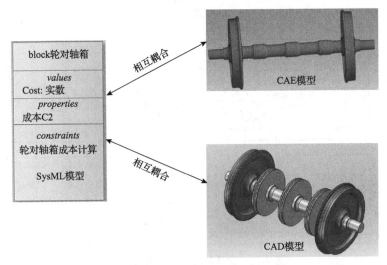

图 4-15　产品数字样机元模型示意图

4.3　全周期全要素装备数字孪生模型

4.3.1　复杂装备全生命周期数字孪生模型

孪生模型是由多个不同类型模型按照流程组合而形成的面向领域和应用的融合模型，当数据或模型驱动开始启动时，就会形成孪生作用[21-23]。因此，在复杂装备全生命周期设计、制造和运维过程中都有各种类型、各种应用的孪生模型[24-27]。

设计阶段主要包括样机生成、设计改进、设计优化的孪生模型及孪生作用[28-30]，如图 4-16 所示。

制造阶段孪生模型可分为两大类型，如图 4-17 所示，一类是面向工艺系统的孪生模型，主要进行工艺规划；另一类是面向生产系统的孪生模型，主要进行质量和成本预测、生产评价、质量分析、成本分析以及智能决策等[31-33]。

运维阶段孪生模型主要包括故障预测/诊断模型、性能评估模型、寿命分析模型等，如图 4-18 所示，基于实时数据驱动孪生作用，可进行故障预测、寿命分析等[34-36]。

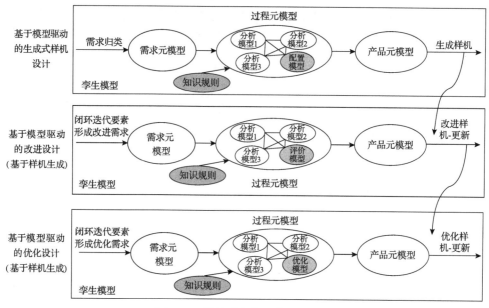

图 4-16　设计阶段孪生模型及孪生

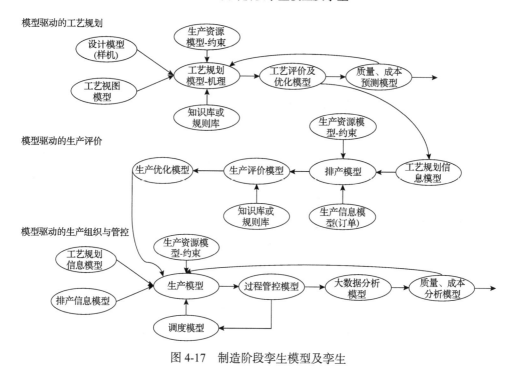

图 4-17　制造阶段孪生模型及孪生

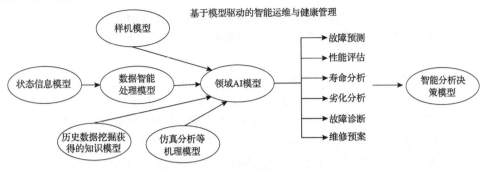

图 4-18　运维阶段孪生模型及孪生

4.3.2　基于数据-模型融合的数字孪生模型构建

复杂装备数字孪生模型通过信息模型、机理模型和领域模型的融合在真实数据驱动下形成面向业务活动的孪生应用服务。

基于数据-模型融合的数字孪生模型构建流程(图 4-19)具体如下。

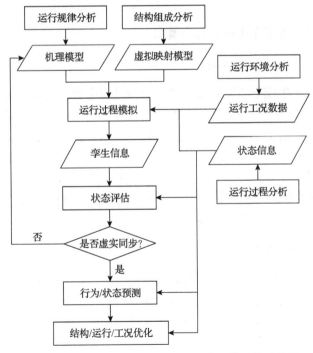

图 4-19　基于数据-模型融合的数字孪生模型构建流程

(1)分析复杂装备的运行环境、运行过程,并采集运行环境参数,形成运行工况数据集;采集运行过程状态数据,构建状态信息模型。

（2）根据物理装备的结构组成，在计算机系统中建立与物理装备结构完全相同的虚拟装备，形成虚拟映射模型，包含物理装备具有的运动特性、功能特性、材料特性和力学特性。

（3）分析复杂装备的运行一般规律，基于动力学分析构建机理模型，包括功能原理、零部件运动机理、力和运动传递机理、性能退化机理、结构疲劳机理。

（4）将物理装备运行工况数据集、机理模型应用于虚拟映射模型，在计算机系统中模拟物理装备运行过程，提取模拟运行过程的状态数据，构建孪生信息模型。

（5）将状态信息模型和孪生信息模型中的数据输入领域模型，开展面向评估、预测、优化的孪生应用。

数字孪生模型可应用在复杂装备全生命周期的多种业务活动中，如设计阶段的设计优化、制造阶段的质量优化、生产系统管控，运维阶段的状态评估、故障诊断、寿命预测等。根据数字孪生的不同应用目标，定义三种数字孪生模型：面向评估的孪生模型、面向预测的孪生模型、面向优化的孪生模型，每种数字孪生模型都是通过真实数据、信息模型和机理模型融合而成的，只是其融合方式存在差异。

4.3.3 面向应用的数字孪生模型融合模式

1. 面向评估的数字孪生模型

评估类数字孪生模型，以装备生产、运行过程中的真实数据为输入，作用于机理模型，对装备某一方面的功能或性能进行评估分析，评估结果通过信息模型的方式反映出来。此类孪生模型的输入是领域真实数据，输出是功能或性能的评估结果，评估过程及评估机制通过机理模型表达，信息模型只用于承载评估结果信息。基于评估类孪生模型，分析状态信息模型的数据和孪生信息模型的数据的近似程度，通过对机理模型修正实现物理装备与虚拟映射模型的"虚实同步"。面向评估的数字孪生模型框架如图 4-20 所示。

2. 面向预测的数字孪生模型

预测类数字孪生模型以复杂装备的信息模型为对象，分析状态信息模型数据和孪生信息模型数据，数字化表达装备的演变行为、演化过程，特别是当前真实装备尚未产生的行为和状态，具有时间维度的超前性，通过对虚拟映射模型状态的更新实现"以虚测实"的作用。面向预测的数字孪生模型框架如图 4-21 所示。

3. 面向优化的数字孪生模型

评估类数字孪生模型只是采用虚拟模型模拟装备的真实状态，实现虚实两个孪生体的数据同步和行为同步，但是并没有作用于装备实体。优化类的孪生模型

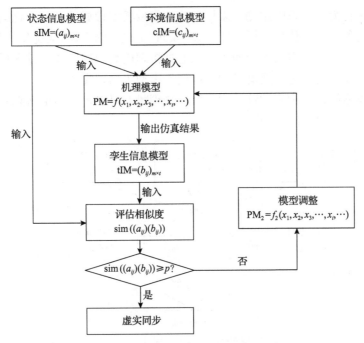

图 4-20　面向评估的数字孪生模型框架

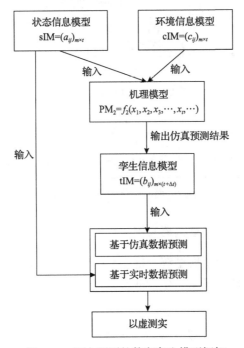

图 4-21　面向预测的数字孪生模型框架

基于对未来行为和状态的预测，采用优化类领域模型形成装备的优化运行方案，调整物理装备运行参数和运行工况参数，实现"以虚控实"。面向优化的孪生模型，是指基于(亚)实时真实数据的输入下，通过机理模型内在的作用过程得到装备的优化方案，并且将优化方案落实到装备信息模型集物理实体上，实现基于(亚)实时状态的模型修正和物理调整，同时新的物理状态可以进一步更新真实数据集。面向优化的孪生模型框架如图 4-22 所示。

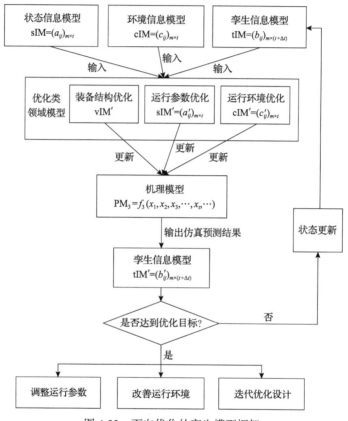

图 4-22　面向优化的孪生模型框架

4.3.4　复杂装备数字孪生模型构建实例

本节基于以上数字孪生模型统一框架和构建方法，以列车转向架为例，构建其迭代优化设计数字孪生模型、生产评价与优化数字孪生模型、轮对多边形诊断数字孪生模型。

1. 列车转向架迭代优化设计数字孪生模型

基于数据-模型融合的数字孪生构建方法，列车转向架迭代优化设计数字孪生模型框架如图 4-23 所示。

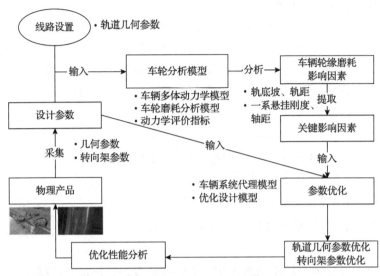

图 4-23　列车转向架迭代优化设计数字孪生模型框架

列车转向架迭代优化设计数字孪生模型详细构建与应用过程如下。

1)明确产品对象,建立虚拟映射模型

以列车转向架为对象,即物理产品为列车转向架。在 CATIA 软件中建立列车转向架的三维模型,如图 4-24 所示。定义转向架零部件的主要属性参数,如材料、刚度、转动惯量等物理属性。

图 4-24　转向架物理实体与三维模型

为了使车辆系统动力学模型更加贴近车辆实际运行状态,轨道采用该地铁实际线路上的 CHN60 轨,并给轨道施加六级谱激励以模拟实际环境中的轨道不平顺。为了更加准确地模拟一系悬挂和二系悬挂中的减振器阻尼特性及横向止挡力特性,将该地铁车辆的阻尼特性和力特性曲线通过非线性函数的形式添加到

SIMPACK 软件中。

2) 构建车轮磨耗分析模型

为了分析不同影响因素对地铁车辆轮缘磨耗的影响规律以及对轮缘磨耗程度进行有效的评价，需要构建车轮磨耗分析模型。Elkins 磨耗数定义的是轮轨接触面各方向上蠕滑力与蠕滑率的乘积，表示轮缘磨耗程度与蠕滑功成正比。大量国内外实验结果表明，Elkins 磨耗数与实际磨耗率成正比，可以比较准确地反映轮轨磨耗状态，其表达式为

$$W = \sqrt{\frac{1}{t_2 - t_1} \int_{t_1}^{t_2} \left(\left| F_{cx} \xi_x \right| + \left| F_{cy} \xi_y \right| + \left| F_{cz} \xi_z \right| \right)^2 \mathrm{d}t} \tag{4-10}$$

式中，t_1 和 t_2 分别为车辆驶入曲线和驶出曲线时刻；ξ_x、ξ_y、ξ_z 分别为 x、y、z 方向的蠕滑率；W 为车辆过曲线段磨耗数的均方根值；F_{cx}、F_{cy}、F_{cz} 为轮轨接触力。

分析流程可分为车轮轮缘磨耗动力学仿真阶段、轮轨接触计算阶段和轮缘磨耗评价指标计算阶段。车轮磨耗分析流程如图 4-25 所示。

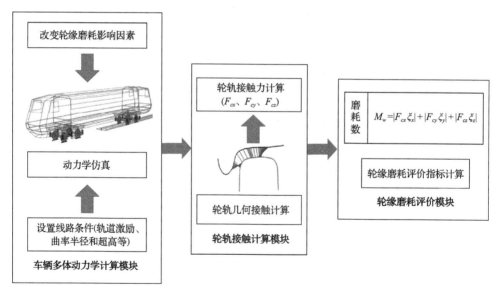

图 4-25　车轮磨耗分析流程

3) 分析列车转向架参数对轮缘磨耗的影响(以一系纵向刚度为例)

首先对一系纵向刚度进行分析，并拟定具体计算工况如表 4-3 所示。图 4-26 为不同一系纵向刚度下的轮缘磨耗情况。由图可以看出，所有曲线半径下的轮缘磨耗均随一系纵向刚度的增大逐渐增大，说明车辆过曲线时一系纵向刚度对轮对

有一个缓冲作用，一系纵向刚度越小，缓冲效果越明显。此时会产生较小的轮对冲角，轮缘磨耗减小。同时，对比轨道几何参数对轮缘磨耗的影响可以发现，一系纵向刚度对轮缘磨耗的影响效果较轨道几何参数影响效果更显著，一系纵向刚度对轮缘磨耗的敏感性更高。此外，在一系纵向刚度变化过程中，曲线半径越小，轮缘磨耗变化量越大，$R350m$ 下的磨耗数变化量接近 30N，而 $R800m$ 下的磨耗数变化量在 20N 左右，这说明轮缘磨耗越严重的曲线，降低一系纵向刚度带来的轮缘磨耗改善效果越明显。

表 4-3　不同一系纵向刚度的仿真计算工况

曲线半径 /m	超高 /mm	速度 /(km/h)	缓和曲线长 /m	一系纵向刚度 /(MN/m)	一系横向刚度 /(MN/m)	一系垂向刚度 /(MN/m)
350	100	55	40	12.05～22.39（按 1MN/m 递增）	9.227	0.347
450	95	60	40	12.05～22.39（按 1MN/m 递增）	9.227	0.347
500	85	60	35	12.05～22.39（按 1MN/m 递增）	9.227	0.347
650	75	65	35	12.05～22.39（按 1MN/m 递增）	9.227	0.347
800	60	65	30	12.05～22.39（按 1MN/m 递增）	9.227	0.347

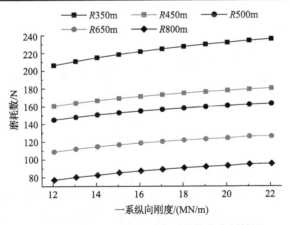

图 4-26　不同一系纵向刚度下的轮缘磨耗情况

在曲线通过安全性方面的计算结果如图 4-27 所示，其中脱轨系数最大值和轮轴横向力最大值均小于安全限值。脱轨系数与轮缘磨耗变化相同，均以一系纵向刚度减小为有利方向。轮轴横向力则与上述两者变化相反，减小一系纵向刚度会引起轮轴横向力增大，并且曲线半径越大，一系纵向刚度对轮轴横向力的影响越小，在 $R650m$ 和 $R800m$ 曲线下轮轴横向力几乎不随一系纵向刚度发生改变。

4）筛选关键影响因素作为迭代设计点

车轮磨耗的影响因素包括轨道几何参数和转向架参数。轨道几何参数包括曲

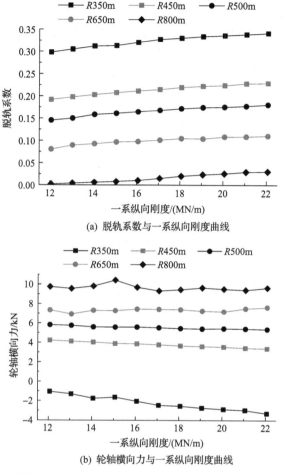

(a) 脱轨系数与一系纵向刚度曲线

(b) 轮轴横向力与一系纵向刚度曲线

图 4-27　不同一系纵向刚度下的曲线通过安全性

线半径、轨底坡、轨距、超高,转向架参数包括一系悬挂参数(刚度、垂向减振器)、二系悬挂参数(空簧、减振器)、轴距。在这些参数中,对车轮磨耗具有主要影响的转向架参数为一系纵向刚度、一系横向刚度、空簧纵向刚度和轴距。在实际情况中,变量间可能存在相互影响关系,一个变量的改变影响另一个变量对轮缘磨耗的影响趋势。因此,面向轮缘磨耗控制的参数优化设计是一个多参数优化问题,不能仅依据单个变量对轮缘磨耗的影响规律就确定最优参数。

　　5)迭代优化点的参数优化设计

　　通过比较反向传播(back propagation, BP)神经网络与最小二乘支持向量机(least squares support vector machine, LSSVM)的预测精度(图 4-28),选取 LSSVM 建立迭代设计点与目标函数磨耗数之间的映射关系,并对其进行预测精度验证(图 4-29)。

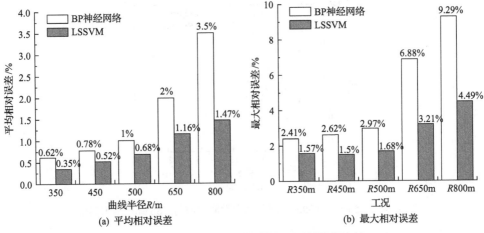

图 4-28　BP 神经网络与 LSSVM 预测精度比较

基于确定的目标函数和约束条件，采用合适的智能优化算法对曲线半径为350m、450m、500m、650m、800m 时的关键设计变量进行优化。R350m 工况下的遗传算法寻优过程如图 4-30 所示。

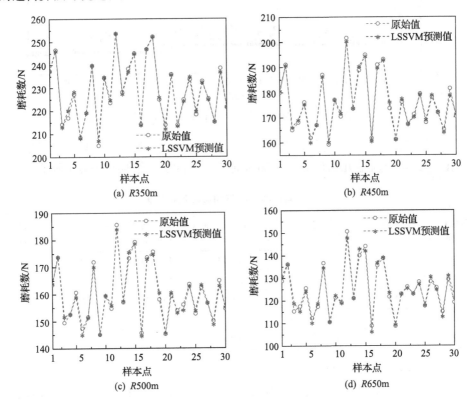

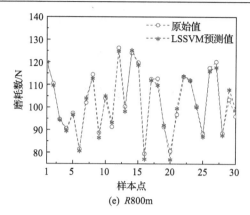

(e) R800m

图 4-29　R350m～R800m 工况下动力学原始值与 LSSVM 预测值比较

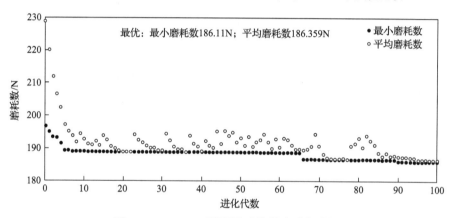

图 4-30　R350m 工况下的遗传算法寻优过程

按照 R350m 曲线下的优化设计流程，对 R450m～R800m 曲线下各参数进行优化设计，得出轨道几何参数和车辆转向架参数的优化结果如表 4-4 所示。

表 4-4　各曲线半径下的参数优化结果

曲线半径 /m	外轨侧 轨底坡	内轨侧 轨底坡	轨距 /m	一系纵向刚度 /(MN/m)	一系横向刚度 /(MN/m)	空簧纵向刚度 /(MN/m)	轴距 /m
350	1/49.9554	1/20.1723	1.4397	12.0589	11.9830	0.1239	2.2
450	1/49.9857	1/20.1739	1.4398	12.1448	11.3332	0.1290	2.2006
500	1/50	1/20	1.4398	12.0589	10.9078	0.1404	2.2
650	1/47.9846	1/20.3700	1.44	12.0589	9.6375	0.1239	2.2
800	1/45.2928	1/20.6160	1.4399	12.2868	11.7938	0.1239	2.2036

6）优化结果及性能分析

考虑到轨道几何参数的优化较难实现，因此设计迭代优化点主要针对转向架参数。地铁在实际运营中，车辆所通过的曲线线路长度越长，产生的轮缘磨耗量越大。另外，由前述分析得出，车辆通过曲线时的磨耗数越大，轮缘磨耗越严重。因此，应将线路长度较长、磨耗数较大的曲线线路对应的优化解赋予更大的权重。综上所述，为保证正确求解出各曲线半径优化解的权重，确保最终综合优化解符合要求，在确定权重值时，根据各曲线半径下的线路长度和轮缘磨耗程度进行权重值计算。曲线线路长度已得到统计，$R350m \sim R800m$ 的线路长度依次为 1.8907km、3.6001km、0.4662km、1.6317km、0.9324km。对于轮缘磨耗程度的计算，将轨道几何参数优化结果代入地铁车辆系统多体动力学模型进行计算，得到磨耗数依次为 222N、173N、157N、107N、76N。按照式 (4-11) 进行计算，得出权重系数分别为 0.31、0.46、0.05、0.13、0.05。

$$R_i = \frac{L_i W_i}{\sum_{j=1}^{5} L_j W_j} \qquad (4\text{-}11)$$

式中，$i = 1, 2, 3, 4, 5$（依次对应 $R350m$、$R450m$、$R500m$、$R650m$、$R800m$）；R_i 为权重系数；L 为线路长度；W 为磨耗数。

将各曲线半径下的转向架参数优化结果乘以权重，得出综合优化结果如表 4-5 所示，其中，一系纵向刚度、空簧纵向刚度和轴距均接近最小值。

表 4-5　车辆转向架参数优化结果

一系纵向刚度/(MN/m)	一系横向刚度/(MN/m)	空簧纵向刚度/(MN/m)	轴距/m
12.11	11.32	0.127	2.2

为分析优化前后轮缘磨耗情况，将优化结果代入动力学模型进行仿真计算。优化前后轮缘磨耗情况见表 4-6 和图 4-31。图 4-31 为各曲线半径下轨道几何参数和车辆转向架参数优化前后的轮缘磨耗响应。由图可以看出，参数优化后各曲线半径下的轮缘磨耗明显小于初始设计参数下的轮缘磨耗。由表 4-6 可以看出，各曲线半径下优化解的性能改善百分比均在 10% 以上，并且改善效果从 $R350m$ 到 $R800m$ 依次增强。

表 4-6　优化前后轮缘磨耗情况

曲线半径/m	初始磨耗数/N	优化后磨耗数/N	性能改善百分比/%
350	225	192	14.7
450	173	144	16.8
500	157	128	18.5
650	121	90	25.6
800	89	63	29.2

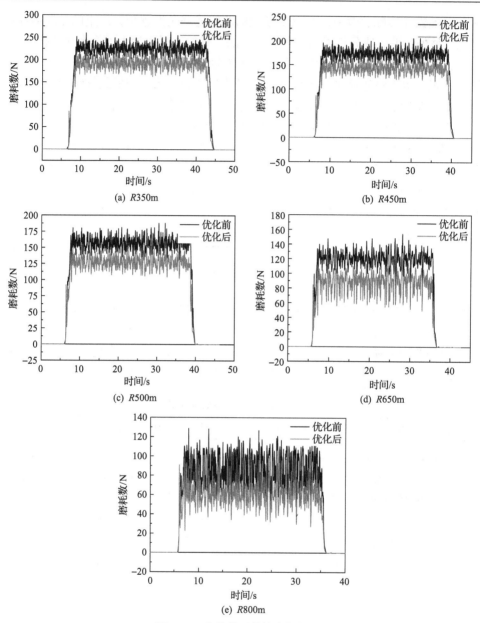

图 4-31 优化前后轮缘磨耗情况

2. 列车转向架生产评价与优化数字孪生模型

基于数据-模型融合的数字孪生构建方法，转向架生产评价与优化数字孪生模型框架如图 4-32 所示。

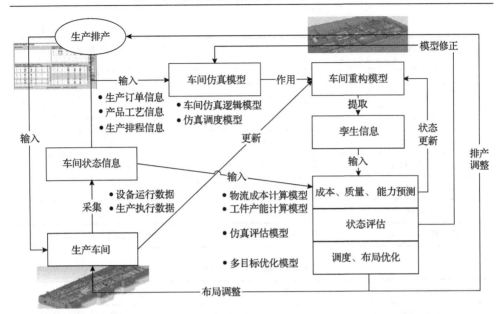

图 4-32　转向架生产评价与优化数字孪生模型框架

以某转向架加工焊接车间为例，该车间主要完成构架的加工和焊接工序。该车间包括 B4-1、B4-2、B4-3 和 B4-4 四个主要区域，B4-1 厂房包括构架涂装线、施焊区、组焊台位和打磨台位；B4-2 厂房、B4-3 厂房、B4-4 厂房部分区域主要负责构架的加工，包括构架划线、构架正装铣削、构架反装铣削、钻孔、锪平、研磨、测量、配管组焊等。对该车间构建生产评价与优化数字孪生模型流程如下。

1）建立车间虚拟重构模型

以离散制造车间为对象构建其数字孪生模型，物理对象为生产车间，获取车间运行数据。对车间各种异构生产要素进行归类形成七元素，根据车间物流特点和运行形式，将车间各个生产工位、加工机床以服务单元(service cell, SC)的形式进行层次化生产关系统一表达，单元与单元间通过物流路径网络(logistics path network, LPN)进行连接，物流路径网络与服务单元间通过虚拟服务节点(virtual service node, VSN)进行关联，完成车间的虚拟重构。

基于以上方法建立某高速列车构架加工焊接车间，生产组织结构和主要组成设备如表 4-7 所示，物流组成和结构如表 4-8 所示。

表 4-7　生产组织结构和主要组成设备

功能区	功能和结构	主要设备(数量)
正装加工(A1)	存储来料，进行加工	加工中心(1)，来料缓存(1)
落地镗床与划线(A2)	镗孔和划线共 3 个单元	镗床(1)，划线平台(2)
构架加工中心(A3～A6)	机加，包括 6 个单元	铣削加工中心(6)

功能区	功能和结构	主要设备(数量)
反装加工与钻孔(A7、A8)	机加,包括 5 个单元	加工中心(2),摇臂钻床(2),翻转台位(1)
镗铣与测量(A9)	机加与测量,包括 2 个单元	镗床(1),测量仪(1)
划线与正装加工(A10)	机加与划线,包括 3 个单元	加工中心(1),划线平台(2)
三坐标测量(A11)	测量,包括 1 个单元	测量仪(1)
管路组焊(A12)	焊接,包括 6 个单元	焊接工位(6)
涂装缓存(A13)	缓存入库,包括 1 个单元	涂装入口(1)
焊接划线(A14)	焊接划线,包括 2 个单元	划线平台(1),检测平台(1)
打磨焊接(A15、A16)	焊接打磨,包括 23 个单元	焊接工位(12),打磨台位(6),组焊台位(5)

表 4-8　物流组成和结构

物流路径	物流设备(数量)	物流任务
B4-2 天车路径(P#1)	天车(3)	功能区 A1、A2、A7、A8、A9 和 A10 间的物料搬运
B4-3 天车路径(P#2)	天车(3)	功能区 A3、A6、A11 和 A12 间的物料搬运
B4-4 天车路径(P#3)	天车(3)	功能区 A4 和 A5 间的物料搬运
B4-1 天车路径(P#4)	天车(2)	功能区 A13、A14、A15 和 A16 间的物料搬运
搬运车路径(P#5)	搬运车(1)	功能区 A13 与 A12 间的中转路径
搬运车路径(P#6)	搬运车(1)	功能区 A5、A6、A7 与 A8 间的中转路径
搬运车路径(P#7)	搬运车(1)	功能区 A1、A2、A3 与 A4 间的中转路径
搬运车路径(P#8)	搬运车(1)	功能区 A14 与 A11 间的中转路径
搬运车路径(P#9)	搬运车(1)	功能区 A15 与 A9 间的中转路径

因此,在某转向架加工焊接车间的生产逻辑模型中,三个组成部分服务单元集、物流路径网络集和流动实体集分别为

$$SC\_Set = \{SC_i \mid 1 < i < 50\}$$
$$LPN\_Set = \{LPN_i \mid 1 < i < 4\} \tag{4-12}$$
$$F\_Set = \{F_i \mid 0 < i < 6\}$$

其中服务单元集共有 50 个服务单元(SC),包括 3 个缓存服务单元(BSC)和 47 个生产服务单元(PSC)。值得注意的是,具有相同组成和结构的服务单元被归为一类。物流路径(L)和虚拟服务节点(VSN)是服务单元中的抽象模型,因此没有物理设备与之对应。此外,服务单元的编号和虚拟服务节点的编号相同。

9 个物流路径网络模型包括 4 条天车路径和 5 条轨道车路径。以 B4-1 天车路

径为例，有 9 个顶点，2 个天车绑定在该路径上。在该路径上定义了 1 个虚拟服务节点，其中 4 个（VSN21, VSN22, VSN23, VSN24）为多个服务单元与天车交互的点，3 个（VSN27, VSN47, VSN48）为路径连接点。

物流路径网络 LPN4（B4-1 部分的车间物流路径网络）可形式化描述为

$$\text{LPN}_2 = \langle G_2, E_{\text{ext}}\_\text{Set}_2, \text{VSN\_Set}_2 \rangle \tag{4-13}$$

其中，

$$G_2\left(V_1 \times V_8\right) = \begin{pmatrix} a_{11} \\ \vdots \\ a_{18} \end{pmatrix}, \quad a_{ij} = \begin{cases} 1, & \text{顶点} V_i \text{和} V_j \text{相邻} \\ 0, & \text{其他} \end{cases}$$

$$E_{\text{ext}}\_\text{Set}_2 = \{E_{\text{ext}}^i \mid 1 \leqslant i \leqslant 2\}$$

$$\text{mapping}: \text{Crane}_i \rightarrow E_{\text{ext}}^i$$

$$\text{VSN\_Set}_2 = \{\{\text{VSN}_3\}, \{\text{VSN}_i \mid 20 \leqslant i \leqslant 28, 47 \leqslant i \leqslant 78\}\}$$

根据以上流程建立车间生产关系模型（图 4-33）和物流关系模型（图 4-34）。

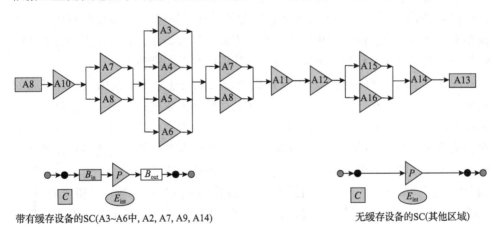

带有缓存设备的SC(A3~A6中, A2, A7, A9, A14)　　　　　无缓存设备的SC(其他区域)

图 4-33　生产关系模型

2）获取设备与物流参数信息建立仿真逻辑模型

获取车间的运行信息，包括生产工艺、排程数据、物流时间等模型。以车间二维平面布局、车间生产组织结构、车间物流布局、生产任务、生产工序、生产计划、生产资源及其参数等车间原型数据为输入。车间重构模型输入参数如图 4-35 所示。

对每一个工件建立进程，基于改进的进程交互法分段、分层建立生产过程仿

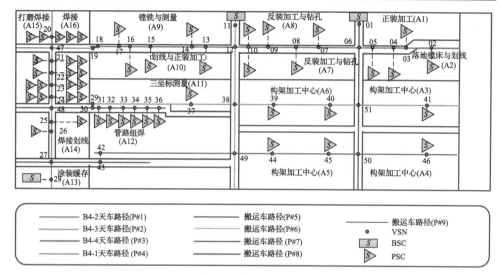

图 4-34　物流关系模型

真逻辑模型,使车间能够完成生产过程的逻辑仿真。

3)车间要素和关系的虚拟重建

基于七元素建模方法,通过可视化模型、仿真模型和数据模型的融合,建立物理设备(如加工设备、物流设备和仓储设备)的虚拟模型。设备建模模块为上述模型的建立和集成提供了模板和人机交互界面。作为结果,各类虚拟设备组件被封装并存入模型库。例如,机床被封装为处理器并存入模型库。

图 4-36 展示了如何构建一个虚拟机床以及如何建立虚拟机床与物理机床的数据连接。首先,基于多体运动学,机床的运动学关系被定义为一个拓扑链。该拓扑链由一系列的拓扑节点和连接拓扑节点的箭头组成,其中每个拓扑节点分别对应机床的一个运动部件,如运动轴、刀具、工作台等,箭头描述各运动部件间的父子关系,即子节点指向父节点。导入机床各部件的三维 CAD 模型,并关联到对应的拓扑节点上。然后,通过关联 CAD 模型及其运动参数定义机床的功能,如装夹、开关门、加工等。通过设置各功能的先后顺序和触发条件建立各功能间的逻辑关系。例如,机床的"开门"功能的定义需要输入机床门的 CAD 模型名称、运动速度和行程。该功能的触发条件设置为一项新操作的开始或上一操作的完成。机床上述功能的逻辑序列被依次定义为开门、装夹、关门然后开始加工。最后,通过 OPC UA 对机床的实时运行状态和参数进行采集,共采集 17 项数据,包括运动轴实时位置、进给速度、进给倍率、主轴功率、主轴转速等。这些数据将通过 Kafka 平台和 Redis 数据库同步至机床的可视化模型和逻辑模型中。

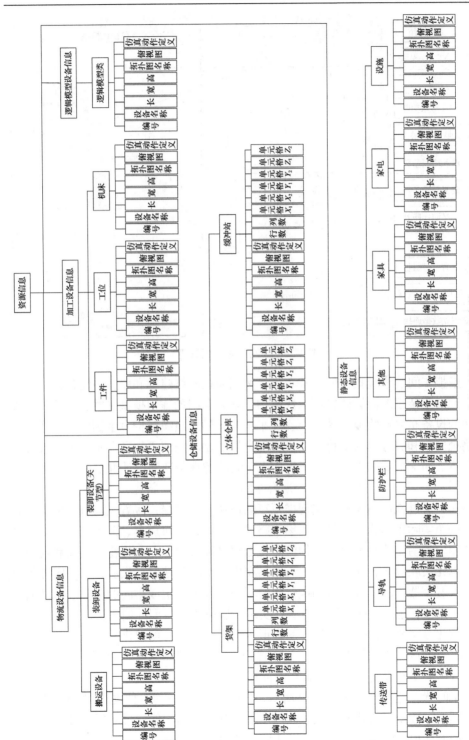

图 4-35　车间重构模型输入参数

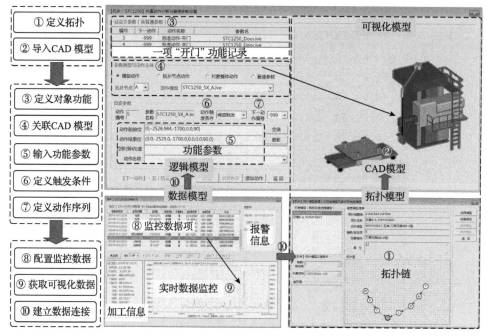

图 4-36　车间资源虚拟重建

　　虚拟车间建模包括车间设备布局、物流路径网络建模和服务单元建模。一方面，通过复杂系统配置建模可以快速构建现有车间的虚拟模型，并真实反映物理车间的设备布局和物流关系。当物理车间的布局或组织结构发生调整时，通过物流路径网络和服务单元的重配置可实现虚拟模型的快速更新和调整。另一方面，复杂系统的虚拟重构也可以用于规划中车间的仿真验证和设计方案评估优化。

　　图 4-37 演示了如何构建一个现有车间的虚拟模型。首先，基于所建立的虚拟模型库，通过拖拽虚拟模型实现虚拟车间快速二维布局；接着，通过人机交互界面，按照实际车间物流布局绘制物流路径；然后，将轨道车、天车等物流设备绑定到相应的物流路径上，并在物流路径上定义物流控制点，将物流路径和相应的服务单元关联起来，从而实现物流关系在虚拟空间的映射；最后，根据服务单元中输入缓存器、输出缓冲器和执行器的不同配置方案生成不同的服务单元模型，并确定其仿真逻辑。按照这种方式，实现各服务单元模型的创建。

　　至此，完成了构架制造过程的虚拟车间生产逻辑与可视化模型构建，并提供了实时数据接入与数据驱动接口。虚拟车间三维模型如图 4-38 所示。

　　4) 采集车间设备运行数据监控车间运行

　　车间状态监控流程如图 4-39 所示，主要包括数据采集、数据适配、数据映射、数据同步、数据可视化监控五个关键步骤，其中数据映射通过对每个设备建立相关数据的虚拟传感器（virtual sensor, VS）来实现。

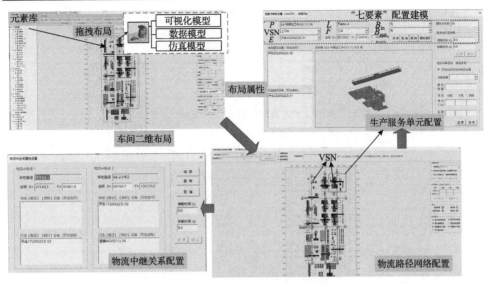

图 4-37　车间关系虚拟重建

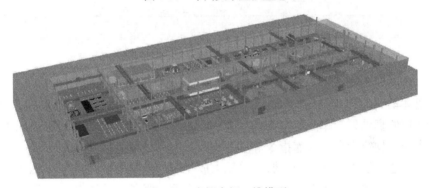

图 4-38　虚拟车间三维模型

图 4-39　车间状态监控流程

　　以转向架构架加工中心为例，将该设备各个加工轴以及电流、功率等信息通过配置虚拟传感器完成在虚拟车间的数据映射，如图 4-40 所示。

5) 构建生产过程孪生模型评价方法

　　基于上述数据映射方法，提出基于仿真同步模式的虚实对比机制，以检测制造过程孪生模型与实际车间之间的偏差。在执行过程中，基于虚拟传感器将物理车间数据映射到同步模型下的仿真模型中，实时监控物理车间的生产进度、物流过程、设备状态等。同时，以同一生产计划为输入，评估模式下的仿真模型以 1:1

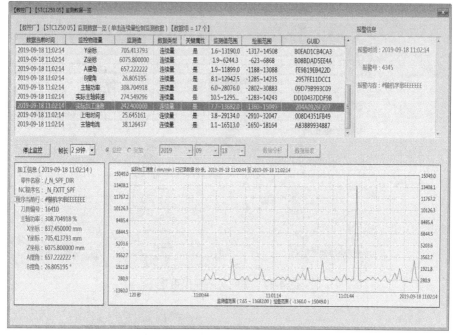

图 4-40 转向架构架加工中心数据映射

的仿真倍率同步运行。

图 4-41 展示了基于虚实对比的孪生模型评价过程。如图 4-41(a)所示,基于生产计划仿真结果,车间信息管理系统(如 MES)发出生产指令,包括出库指令、生产指令、物流指令、入库指令等。一方面,上述指令通过 Kafka 平台分发给服务单元。通过解析上述指令,服务单元生成相应的控制变量,并写入 Redis 数据库,进而触发单元内相应设备的动作。另一方面,服务单元从 Redis 数据库获取单元内设备的实时状态和运行参数,形成指令执行结果(如执行开始、执行失败、执行成功)反馈回 MES。如图 4-41(b)所示,在同步模式下,仿真模型从 Redis 数据库中获得物理车间实时数据,实时可视化监控物理车间的执行进度、执行过程和设备状态。如图 4-41(c)所示,在评估模式下,仿真模型以相同的初始条件和 1:1 的仿真倍率运行,实时显示虚拟车间执行进度、执行过程和设备状态。因此,通过在执行进度、执行过程、设备状态三个方面的虚实对比来监控孪生模型是否符合实际生产车间,并同时监测实际执行过程是否偏离原始计划。

6) 构建生产过程布局优化孪生模型

建立如图 4-42 所示的生产过程布局优化孪生模型,从设备产能配置和车间设备布局两方面综合考虑设备的规划因素来确定布局优化信息,以产品工艺信息、工艺路线等为设备产能配置输入,以物料搬运信息、设备布局信息、物流频率矩阵为输出,综合计算得到优化后的设备产能配置方案和车间设备布局方案。

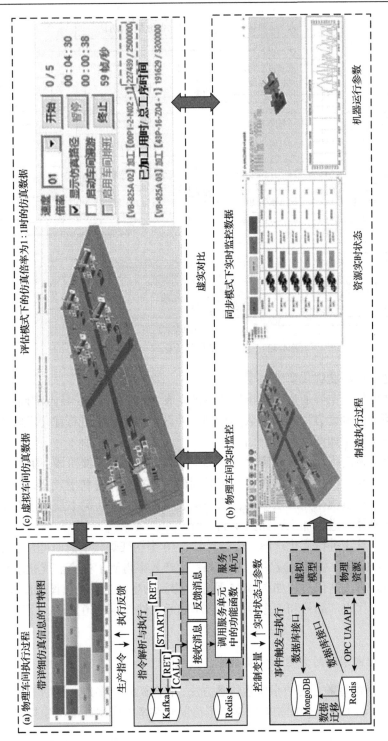

图 4-41　车间生产过程的孪生模型评价过程

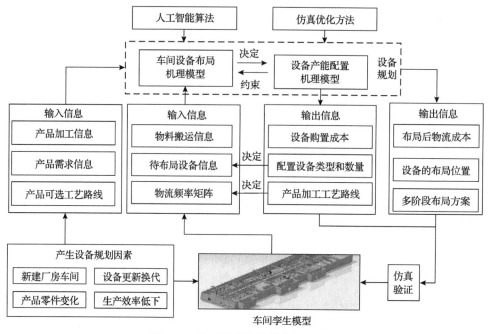

图 4-42 生产过程布局优化孪生模型

7)构建生产调度优化孪生模型

生产调度优化主要通过静态排程结果来完成。根据车间运行特点和调度阶段，需要采用不同的调度方法来构建数学模型，并设计智能算法进行优化求解。生产调度优化孪生模型如图 4-43 所示。

基于生产调度优化孪生模型，在构架生产加工车间的焊接阶段，通过遗传算法进行调度优化，使得构架的焊接加工时间最短，提高设备利用效率，节约加工能耗成本。生产资源采用二层编码，第一层表示工件工序，第二层表示在工件工序的第几台机器上进行加工，如图 4-44 所示。

采用遗传法进行优化求解。经过计算，10 个构架焊接的总时间从 2550min 缩短到了 2311min，总时间减少了 239min，生产效率得到了提高。优化求解过程中采用的遗传算法迭代过程如图 4-45 所示。得到的生产过程甘特图如图 4-46 所示，图中数字代表产品号和工序号，如 301 表示工件 3 第一道工序，用这种方式来简化标注。

3. 列车转向架轮对多边形诊断数字孪生模型

基于数据-模型融合的数字孪生构建方法，转向架轮对多边形诊断数字孪生模型框架如图 4-47 所示。转向架轮对多边形诊断数字孪生模型详细构建与应用过程如下。

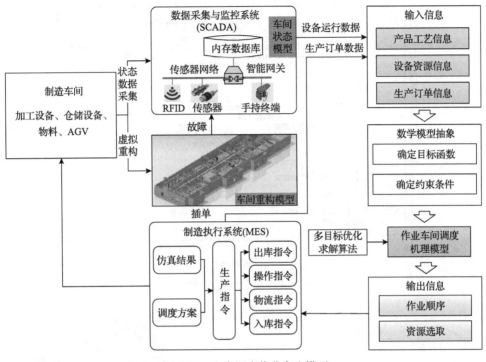

图 4-43　生产调度优化孪生模型

图 4-44　生产资源编码

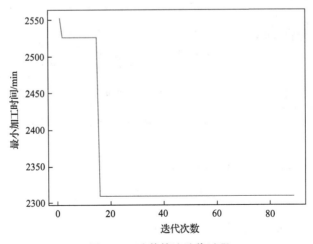

图 4-45　遗传算法迭代过程

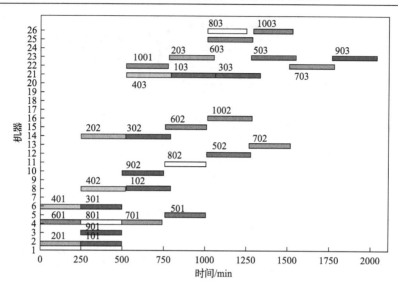

图 4-46　生产过程甘特图

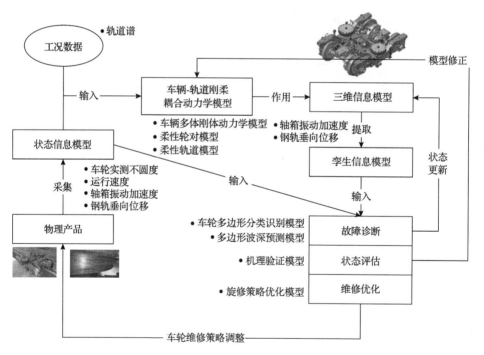

图 4-47　转向架轮对多边形诊断数字孪生模型框架

1)明确装备对象、建立虚拟映射模型

以列车轮对为对象，建立如图 4-24 所示的虚拟映射模型。

2) 获取工况数据

采集列车运行的工况数据，主要为轨道不平顺性，包括轨距不平顺、方向不平顺、水平不平顺和高低不平顺。列车运行线路长，轨道特征变化较大，难以有效表达，因此采用美国五级轨道谱表征列车运行的轨道工况，如图 4-48 所示。

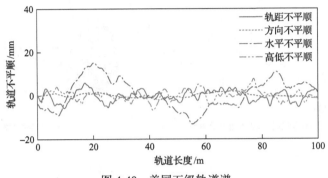

图 4-48 美国五级轨道谱

3) 采集运行状态数据

通过在列车上安装传感器，采集列车运行的状态数据，面向车轮多边形预测需求，主要采集的运行状态信息包括车轮实测不圆度、运行速度、轴箱振动加速度、钢轨垂向位移等。某列车的车轮实测不圆度数据如图 4-49 所示。

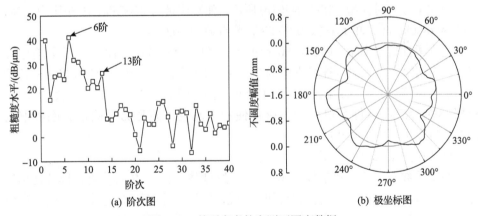

(a) 阶次图　　　　　　　　(b) 极坐标图

图 4-49 某列车车轮实测不圆度数据

车轮存在明显的偏心、6 阶及 13 阶多边形，其径跳值为 0.75mm，车轮表面粗糙度水平约为 41dB。

4) 构建车辆-轨道刚柔耦合动力学模型

建立的列车多体刚体动力学模型如图 4-50 (a) 所示，包含 1 个车体、2 个构架、4 条轮对、8 个轴箱，以及轮对和构架之间的一系悬挂、构架与车体之间的二系悬挂。将车体、构架、轮对及轴箱考虑为刚体，考虑一系垂向减振器、二系垂向减振器、二系横向减振器及横向止挡等的非线性特性，车轮踏面采用 S1002 型面，钢轨采用 CN60 型面。

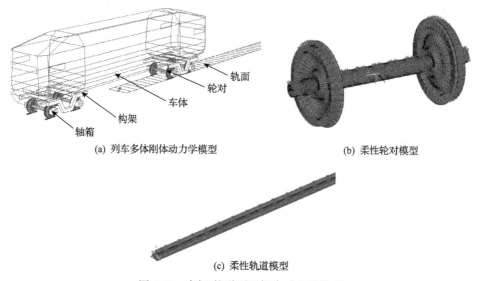

(a) 列车多体刚体动力学模型　　　　　　　　(b) 柔性轮对模型

(c) 柔性轨道模型

图 4-50　车辆-轨道刚柔耦合动力学模型

建立柔性轮对模型，如图 4-50(b)所示，弹性模量为 210GPa，泊松比为 0.28，密度为 7800kg/m^3，单元总数为 99876，节点数为 102054。

建立柔性轨道模型，如图 4-50(c)所示，采用 CN60 钢轨型面建立钢轨有限元模型，将钢轨考虑为离散连续支撑的 Timoshenko 梁，采用 BEAM188 单元进行网格离散。在钢轨上每 0.3m 选取一个主节点，扣件间隔为 0.6m，钢轨长度为 48m。根据 SIMPACK 软件手册，钢轨端部使用大刚度大阻尼力元固定，刚度取为 10^{10}MN/m，阻尼取为 10^7kN·s/m。

5) 评估类领域模型应用

在工况数据、运行状态数据作用下，对机理模型进行仿真分析，模拟列车运行过程，采集孪生信息，包括轮对扭转模态频率、轴箱振动加速度、钢轨垂向位移，根据运行状态信息和孪生信息，对机理模型进行评估验证。

轮对子结构模型评估：自由边界下，分析轮对的一阶扭转、一阶弯曲、二阶弯曲、三阶弯曲模态频率，分别为 83.21Hz、98.15Hz、193.62Hz、398.88Hz。为减少模型自由度提升动力学仿真效率，利用 Guyan 缩减法对有限模型自由度进行缩减，缩减后模态对比如表 4-9 所示。缩减前后轮对模态频率的相对误差不超过 2%，说明轮对子结构模型比较准确。

表 4-9　轮对模型缩减前后模态对比分析

振型描述	缩减前模态频率/Hz	缩减后模态频率/Hz	相对误差/%
一阶扭转	83.21	83.22	0.01
一阶弯曲	98.15	98.22	0.07
二阶弯曲	193.62	194.11	0.25
三阶弯曲	398.88	394.34	1.14

轨道柔性模型评估：分析列车运行过程中实际的钢轨垂向位移和仿真分析的钢轨垂向位移，如图 4-51 所示。车轮经过测试节点所产生的钢轨垂向位移波深仿真与试验测试较为吻合，仿真计算得到的钢轨最大垂向位移为 0.368mm，试验测试得到的钢轨最大垂向位移为 0.352mm，相对误差为 4.5%，说明轨道柔性模型较为准确可靠。

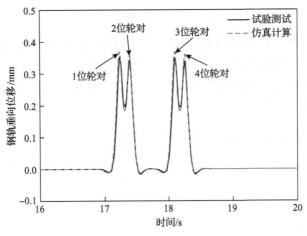

图 4-51　钢轨垂向位移对比

车辆-轨道刚柔耦合动力学模型评估：分析车辆状态数据与仿真数据，如图 4-52 所示。频域图均在 48Hz、64Hz、102Hz 处有明显峰值，48Hz 与 102Hz 恰好为 75km/h 时 6 阶和 13 阶多边形的通过频率，利用 SIMPACK 软件对车辆轨道系统进行特征值分析发现，P2 共振频率约为 63Hz，多边形激振频率及 P2 共振频率在仿真模型中得到了充分反映。因此，车辆-轨道刚柔耦合动力学模型可靠。

6) 预测类领域模型应用(车轮多边形故障预测模型)

车轮多边形故障预测包括两个步骤：①根据实测的轴箱垂向加速度信号频域计算多边形阶数；②在确定边数后预测多边形波深。

多边形阶数 n 的计算公式为

$$n = \frac{2\pi Rf}{V} \qquad\qquad (4\text{-}14)$$

式中，R 为车轮半径；f 为轴箱垂向加速度信号峰值频域；V 为列车运行速度。

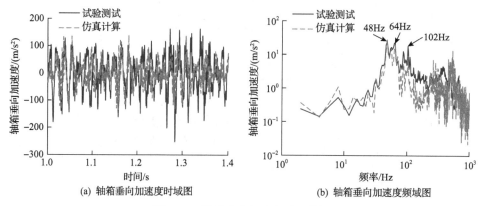

(a) 轴箱垂向加速度时域图　　　　　　(b) 轴箱垂向加速度频域图

图 4-52　轴箱垂向加速度对比分析

采用 KSM-PSO 模型预测多边形波深。结合列车实际运行状态数据和仿真分析数据，以车速、波深为输入，以轴箱加速度均方根误差(root mean square error, RMSE)为输出构建基于 KSM 算法的代理模型，获得相对平滑且无限可微的 KSM 响应面，如图 4-53 所示。

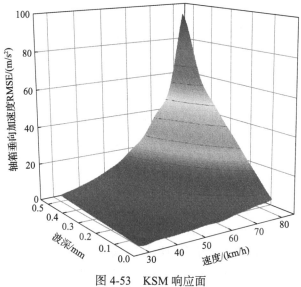

图 4-53　KSM 响应面

建立了车速、波深、轴箱垂向加速度之间的映射关系，将实时采集的运行状态数据(车速和轴箱垂向加速度，如图 4-54 所示)输入代理模型，采用粒子群优化

（particle swarm optimization, PSO）算法逆向寻优模型预测当前时刻的多边形波深。

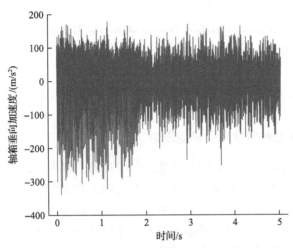

图 4-54　实测多边形化车轮下的轴箱垂向加速度

7）优化类领域模型应用（旋修策略优化模型）

基于多边形故障预测结果，采用优化类领域模型对车轮的旋修策略进行优化，建立包含轮轴横向力、轮轨垂向力、脱轨系数和轮重减载率的列车安全性指标体系，根据动力学性能指标安全限值，得到 75km/h 下不同阶次多边形磨耗的旋修限值，如图 4-55 所示。车轮多边形磨耗旋修限值随多边形阶次的增大先减小后增大，其中，8 阶多边形对应的旋修限值最小，为 0.44mm，这与该阶多边形通过频率引发轮轨系统共振有关。实际情况中多边形磨耗由多个占主导的阶次组成，因此建

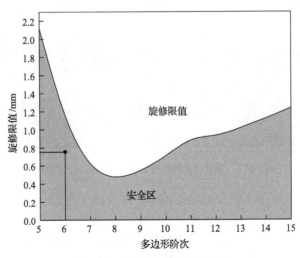

图 4-55　多边形磨耗旋修限值

议 5～9 阶多边形磨耗旋修限值为 0.44mm，10～15 阶多边形磨耗旋修限值为 0.7mm。

根据图 4-55 所示的旋修限值，分析预测得到的多边形阶数与波深数值用于优化该车轮的旋修策略。

4.4　多阶段数字孪生模型关联与映射

4.4.1　基于 SysML 的数字孪生模型表达

数字孪生模型面向一定的应用场景、应用对象，解决具体业务的问题[37]。由上述分析可知，需求是数字孪生模型构建的前提；数字孪生模型包含复杂的、多层级的组成部分，各类基础模型是数字孪生系统的基本组成单元[38]；行为表达关系到数字孪生如何产生作用、基础模型间的作用过程以及各组成部分之间的行为传递[39]；数字孪生作用过程中有大量的数据传递和交互，通过数据关联建立各个组成之间的关系[40]。因此，本节提出数字孪生模型的四维度表达框架，包括需求维、模型组成维、行为维和连接维，如图 4-56 所示。

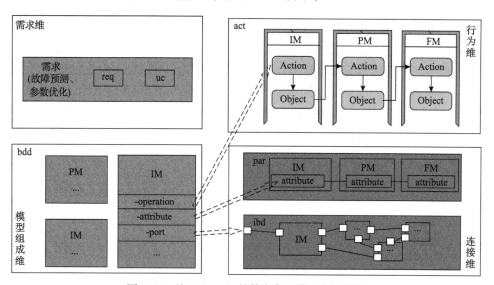

图 4-56　基于 SysML 的数字孪生模型表达框架

需求维表达数字孪生模型的功能需求，对功能用例进行表达。模型组成维对构成数字孪生模型的三种基础模型进行定义，包括定义模型内部的操作、关键参数、与外部交互的接口等。行为维表达组成数字孪生模型的各基础模型相互协同运作实现孪生应用的过程，体现基础模型之间的信息交互和行为交互。连接维表达模型关系和参数关系，其中模型关系表达三类基础模型之间以及模型与外部利益相关者之间的耦合关系，参数关系表达关键参数之间的传递关系，以及领域模型内的重要参数是如何通过机理模型和信息模型逐步传导得到的。

数字孪生模型在装备全生命周期每个阶段都有不同的需求[41]，需求维重点表达数字孪生中的利益相关者及其所关联的具体功能。在模型组成维中，孪生系统所涉及的三类基础模型采用同一种定义方式。行为维通过活动图表达模型的内部操作和模型的输入输出数据，模型操作在模型组成维中已定义，可直接调用。连接维通过模型定义中所定义的接口表达模型间的关系及交互的参数。下面对上述提出的四个维度进行详细介绍，说明如何基于 SysML 实现数字孪生系统的多维度多视图表达。

1. 需求维表达

数字孪生系统的需求通常是针对特定的应用场景，系统的需求即系统要实现的功能。系统要实现的功能可以通过不同的领域模型来实现，因此系统的需求分析可以分解到不同的领域模型，体现为多种业务活动，如设计阶段的设计优化功能需求，制造阶段的质量优化、生产系统管控功能需求，运维阶段的状态评估、故障诊断、寿命预测等功能需求。在需求表达过程中，首先需要对需求的内容及编号进行定义，用于对需求进行详细描述以及后续的管理和需求追溯，若需求较为复杂，则需要将需求之间的分解关系进行表达；然后定义用于满足各需求的领域模型；最后表达系统中的一系列用例，即系统提供的外部可见服务和各项服务间的层次关系，以及触发和参与用例的执行者。

如图 4-47 所示系统的预测轮对多边形和预测波深两个需求，可以通过预测类领域模型来满足。除了对需求的描述，还应该说明系统提供的服务信息，以及需要服务的利益相关者的信息，如图 4-57 所示。此时，用例图也需要应用到该过程中。用例图可简洁地传递一系列用例系统提供的外部可见服务，以及触发和参与用例的执行者[42]。由图 4-58 可见，系统有三个利益相关者，建模者所参与的用例有构建孪生模型、仿真、故障诊断及维修策略优化。

2. 模型组成维表达

数字孪生系统主要通过各类基础模型及数据的融合来完成孪生功能，因此模型的组织与管理是构建数字孪生模型的重点。孪生系统中的模型一般都较为复杂，内容较多且比较抽象，是一切孪生行为实施的基础和应用的载体。模型的表达内容有基础模型的名称及类型、模型之间的泛化及组合关联关系、模型内部的操作、模型与外部交互的接口，用于表达模型状态和孪生过程中需要传递的关键参数，如图 4-59 所示。

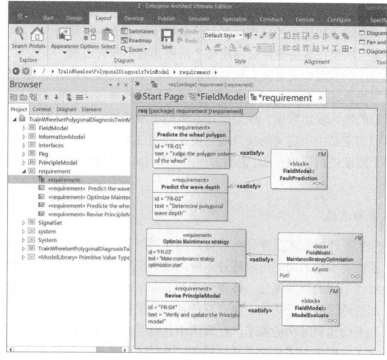

图 4-57　列车轮对多边形诊断数字孪生模型需求表达

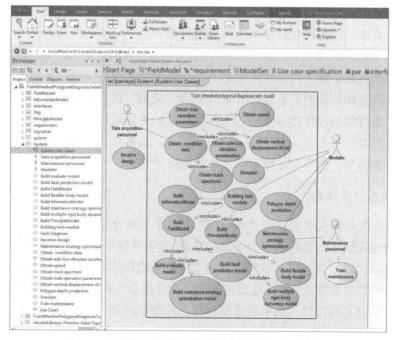

图 4-58　列车轮对多边形诊断数字孪生模型用例表达

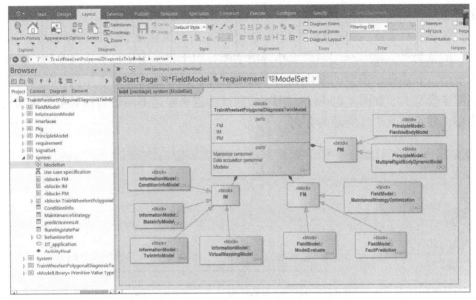

图 4-59　列车轮对多边形诊断数字孪生模型集

　　数字孪生由三类模型组成，每一类模型都可概括为三种元素的集合，分别是模型的内部操作、模型的状态参数、模型的外部接口。三种元素相互区分又彼此关联，形成了各类孪生模型。三种元素之间的关系表现为通过模型的操作推进孪生进程，通过模型的外部接口传递信息，以此改变不同模型的状态，完成孪生作用。因此，孪生模型的多视图表达除了体现在对系统的不同方面进行刻画外，对单个模型也从以上三方面进行了定义。

　　-operation：操作是该模型可以实现的功能，在系统中执行的行为；定义了的操作会在行为维表达时通过活动图构建模型间行为的关系。

　　-port：接口定义了与其他模型或操作人员的端口，服务于模型之间的连接。

　　-attribute：当孪生系统开始工作时，模型状态参数会在孪生作用的不同阶段执行相应的操作，随后发生变化，如完成多边形故障诊断后 PredictionResult 会从 0 变为 1，表示诊断完成，诊断结果可供后续模型使用。-attribute 会在状态机图中被引用，表示孪生进程，还会在连接维中通过参数图表达参数间的关系[43]。

　　3. 行为维表达

　　数字孪生系统的行为建模主要是对系统中各个模型所能执行的功能进行表达，需要表达行为名称、行为的输入输出内容和行为隶属的模型。

　　活动图擅长通过行为表示对象事件、能量或者数据的流动，关注系统操作时，对象是如何在行为的执行过程中被访问和修改的[44]。这一点与数据-模型融合的数字孪生架构相契合，因此行为维采用活动图进行表达。活动图可以显示两种流程，即控制流和对象流。控制流就是传统的流程图，对象流注重表达系统和活动中"对象"的流动[45]。本节采用对象流构建活动图，用于表示孪生过程中每个动作的输入输出，表达各个模型的输入数据。除此之外，还通过泳道来表示动作的发出者是哪个模型[46]，如图 4-60 所示。图中，通过泳道来表达不同行为和对象所隶属的模型，箭头表示信息流动的方向。

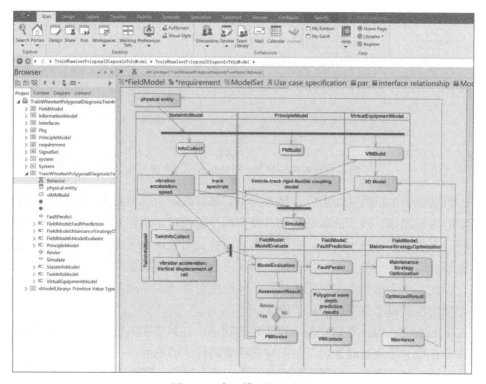

图 4-60　孪生模型行为表达

4. 连接维表达

连接维主要用于表达数字孪生系统中基础模型间、参数间、模型和参数间的关联关系，需要表达每个模块与外部连接的端口及连接的对象；孪生系统运行过程中需要进行采集和传递的、对孪生系统进程起决定性作用的参数，如模型间需要进行传递的参数、可判断孪生系统已完成某个步骤的标志性参数等定义为模型中的关键参数；关键参数的传递方向。根据上述表达内容，连接维通过内部模块图和参数图进行表达，如图 4-61 所示。

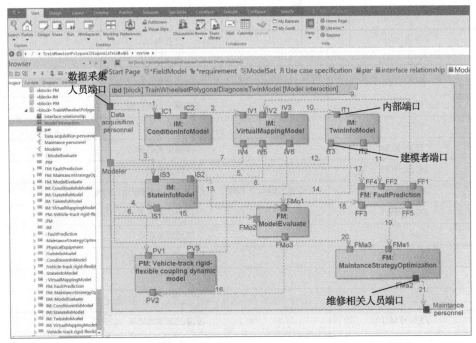

图 4-61　模型交互内部模块图

为了阐述模型之间的连接关系，定义了四种端口，即数据采集人员端口、建模者端口、维修相关人员端口和内部端口。端口主要分为两类，即与外部参与人员交互的端口和模型间交互的端口。内部模块图中表达了孪生系统所需要的八个模型及每一个模型的连接端口，如状态信息模型中包含三个端口，通过建模者端口表达建模者参与了该模型中的数据处理，通过数据采集人员端口来输入状态信息，内部端口又与三维信息模型、故障诊断模型、状态评估模型相连，表示状态信息输出后会与这三类模型交互。两个端口之间的传递方向和交互内容可由表 4-10 所得。

表 4-10　模型交互信息总览

传递方向	交互内容
Data acquisition personnel→IC1	传递轨道谱、工况数据
IC2→IV1	传递轨道谱、工况数据
Data acquisition personnel→IS3	传递车轮实测不圆度、运行速度、轴箱振动加速度、钢轨垂向位移
Model→IS1	处理数据
IS2→IV5	传递车轮实测不圆度、运行速度、轴箱振动加速度、钢轨垂向位移
Model→PV1	构建模型

续表

传递方向	交互内容
Model→IV4	构建模型
PV3→IV6	机理规则作用
FF1→IV2	三维模型更新内容
IV3→IT1	仿真数据
IT2→FF2	传递仿真数据
Model→IT3	构建模型
IS2→FMo1	传递车轮实测不圆度、运行速度、轴箱振动加速度、钢轨垂向位移
IT2→FMo1	传递仿真数据
Model→FMo2	机理模型评估
FMo3→PV2	机理模型更新内容
Model→FF4	构建模型
IS2→FF3	传递车轮实测不圆度、运行速度、轴箱振动加速度、钢轨垂向位移
FF5→FMa1	传递故障预测结果
Model→FMa3	构建模型
FMa2→Maintance personnel	传递旋修策略优化结果

参数图展示了模型之间关键参数的关联关系，通过参数的推导可以实现最终的孪生功能[47]，如图 4-62 所示。例如，在物理实体中，physical property 传输给机理模型中的 DynamicModel，MaintenanceState 用于表达最终的旋修策略优化状态，running_par 用于建立状态信息模型；构建虚拟映射 VirtualMap 需要的参数有 TrackSpectrum、running_par 和 DynamicModel 模型。

5. 数字孪生模型表达验证

验证阶段的目的是找到一种方法，能够利用 SysML 语言将该系统数字孪生的过程进行复现，以此来验证数字孪生系统建模的合理性、逻辑性、严谨性，以及该孪生模型表达方法的可行性[48]。采用 SysML 中可执行状态机的方法，通过状态机图对数字孪生系统中各个模型在工作过程中的不同状态进行建模，并且可以手动选择不同的触发器执行不同的事件，触发模型状态的转换，进而模拟孪生过程的不同活动[49,50]。

机理模型的验证通过领域模型中的模型评估来完成，因此本节主要针对信息模型和整个孪生过程进行仿真验证。对每个信息模型分别构建各自的可执行状态机。下面以状态信息模型为例进行介绍。

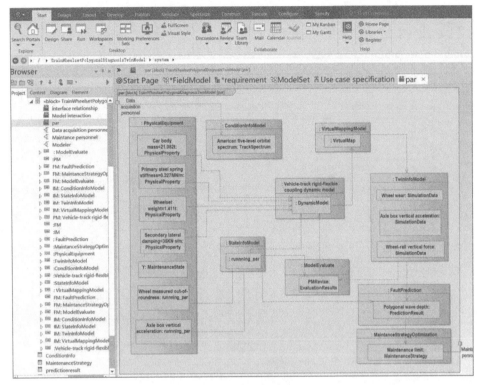

图 4-62　参数传递图

　　将状态信息模型定义为两个状态：一个是原始状态，即未采集信息的状态；另一个是更新后的状态，表示已经采集到了相关的数据。状态之间主要通过事件〈parameterAcq〉进行转换，同时状态信息模型中的关键参数 runningState_par 也会因事件触发的次数而发生变化。状态信息模型工作过程如下：

　　(1)状态信息模型处于原始状态，此时 runningState_par 的值为 0。

　　(2)通过触发器〈parameterAcq〉，该模型转换为更新后的状态，runningState_par 的值由 0 变为 1，表示已经完成了运行状态参数的采集。

　　(3)更新后状态中还定义了一个内部触发器，表示在工作过程中对运行状态参数的实时更新，此时再次触发〈parameterAcq〉，runningState_par 的值将由 1 变为 2。

　　整个数字孪生系统可执行状态机图如图 4-63 所示。详细的孪生流程在上面已进行描述，此处不再赘述。整个孪生系统工作过程的状态转换主要是：信息模型的构建→机理模型的构建→虚拟仿真及仿真数据的提取→领域模型的应用→指导现实作用。每个模型中的关键参数依旧由 0 表示未完成，1 表示已完成。在完成旋修策略优化且对物理实体进行更新以后，信息模型会继续实时提取实际运行参数，形成数字孪生系统的闭环信息反馈。

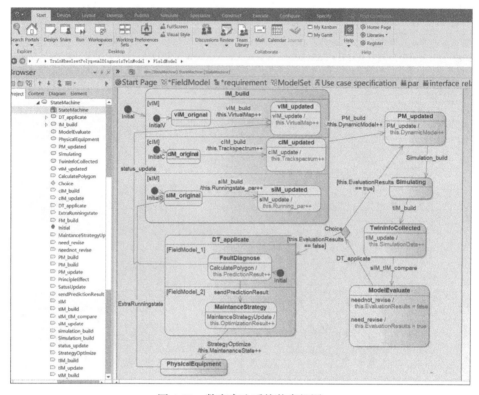

图 4-63　数字孪生系统状态机图

4.4.2　基于业务流程的数字孪生模型关联

4.4.1 节阐述了装备全生命周期数字孪生模型，本节构建业务活动与孪生模型之间的关联关系，采用 SysML 语言进行基于孪生模型的业务流程建模。

为了适应全生命周期中不同的业务流程，便于孪生模型的快速再配置，需要明确孪生模型之间的相互关系。通过明确孪生模型之间的相互关系，可分解粒度较粗的孪生模型，集成粒度过细的孪生模型。孪生模型之间主要存在两种关系，即前后关系和耦合关系。

1）前后关系

前后关系表明某两个孪生模型之间存在发生的先后性，如生产计划孪生模型和生产执行孪生模型，如图 4-64 所示。图中，箭头表示孪生模型间存在前后关系，箭头由先执行的孪生模型指向后执行的孪生模型。

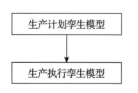

图 4-64　孪生模型间的前后关系及图例

2) 耦合关系

为执行业务流程或满足约束需求，孪生模型间需要进行消息的相互传递，使孪生模型中的信息或模型能实时更新与修正。依据耦合程度的不同，大致分为以下三类。

(1) 条件耦合：只有某些规定状态条件得到满足时，两个业务组件才会进行相互联系。

(2) 消息耦合：通过传递消息，实现业务组件间的通信协作。

(3) 公共耦合：若某一个业务组件同时与多个业务组件数据存在双向关联，则将这些业务组件间的关系称为公共耦合。例如，若业务组件 X 与业务组件 A、B、C 均含有消息的相互传递，则将 A、B、C 与 X 称为公共耦合。

综上，从条件耦合、消息耦合至公共耦合，耦合的程度依次增强。耦合即代表两个孪生模型之间有数据的关联，用双向箭头连接具有耦合关系的两个孪生模型。如图 4-65 所示，生产计划孪生模型的输出与生产仿真优化孪生模型的输出都可进行仿真分析，同时仿真分析的结果都会返回影响生产计划，二者之间存在耦合关系。

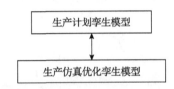

图 4-65　孪生模型间的耦合关系及图例

根据上述构建的模型关系对全生命周期涉及的所有孪生模型进行关联，如图 4-66 所示。另外，虚线箭头表示该模型可直接由物理实体直接驱动执行，此情况下与其他模型相互独立。以寿命预测孪生模型为例，表示寿命预测模型既可与状态监测模型形成前后关系，也可直接由物理实体驱动，独立于状态监测模型。

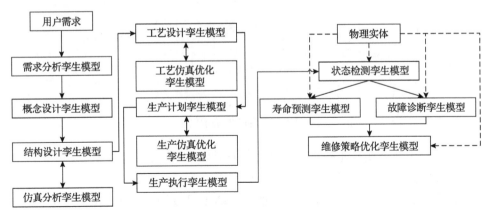

图 4-66　全生命周期孪生模型关系

针对不同的业务需求，可以调用不同的孪生模型，构成不同的业务流程。为了实现基于孪生模型的业务流程自驱动，需要构建每个孪生模型的触发条件，即触发这种条件后模型开始运行，实现孪生驱动。对于全生命周期的业务流程，既可以是多个孪生模型的配合完成全生命周期的业务流程，也可以是单个孪生模型独立工作。孪生模型的触发条件定义为该孪生模型的输入信息是否齐全，如果孪生模型中涉及的所有信息模型、机理模型、领域模型的输入数据都已完备，该孪生模型就开始工作。通过判断模块表示判断输入信息是否准备齐全，同时通过泳道的方式展示数字孪生模型的行为，如图 4-67 所示。对需求采集后输出的客户需求进行判断，判断是否完成信息采集，若已完成信息采集，则将客户需求输入需求分析孪生模型中。

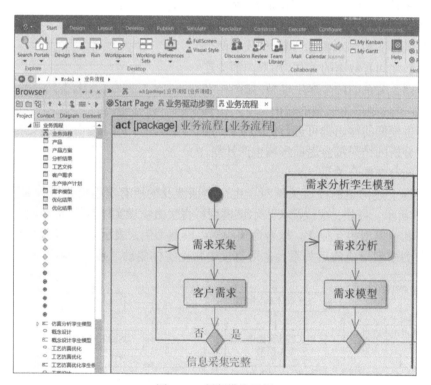

图 4-67　判断模块示例

对于全生命周期的业务流程自驱动，采用活动图的形式建立孪生模型与业务活动直接的关系。活动图中的元素定义如表 4-11 所示。

根据上述提出的业务驱动方法，通过 SysML 活动图的方式，在驱动规则的作用下将业务流程和孪生模型相结合，实现基于孪生模型的全生命周期业务流程驱动，如图 4-68 所示。

表 4-11　活动图元素定义

基本元素	名称	含义	符号
图形	业务活动	全生命周期中的各项业务活动	
	信息模型	孪生模型中输入或输出的信息模型	
	判断模块	对输入判定组件的内容进行判定，若其与判定要求相符合，则输出结果为"通过"；反之，则输出结果为"不通过"	
	泳道	业务活动与输出的信息模型隶属于哪个孪生模型	
	分叉/集合	表示某孪生模型完成，能触发至少两个孪生模型开始运行，或至少两个业务组件的完成，才能触发某业务组件的运行	
	开始节点	代表业务流程的开始点	
	结束节点	代表业务流程的结束点	
连线	信息正向传递	数据按业务流程 V 模型的顺序正向传递	
	信息反馈传递	模型内的信息反馈，表示信息采集未完成，继续执行当前的业务活动	
		模型间的信息反馈，表示仿真或优化结果重新作为之前孪生模型的输入	

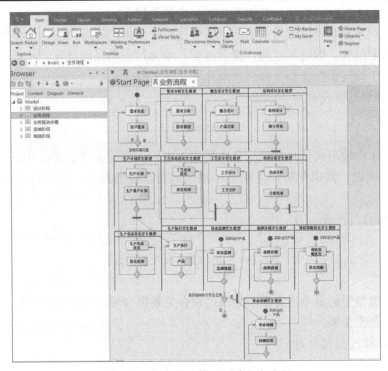

图 4-68　数字孪生模型驱动业务流程

4.4.3　复杂装备多阶段数字孪生模型映射

1. 基于信息关联的孪生模型映射机制

对孪生模型的表达形式构建对应的数学表达式:

$$\text{DTM}_i = \{(\text{IM}_i\text{I}, \text{IM}_i\text{O}, \text{IM}_i\text{W}), \text{PM}_i, \text{FM}_i \mid i = 1, 2, \cdots, n\} \qquad (4\text{-}15)$$

孪生模型是由信息模型、机理模型、领域模型融合而成的。IM 表示该孪生模型中的信息模型集,信息模型按其工作位置又可分为孪生模型中输入的信息模型 IMI、输出的信息模型 IMO 和孪生模型执行过程中产生的信息模型 IMW;PM 表示该孪生模型中的机理模型;FM 表示该孪生模型中的领域模型;i 表示孪生模型的编号。

在孪生过程中,以信息模型的形式对孪生模型内和孪生模型间的数据进行概括和表达,孪生模型的映射过程可具体化为两个孪生模型中信息模型的映射过程。由式(4-15)可知,信息模型可分为 IMI、IMO、IMW 三类,三类信息模型都统一表示为

$$\text{InfoModel} = \{a_1, a_2, a_3, \cdots, a_i, \cdots\} \qquad (4\text{-}16)$$

式中,$a_i\,(i=1,2,3,\cdots)$ 表示信息模型中所包含的数据项。

通过对不同孪生模型间共享信息映射过程的分析,可以归纳为几种类型的孪生模型映射过程,即继承过程、聚合过程、添加过程和提取过程。此处以信息从孪生模型 1 流向孪生模型 2 为例介绍几种映射过程。

(1)继承过程表示为

$$\text{IM}_2\text{I} = \text{IM}_1\text{O} \qquad (4\text{-}17)$$

孪生模型 1 中输出的信息模型与孪生模型 2 中输入的信息模型直接对应,没有产生变化。例如,需求分析孪生模型中输出的需求模型就是概念设计孪生模型的输入。

(2)聚合过程表示为

$$\text{IM}_2\text{I} = \sum_{i=1}^{n} \text{IM}_i\text{O}, \quad i = 1, 3, \cdots, n \qquad (4\text{-}18)$$

不同孪生模型中的多个信息模型集通过聚合关系组合形成映射目标的孪生模型中的输入信息模型集。

(3)添加过程表示为

$$\text{IM}_2\text{I} = \text{IM}_1\text{O} + A \qquad (4\text{-}19)$$

孪生模型中输出的信息模型都不能完全包含映射目标的孪生模型中所需要的信息，需要从物理世界中添加额外的信息 A。例如，生产计划孪生模型中输出的排产计划还需要添加物理车间的车间数据和加工信息才可构成生产执行孪生模型的输入信息。

(4)提取过程表示为

$$\mathrm{IM}_2\mathrm{I} = \sum_{i=1}^{n} a_i, \quad i = 1, 2, \cdots, n; \ a_i \in \mathrm{IM}_1\mathrm{O} \tag{4-20}$$

孪生模型 1 中输出的信息模型只有部分数据项是孪生模型 2 中输入的信息模型所需要的。例如，结构设计孪生模型到工艺设计孪生模型的映射，结构设计输出的样机模型中只有零件结构图的部分信息需要输入工艺设计阶段。

四种映射过程如图 4-69 所示。

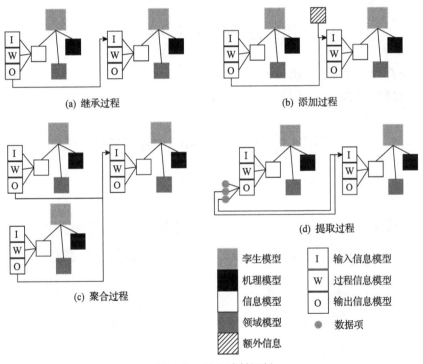

(a) 继承过程　　　(b) 添加过程　　　(c) 聚合过程　　　(d) 提取过程

图例：孪生模型、机理模型、信息模型、领域模型、额外信息；I 输入信息模型、W 过程信息模型、O 输出信息模型、● 数据项

图 4-69　独立映射机制

孪生模型之间的信息映射过程除了这四种相互独立的类型外，还有可能是多种映射过程相互配合。对两种及以上的孪生模型映射过程进行定义，其中 a_1 和 b_1 都属于信息模型中的数据项。

（1）聚合+提取过程表示为

$$\mathrm{IM_3I} = \sum_{i=1}^{n} a_i + \sum_{i=1}^{n} b_i, \quad i = 1, 2, \cdots, n;\ a_i \in \mathrm{IM_1O};\ b_i \in \mathrm{IM_2O} \tag{4-21}$$

以两个孪生模型的输入为例，孪生模型 3 中输入的信息模型分别来自孪生模型 1 和 2 中输出的信息模型的部分数据项。

（2）聚合+提取+添加过程表示为

$$\mathrm{IM_3I} = \sum_{i=1}^{n} a_i + \sum_{i=1}^{n} b_i + A, \quad i = 1, 2, \cdots, n;\ a_i \in \mathrm{IM_1O};\ b_i \in \mathrm{IM_2O} \tag{4-22}$$

在聚合+提取的基础上添加额外的信息 A。

（3）聚合+添加过程表示为

$$\mathrm{IM_2I} = \sum_{i=1}^{n} \mathrm{IM_iO} + A, \quad i = 1, 2, \cdots, n \tag{4-23}$$

在聚合过程的基础上添加额外的信息 A。

（4）提取+添加过程表示为

$$\mathrm{IM_2I} = \sum_{i=1}^{n} a_i + A, \quad i = 1, 2, \cdots, n;\ a_i \in \mathrm{IM_1O} \tag{4-24}$$

多种映射过程相互配合的图例如图 4-70 所示。

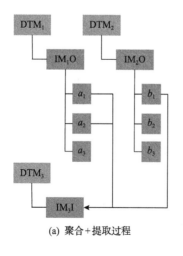
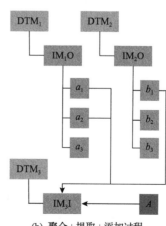

(a) 聚合+提取过程　　　　　　　　　　(b) 聚合+提取+添加过程

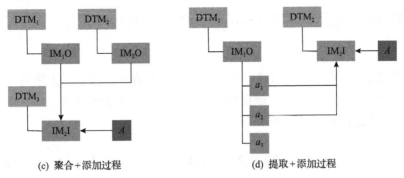

(c) 聚合+添加过程　　　　　　　(d) 提取+添加过程

图 4-70　复合映射机制

2. 基于产品结构关联的多孪生模型协同映射

首先在孪生模型表达形式的基础上对全生命周期不同零部件不同阶段的孪生模型定义一种新的命名规则，以便于后续协同映射规则的表示。各个零部件全生命周期的各个孪生模型都可命名为

$$\text{TwinModel} = \langle \text{Name\_DTM}_i \rangle \tag{4-25}$$

式中，Name 表示该孪生模型属于哪个零件或部件，如齿轮、轴承、轮对等；DTM_i 表示该孪生模型的编号，如齿轮的需求分析孪生模型可命名为 $\langle \text{Gear\_DTM}_1 \rangle$。

然后对基本映射过程进行定义，定义的原则有两条：①基本映射必须原子化，即本身不能由其他若干基本映射组合而成；②所有非基本映射的复合映射无论多复杂，都能够通过若干基本映射的反复级联实现。

假定映射目标都是单个对象中的某一个模型，同时在此不区分模型所在的阶段，三个阶段的孪生模型可以相互映射。按映射源的不同进行分类，具体如下。

1) 映射源来自单个对象

(1) 映射源来自单个对象的单个模型，可表示为

$$\langle N_2\_\text{DTM}_i \rangle = f\left(\langle N_1\_\text{DTM}_i \rangle\right) \tag{4-26}$$

式中，N_1 和 N_2 分别代表映射源和映射目标所属的零件；i 代表该孪生模型的编号。

(2) 映射源来自单个对象的多个模型，可表示为

$$\langle N_2\_\text{DTM}_j \rangle = f\left(\langle N_1\_\text{DTM}_1 \rangle + \langle N_1\_\text{DTM}_2 \rangle + \cdots + \langle N_1\_\text{DTM}_i \rangle\right), \quad i = 1, 2, \cdots, n \tag{4-27}$$

2) 映射源来自多个对象

(1) 映射源来自多个对象的单个模型，可表示为

$$\langle N_j\_\mathrm{DTM}_j \rangle = f\left(\langle N_1\_\mathrm{DTM}_1 \rangle + \langle N_2\_\mathrm{DTM}_2 \rangle + \cdots + \langle N_i\_\mathrm{DTM}_1 \rangle\right), \quad i = 1, 2, \cdots, n$$

$$(4\text{-}28)$$

映射源是从 N_1 到 N_i 的多个对象，每个对象中都只有一个数字孪生模型作为映射源，多个对象的单个模型同时映射到同一个映射目标的孪生模型。

(2) 映射源来自多个对象的多个模型，可表示为

$$\langle N_j\_\mathrm{DTM}_j \rangle = f\left(\langle N_1\_\mathrm{DTM}_1 \rangle + \langle N_1\_\mathrm{DTM}_2 \rangle + \cdots + \langle N_i\_\mathrm{DTM}_j \rangle\right), \quad i, j = 1, 2, \cdots, n$$

$$(4\text{-}29)$$

从 N_1 到 N_i 的 TM_1 到 TM_i 都是映射源，同时对映射目标作用。

图 4-71 为多孪生模型协同映射规则实例。图中，A 代表齿轮箱的需求分析孪生模型的映射源来自轴承需求分析孪生模型和概念设计孪生模型，即映射源来自单个对象的多个模型，可表示为

$$\langle \mathrm{GearCase\_DTM}_1 \rangle = f\left(\langle \mathrm{Bearing\_DTM}_1 \rangle + \langle \mathrm{Bearing\_DTM}_2 \rangle\right) \quad (4\text{-}30)$$

B 代表齿轮箱的概念设计孪生模型的映射源来自齿轮的概念设计孪生模型，即映射源来自单个模型的单个对象，可表示为

$$\langle \mathrm{GearCase\_DTM}_2 \rangle = f\left(\langle \mathrm{Gear\_DTM}_2 \rangle\right) \quad (4\text{-}31)$$

C 代表齿轮箱工艺设计孪生模型的映射源来自轴承的工艺设计孪生模型和生产计划孪生模型，以及齿轮的工艺设计孪生模型和生产计划孪生模型，即映射源来自多个对象的多个模型，可表示为

$$\langle \mathrm{GearCase\_DTM}_5 \rangle = f\left(\langle \mathrm{Bearing\_DTM}_5 \rangle + \langle \mathrm{Bearing\_DTM}_7 \rangle \right.$$
$$\left. + \langle \mathrm{Gear\_DTM}_5 \rangle + \langle \mathrm{Gear\_DTM}_7 \rangle\right) \quad (4\text{-}32)$$

D 代表齿轮箱运维阶段的状态监测孪生模型的映射源来自轴承运维阶段的状态监测孪生模型和齿轮运维阶段的状态监测孪生模型，即映射源来自多个对象的单个模型，可表示为

$$\langle \mathrm{GearCase\_DTM}_{10} \rangle = f\left(\langle \mathrm{Gear\_DTM}_{10} \rangle + \langle \mathrm{Bearing\_DTM}_{10} \rangle\right) \quad (4\text{-}33)$$

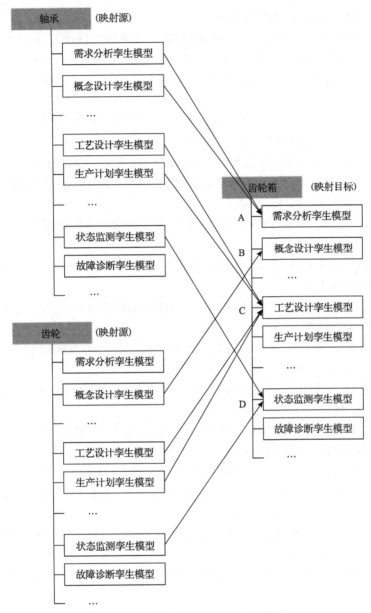

图 4-71　多孪生模型协同映射规则实例

参 考 文 献

[1] Xia K L, Opron K, Wei G W. Multiscale multiphysics and multidomain models: Flexibility and rigidity[J]. The Journal of Chemical Physics, 2013, 139(19): 194109.

[2] 刘达新, 王科, 刘振宇, 等. 基于数据融合与知识推理的机器人装配单元数字孪生建模方法

研究[J]. 机械工程学报, 2023, 10: 1-15.

[3] 武宁, 沈方达. 基于 MBSE 模型的标准体系构建[J]. 信息技术与标准化, 2023, (9): 21-24.

[4] 张鹏翼, 黄百乔, 鞠鸿彬. MBSE: 系统工程的发展方向[J]. 科技导报, 2020, 38(21): 21-26.

[5] 陈川, 陈岳飞, 曾麟, 等. 数字孪生在智能制造领域的应用及研究进展[J]. 计量科学与技术, 2020, (12): 20-25.

[6] 谭建荣, 刘振宇. 数字样机: 关键技术与产品应用[M]. 北京: 机械工业出版社, 2007.

[7] 杨欣, 许述财. 数字样机建模与仿真[M]. 北京: 清华大学出版社, 2014.

[8] 周秋忠, 范玉青. MBD 数字化设计制造技术[M]. 北京: 化学工业出版社, 2019.

[9] 戴晟, 赵罡, 于勇, 等. 数字化产品定义发展趋势: 从样机到孪生[J]. 计算机辅助设计与图形学学报, 2018, 30(8): 1554-1562.

[10] 任占勇. 数字化研制环境下的可靠性工程技术: 基于产品数字样机的可靠性设计与分析[M]. 北京: 航空工业出版社, 2015.

[11] 高利, 迟毅林, 曾谢华. 虚拟产品开发中的虚拟样机技术和数字样机技术[J]. 机械研究与应用, 2005, 18(5): 6-7.

[12] 余志强, 陈嵩, 孙炜, 等. 基于 MBD 的三维数模在飞机制造过程中的应用[J]. 航空制造技术, 2009, 52(S2): 82-85.

[13] 燕哲, 董玉德, 何金鑫, 等. 面向三维模型的尺寸标注完备性检查算法[J]. 中国机械工程, 2023, 34(16): 1967-1974.

[14] 傅云. 复杂产品数字样机多性能耦合分析与仿真的若干关键技术研究及其应用[D]. 杭州: 浙江大学, 2008.

[15] 冯潼能, 王铮阳, 孟静晖. MBD 技术在数字化协同制造中的应用与展望[J]. 南京航空航天大学学报, 2012, 44(S1): 132-137.

[16] 周秋忠, 范玉青. MBD 技术在飞机制造中的应用[J]. 航空维修与工程, 2008, (3): 55-57.

[17] 胡祥涛, 程五四, 陈兴玉, 等. 基于 MBD 的产品信息全三维标注方法[J]. 华中科技大学学报(自然科学版), 2012, 40(S2): 60-63.

[18] 陆剑峰, 张浩, 赵荣泳. 数字孪生技术与工程实践: 模型+数据驱动的智能系统[M]. 北京: 机械工业出版社, 2022.

[19] 方志刚. 复杂装备系统数字孪生: 赋能基于模型的正向研发和协同创新[M]. 北京: 机械工业出版社, 2021.

[20] 周祖德, 娄平, 萧筝. 数字孪生与智能制造[M]. 武汉: 武汉理工大学出版社, 2020.

[21] 李国琛. 数字孪生技术与应用[M]. 长沙: 湖南大学出版社, 2020.

[22] 杨林瑶, 陈思远, 王晓, 等. 数字孪生与平行系统: 发展现状、对比及展望[J]. 自动化学报, 2019, 45(11): 2001-2031.

[23] 李浩, 陶飞, 王昊琪, 等. 基于数字孪生的复杂产品设计制造一体化开发框架与关键技术[J]. 计算机集成制造系统, 2019, 25(6): 1320-1336.

[24] Bönsch J, Elstermann M, Kimmig A, et al. A subject-oriented reference model for digital twins[J]. Computers & Industrial Engineering, 2022, 172: 108556.

[25] Erkoyuncu J A, del Amo I F, Ariansyah D, et al. A design framework for adaptive digital twins[J]. CIRP Annals, 2020, 69(1): 145-148.

[26] 闵庆飞, 卢阳光. 面向智能制造的数字孪生构建方法与应用[M]. 北京: 科学出版社, 2022.

[27] Agrawal A, Fischer M, Singh V. Digital twin: From concept to practice[J]. Journal of Management in Engineering, 2022, 38(3): 06022001.

[28] Zhang H, Liu Q, Chen X, et al. A digital twin-based approach for designing and multi-objective optimization of hollow glass production line[J]. IEEE Access, 2017, 5: 26901-26911.

[29] Lai X N, Wang S, Guo Z G, et al. Designing a shape-performance integrated digital twin based on multiple models and dynamic data: A boom crane example[J]. Journal of Mechanical Design, 2021, 143(7): 071703.

[30] 朱文越, 刘伊华, 王永娟. 面向复杂机械设计的数字样机模型驱动方法研究[J]. 西北工业大学学报, 2022, 40(4): 901-908.

[31] 柳林燕, 杜宏祥, 汪惠芬, 等. 车间生产过程数字孪生系统构建及应用[J]. 计算机集成制造系统, 2019, 25(6): 1536-1545.

[32] 丁凯, 张旭东, 周光辉, 等. 基于数字孪生的多维多尺度智能制造空间及其建模方法[J]. 计算机集成制造系统, 2019, 25(6): 1491-1504.

[33] Bilberg A, Ahmad Malik A. Digital twin driven human-robot collaborative assembly[J]. CIRP Annals, 2019, 68(1): 499-502.

[34] 陶飞, 刘蔚然, 刘检华, 等. 数字孪生及其应用探索[J]. 计算机集成制造系统, 2018, 24(1): 1-18.

[35] Jia W J, Wang W, Zhang Z Z. From simple digital twin to complex digital twin Part I: A novel modeling method for multi-scale and multi-scenario digital twin[J]. Advanced Engineering Informatics, 2022, 53: 101706.

[36] Ritto T G, Rochinha F A. Digital twin, physics-based model, and machine learning applied to damage detection in structures[J]. Mechanical Systems and Signal Processing, 2021, 155: 107614.

[37] 刘大同, 郭凯, 王本宽, 等. 数字孪生技术综述与展望[J]. 仪器仪表学报, 2018, 39(11): 1-10.

[38] Zhang H, Qi Q, Tao F. A multi-scale modeling method for digital twin shop-floor[J]. Journal of Manufacturing Systems, 2022, 62: 417-428.

[39] Söderberg R, Wärmefjord K, Carlson J S, et al. Toward a digital twin for real-time geometry assurance in individualized production[J]. CIRP Annals, 2017, 66(1): 137-140.

[40] Lin T Y, Jia Z X, Yang C, et al. Evolutionary digital twin: A new approach for intelligent

industrial product development[J]. Advanced Engineering Informatics, 2021, 47: 101209.

[41] 李琳利, 李浩, 顾复, 等. 基于数字孪生的复杂机械产品多学科协同设计建模技术[J]. 计算机集成制造系统, 2019, 25 (6) : 1307-1319.

[42] 德里吉提, 侯伯薇, 朱艳兰. SysML Distilled a Brief Guide to the Systems Modeling Language[M]. 北京: 机械工业出版社, 2015.

[43] Delligatti L. SysML Distilled: A Brief Guide to the Systems Modeling Language[M]. Boston: Addison-Wesley, 2013.

[44] David P, Idasiak V, Kratz F. Reliability study of complex physical systems using SysML[J]. Reliability Engineering & System Safety, 2010, 95 (4) : 431-450.

[45] Stirgwolt B W, Mazzuchi T A, Sarkani S. A model-based systems engineering approach for developing modular system architectures[J]. Journal of Engineering Design, 2022, 33 (2) : 95-119.

[46] 陶飞, 程颖, 程江峰, 等. 数字孪生车间信息物理融合理论与技术[J]. 计算机集成制造系统, 2017, 23 (8) : 1603-1611.

[47] Zhang L, Ye F, Xie K Y, et al. An integrated intelligent modeling and simulation language for model-based systems engineering[J]. Journal of Industrial Information Integration, 2022, 28: 100347.

[48] Ríos J, Staudter G, Weber M, et al. Uncertainty of data and the digital twin: A review[J]. International Journal of Product Lifecycle Management, 2020, 12 (4) : 329-358.

[49] Elakramine F, Jaradat R, Hossain N U I, et al. Applying systems modeling language in an aviation maintenance system[J]. IEEE Transactions on Engineering Management, 2021, 69 (6) : 4006-4018.

[50] Sohier H, Lamothe P, Guermazi S, et al. Improving simulation specification with MBSE for better simulation validation and reuse[J]. Systems Engineering, 2021, 24 (6) : 425-438.

第5章 基于数字孪生的装备智能设计、制造与运维

通过装备全生命周期信息物理数据融合，可构建装备多维度知识图谱；通过全生命周期模型融合，可构建面向多业务场景应用的数字孪生模型。本章重点讨论数字孪生及知识图谱如何在装备设计、制造和运维过程中开展应用，主要包括基于数字孪生与知识图谱的智能配置设计、设计参数迭代优化、仿真分析与性能优化，基于数字孪生的制造数据融合与制造优化，基于数字孪生的关键部件故障诊断与寿命预测。

5.1 基于数字孪生与知识图谱的装备迭代优化设计

5.1.1 基于知识图谱的装备智能配置设计

复杂装备如高速列车、盾构机、核电装备等，由上万个零部件形成复杂的装配关系。配置设计是以需求为出发点，按一定规则、标准或约束对候选模块进行组合的过程，是实现产品快速设计的有效手段。目前复杂装备配置设计方法主要集中在基于需求相似度的推荐配置方面，需要合理设置需求项与模块间的权重，实施难度大，还没有基于产品族配置设计知识图谱的智能配置方法。

针对复杂装备的设计，设计师根据自身的知识和经验形成了大量的设计实例。基于知识图谱和深度学习模型学习这些实例形成背后隐藏的零件需求项与设计特征属性间的关联关系，首先基于深度学习模型辅助设计师自动抽取需求，然后将需求值映射到各模块形成模块需求，输入知识图谱表示学习模型计算匹配出各零件的配置方案，对提高复杂装备配置设计效率有重要价值[1]。基于知识图谱的装备智能配置设计流程如图 5-1 所示，黑色底色部分是构建的产品族配置设计知识图谱，通过预先构建的需求字典、设计属性特征字典及产品族元模块映射，并将设计实例知识与元模块映射通过大量产品设计实例需求和对应的模块实例设计特征属性值表示学习，获得产品族配置设计知识嵌入学习模型。其余部分为基于实例需求的智能配置过程，在配置设计过程中对每个子系统按叶子节点自下而上基于知识图谱表示学习进行智能匹配和排序，对不存在装配约束的模块用相似度最高的模块实例推荐赋值，对存在装配约束的模块进行标记，完成所有叶子节点零件推荐后调用待决策模块决策推荐算法，完成标记模块的推荐，最后输出推荐配置结果。

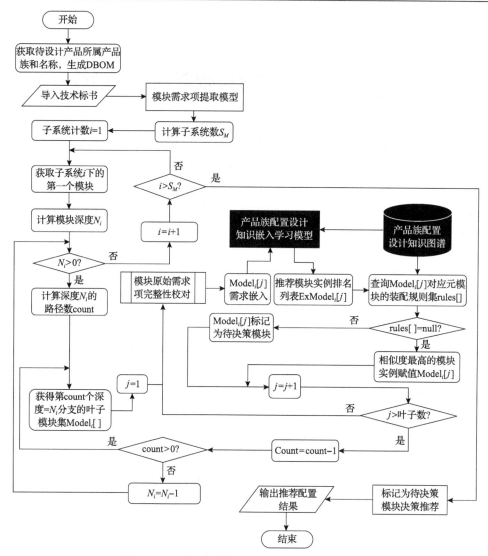

图 5-1　基于知识图谱的装备智能配置设计流程

基于知识图谱的装备智能配置设计流程具体如下。

1)构建产品族配置设计知识图谱

产品族是以产品平台为基础,通过添加不同的个性模块,以满足不同客户个性化需求的一组相关产品,基于产品族的配置设计知识图谱构建主要包括以下内容。

(1)产品需求项字典建立。

复杂装备如高速列车、盾构机等的需求项众多,为便于管理和应用,建立〈需求字典项,属于,功能分类〉三元组,字典数据项可手工整理,也可以利用"新功能分类"和"需求项发现算法"基于某一实际装备完成初始化。

(2) 元模块特征属性字典建立。

为了产品族复用所抽象的虚拟模块，对每个虚拟模块配置设计特征属性，构建元模块属性字典，其三元组形式为〈设计特征属性项，描述，元模块〉。

(3) 基于元模块关联建立产品族配置设计知识本体。

首先针对产品族，选配元模块构建 GBOM 树。三元组〈元模块，组装，元模块〉映射元模块间的装配关系，三元组〈元模块，冲突规则，元模块〉映射模块之间的冲突规则。然后建立 GBOM 树节点与需求项字典、需求项值实例间映射。三元组〈模块需求元模型，属于，元模块〉描述模块与需求特征向量间的关系，〈需求字典项，组成，模块需求元模型〉描述模块需求元模型的特征，〈需求字典项，属于，功能分类〉描述需求项的分类管理。接着建立 GBOM 树节点与参数特征值实例间映射。本体三元组形式为〈设计特征属性项，描述，元模块〉。继续建立产品模块实例与元模块之间的映射。本体三元组〈模块实例，实例，元模块〉描述模块与元模块的实例化关系，〈模块实例，组装，模块实例〉映射产品 DBOM (design bill of material)，〈属性项值，描述，模块实例〉映射模块设计特征，〈属性项值，描述，模块实例〉、〈属性项值，实例，设计特征属性项〉描述属性特征实例化关系。最后建立产品模块需求实例与模块实例和元模块之间的映射。本体三元组〈需求项值，提取于，产品需求〉描述需求结构化映射，〈需求项值，映射，需求字典项〉描述需求项值与需求字典项之间的取值检查和实例关系，〈需求项值，组成，模块需求实例〉实现从单个需求项向模块需求特征空间的映射，〈模块需求实例，实例，模块需求元模型〉实现实例化关系描述，〈模块需求实例，映射，模块实例〉描述从需求空间到模块解空间的映射。

构建好的产品族配置设计知识本体模型如图 5-2 所示。图中，圆圈代表类，白色圆圈代表元类，黑色圆圈代表实体类，椭圆代表属性，带箭头的连线表示类间的联系。元模块类实体组装联系构成产品族通用结构树 GBOM，根节点为产品族名称；

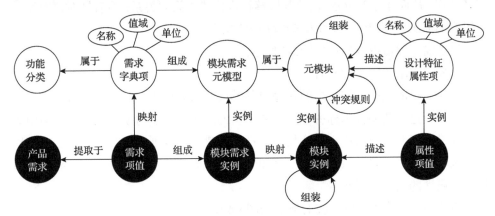

图 5-2　产品族配置设计知识本体模型

模块实例类实体的组装联系构成产品实例设计结构树 DBOM，根节点为产品名称。

（4）根据上述各类元数据和设计实例数据按本体映射形成产品族配置设计知识图谱。

2）对产品族配置设计知识图谱进行嵌入表示学习

（1）推荐问题转换。

知识图谱的表示学习是基于知识图谱进行推理的基础，是一个将三元组知识向量化的过程。模块的配置设计过程可以看成：已知头实体"模块需求实例"和关系"映射"，计算出"理论模块属性向量"，然后对"理论模块属性向量"与本元模块对应的实例模块属性特征向量进行相似度计算，推荐相似实例[2]。

（2）〈模块需求实例，映射，模块实例〉三元组表示学习。

根据模块需求实例与模块实例之间是 $1:n$ 的映射关系，采用 TransR（Translate-R）模型进行〈模块需求实例，映射，模块实例〉三元组嵌入学习，获得产品族配置设计知识嵌入学习模型。

3）技术标书需求提取与模块需求实例映射

设计基于产品族元模块和功能分类的需求项自动抽取深度学习模型，将提取的需求项值与模块映射形成待设计产品各模块的需求实例。首先对技术标书中的需求描述进行知识抽取建模，整理技术标书语料库，按照模块、功能项、值域要求、单位类进行标注，训练 BERT-BiLIST-CRF 需求命名实体及抽取模型；然后根据产品订单，确定产品名称和所属产品族，基于产品族 GBOM 实例化生成 DBOM，产品名称为根节点，其余节点为待设计模块；接着上传待设计产品技术标书（PDF或 Word），将标书按自然段落算分，调用 BERT-BiLIST-CRF 对段落命名实体集和需求项-要求-值域关系集抽取，通过段落中抽取出的命名实体与元模块名进行相似度计算，从而建立 DBOM 模块与段落技术描述之间的关系；最后针对每个模块将提取的需求项-要求-值域写入该模块的原始需求。

模块需求项值提取模型如图5-3 所示。

4）模块需求的完整性校对

模块需求的完整性校对指的是完成各模块需求向量化前的需求赋值和需求完整性处理。这需要将技术标书中抽取的模块的原始需求值与模块需求元模型中的需求项进行匹配，对值进行单位校验转换、对值域按规则进行取值。然后对模块各需求项值进行完整性检查，对空值和异常值对应的需求项、查询该产品族该模块实例属性的均值进行赋值。

模块原始需求项完整性校对算法如图5-4 所示。

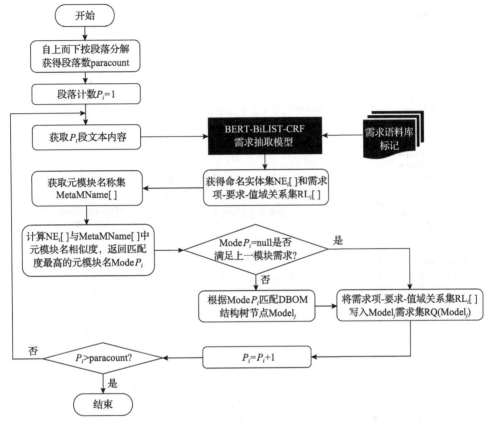

图 5-3　模块需求项值提取模型

5) 对 DBOM 叶子节点零件基于图谱的推荐计算

通过计算 DBOM 的子系统数,对子系统中的各个模块按层级深度自下而上进行叶子节点零件的匹配推荐,具体内容如下。

(1) 将模块经过需求项完整性校对的模块需求输入产品族配置设计嵌入学习模型,经推理计算出的理论属性向量,输出实例向量相似度超过阈值的推荐模块实例列表(实例编码和偏差)。

(2) 查询该模块对应元模块的装配规则集 rules[ ],判断 rules[ ]是否为空。若 rules[ ]为空,则表示与其他零件没有装配约束,取相似度最高的模块实例赋值完成本模块推荐;若 rules[ ]不为空,则与其他零件有装配约束,将模块标记为待推荐决策模块。最后判断是否所有节点都推荐计算完成,若计算完成,则转至下一子系统,若未完成,则指向下一模块,然后重复上述步骤,直至所有子系统模块推荐计算完成。

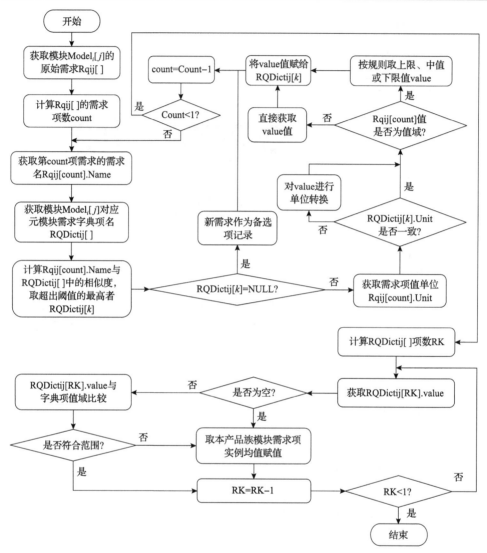

图 5-4　模块原始需求项完整性校对算法流程

6) 标记为待决策模块的决策推荐

首先查询标记为待决策模块集合 tobetest[ ]。然后按各模块第 1 推荐实例属性值代入装配约束规则，对不冲突模块按第 1 推荐赋值：每个模块取对应的推荐模块实例排名列表 ExModel$_i$ 中第 1 推荐实例；按 GBOM 装备规则集循环逐条将实例属性值代入计算，若不满足规则，则将对应模块写入冲突集 tobedecision[ ]；对于 tobetest[ ]～tobedecision[ ] 中的每个模块第 1 推荐实例赋值并去除标记。最后进行模块实例冲突消解路径及累计精度偏差计算，得出推荐模块实例。对 tobedecision[ ] 中的每个模块 Model[i] 查询冲突规则集，获取其参与的冲突属性集

Attri[ ]和每个属性 Attri[j]关联的模块集 conflictsij[ ]，计算 Model[i]的冲突复杂度：

$$\mathrm{Comp}_i = \sum_{k=1}^{\mathrm{Attri.length}} \mathrm{confictik.length} \tag{5-1}$$

式中，confictik.length 表示模块集 conflictsij[]的长度，即属性 Attri[k]关联的模块数；Attri.length 表示模块 Model[i]参与的冲突属性个数；Comp_i 表示模块 Model[i]的冲突复杂度。

以待决策模块集合中冲突复杂度最高的模块 Model[k]为根节点，查询与其直接关联冲突及间接关联冲突的模块集构建冲突结构树；每个 Model[k]推荐模块实例按冲突结构树冲突节点的推荐实例属性代入冲突规则进行自上而下检查，找到不冲突路径解（没有或多个）。若冲突结构树解路径等于 1，则按路径各节点对应的实例赋值并去除标记；若冲突结构树解路径大于 1，则计算路径节点各实例对应的偏差和，按偏差和最小的路径，节点对应的实例赋值并去除标记。获取tobedecision[ ]中未参与冲突检测的模块集，重复上述步骤，流程如图 5-5 所示。

7）基于挖掘规则的推荐模块变更

产品在环境中服役运营，产品全生命周期内产生了大量的数据。其中，产品的使用和运行数据直接体现了产品的功能、质量和适应性水平，也蕴含着有待于挖掘的产品新需求。

利用知识图谱实现产品设计方案推荐后，通过对产品运营数据进行挖掘，明确下一步哪些模块需要进行迭代优化设计。关联规则挖掘分析可以很好地利用产品服役数据挖掘模块隐含关系，是数据挖掘中最活跃的方法之一，目的是在一个数据集中找出各项之间的关联关系，而这种关系并没有在数据中直接表现出来[3]。

关联规则挖掘作为数据挖掘中重要的方法之一，起初是针对购物篮分析问题提出的，目前在交通运输、制造业与电力工业等领域也得到了广泛应用。关联规则挖掘的目的是在由事务 T 组成的事务数据库 D 中寻找满足最小支持度minsup 与最小置信度 mincon 的关联规则，可用形如 A=>B 的蕴含式进行表示，意味着 A 的发生通常会导致 B 的发生，通常采用支持度与置信度进行度量，相关定义如下。

（1）支持度。

支持度 sup 可以表征关联规则的普遍性，定义为包含项集 A、B 的事务数与事务集 D 事务总数之比，计算式如下：

$$\mathrm{sup}(A = B) = (A \cup B) = \frac{|\{(A \cup B) \subseteq T\}|}{|D|} \tag{5-2}$$

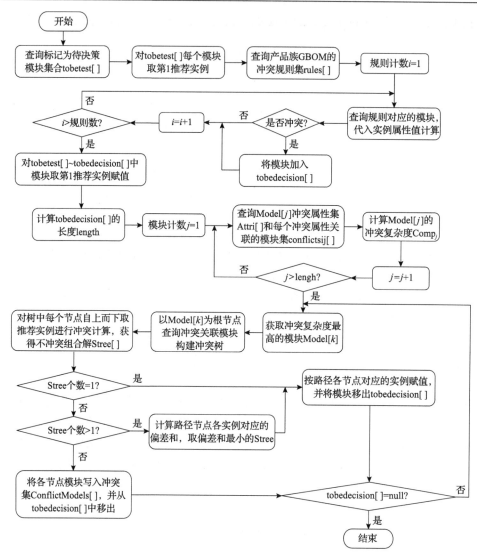

图 5-5 标记为待决策模块的决策推荐流程

（2）置信度。

置信度 con 可以衡量关联规则的可信程度，定义为包含项集 A、B 的事务数与包含项集 A 的事务数之比，计算式如下：

$$\text{con}(A => B) = (B \mid A) = \frac{\mid \{(A \bigcup B) \subseteq T\} \mid}{\mid \{A \subseteq T\} \mid} \tag{5-3}$$

（3）强关联规则。

若规则 $A=>B$ 满足最小支持度与最小置信度阈值，则称该规则为强关联规则，否则为弱关联规则。根据挖掘策略的不同，关联规则挖掘算法可分为广度优先算法、深度优先算法、增量式更新算法等。

此外，高速列车的故障数据中会存在相同设备出现在不同的故障数据条目中，即同一项目或项集被包含在不同的事务中，因此在构建 FP-tree 的过程中它们的路径会出现重叠。对于 FP-Growth 算法，生成频繁项集需要依赖于 FP-tree 的根节点到其子节点所对应的路径，因此项目的重叠路径越多，FP-tree 的压缩效果越好，算法的时间与空间复杂度也将有所降低，因此选择 FP-Growth 算法作为高速列车关联规则挖掘方法[4]。

在高速列车不同模块实际运行表现与运行工况间展开关联分析，可以看成在特定约束条件下的关联规则挖掘，挖掘所得的规则如下：

$$R:\left\{\left\langle C\left(c_1,c_2,\cdots,c_m\right)\right\rangle => \left\langle F\left(f_1,f_2,\cdots,f_n\right)\right\rangle, \text{sup,con}\right\} \tag{5-4}$$

式中，规则 R 表示在条件 $C\left(c_1,c_2,\cdots,c_m\right)$ 下易导致设备故障模式 $F\left(f_1,f_2,\cdots,f_n\right)$ 发生；条件 C 包括运行线路、运行里程、车型等；F 为产品故障模式，包含故障等级、故障原因等信息；sup、con 分别表示规则 R 的支持度、置信度。

通过设置不同的运行条件与故障模式约束，可以获得不同类型的故障关联规则。基于关联规则约束的高速列车故障关联规则挖掘步骤如下。

输入：高速列车故障事务集 D，最小支持度 minsup，最小置信度 mincon。

①第一次扫描事务集 D，计算各项的支持度并根据支持度排序，去除支持度小于 Minsup 的非频繁项，获取频繁 1-项集并建立项目头表 L。

②第二次扫描事务集 D，按照表 L 对各事务中的项目进行排序，获得排序后的事务集 D'，构建 FP-tree 根节点，并将事务集 D' 中的事务逐个添加到 FP-tree 中。

③从 FP-tree 中提取出各频繁项的条件模式基并构造各频繁项的 FP-tree。

④利用各项的 FP-tree 挖掘出包含该项且支持度不小于 minsup 的频繁项集。

⑤设置关联规则约束，基于频繁项集生成符合条件的关联规则，提取出置信度不小于 mincon 的强关联规则。

输出：强关联规则。

(4) 挖掘参数设置。

由 FP-Growth 算法原理可知，minsup 与 mincon 是其主要参数，不同的参数组合对挖掘过程中 FP-tree 的大小、频繁项集与关联规则的数量有显著的影响，因此设置合适的参数将有助于挖掘出高价值的信息。而在现有的关联规则挖掘研究中，参数的选择多是根据经验而定，没有设置最小支持度与最小置信度阈值的标准。因此，为了降低参数选择的主观性，利用关联规则的平均提升度作为参数设置优劣的评价指标，从而获取最佳参数组合。其中，提升度 L 作为综合支持度与置信度的指标，能够体现关联规则前后项间的相关性，计算式如下：

$$L(A=B)=\frac{P(B\mid A)}{P(B)}=\frac{\mathrm{Con}(A=B)}{\mathrm{Sup}(B)} \tag{5-5}$$

当提升度 $L(A{=>}B){>}1$ 时，表示规则前后项间具有正相关性，值越大，相关性越强，表明在当前参数设置下，所挖掘规则具有较高的参考价值。

(5)案例分析。

数据集为某主机厂提供的 2009～2013 年高速列车故障及维修汇总表，每条数据由故障设备、故障原因、维修措施等 29 项特征组成，部分数据如表 5-1 所示(由于保密性要求，隐去部分信息)。由于数据主要由维修人员手动上传，其中存在部分冗余值、缺失值等异常数据问题。同时为了满足算法的数据要求，需要对原始数据进行预处理，主要包括数据清洗、特征选择与数据离散。

表 5-1 原始故障数据示例

列车型号	故障现象	故障设备	故障等级	故障原因	故障时间	造成影响	运行里程	…	运行区间
CRHX		构架	4-一般常见故障	BCU 通信故障	2013.2.6	限速运行	1280932	…	MCN-ZZD
CRHX	齿轮箱裂纹	齿轮箱	2-影响车组运行	齿轮箱裂纹	2009.12.6	停车检修	1958453	…	
CRHXB	空气弹簧裂纹	空气弹簧	1-影响运行安全	异物划伤	2013.1.6	停车检修	1516552	…	JNX-BJX
CRHX	轴箱出现裂纹	轴箱	3-影响系统运行	轴箱端盖裂纹	2013.8.5	停车检修	814576	…	ZZ-BJN
…	…	…	…	…	…	…	…	…	…

数据清洗是关联规则挖掘的第一步，目的是检查和验证数据，提高数据质量，最常用的方法是删除异常数据或用适当的值对缺失数据进行填充[5]。通过分析转向架故障数据的特点，数据清洗过程主要分为异常值检查、缺失数据处理与重复数据删除，其中针对存在缺失值等其他异常数据问题，若异常字段对关联规则挖掘具有重要的影响，如运行线路、故障设备等，采用直接删除此条记录的方法，否则采用空白字符进行填充处理。

高速列车故障数据特征较多，为了降低算法的搜索空间，需要选择有价值的特征进行挖掘。为了获取多样化使用场景下与产品模块设计相关的知识，选择车型、故障现象、故障设备、故障原因、故障等级、发生时间、运行里程、运行线路作为故障关联规则挖掘的对象。

高速列车故障数据中包含部分数值特征，如故障时间、运行里程，但这些特征不能直接用于 FP-Growth 算法进行挖掘，因此需要离散为分类特征，其中运行里程根据高速列车检修周期而定，处理结果如表 5-2 所示。

表 5-2　数据离散化表

原值域	离散字段	对应值域
1～12 月	T1	3～5 月
	T2	6～8 月
	T3	9～11 月
	T4	12～2 月
0～480 万 km	L1	0～0.4 万 km
	L2	0.4 万～2 万 km
	L3	2 万～120 万 km
	L4	120 万～240 万 km
	L5	240 万～480 万 km

原始数据经预处理后，共得到故障数据记录 7086 条，其中包含轴箱、轮对、齿轮箱、空气弹簧等列车关键零部件故障信息，每条数据由八项特征组成，部分数据如表 5-3 所示。

表 5-3　处理后故障数据示例

车型	故障现象	故障设备	故障原因	故障等级	发生时间	运行里程	运行线路
CRHX	轴温测量故障	轴箱	板卡故障	等级 3	T2	L4	京津线
CRHXB	齿轮箱裂纹	齿轮箱	油窗裂纹	等级 2	T2	L4	武广线
CRHX	减振器漏油	减振器	横减漏油	等级 4	T2	L4	武广线
CRHXB	空气弹簧裂纹	空气弹簧	异物划伤	等级 1	T2	L3	京沪线
CRHX	联轴节漏油	联轴节	波纹管破损	等级 3	T1	L2	京津线
…	…	…	…	…	…	…	…

首先利用产生式表示法对所获取的关联规则进行转换，形成最初的配置约束规则库；然后基于所提出的冲突消解策略对规则进行处理并剔除无效规则，从而形成无冲突的配置约束规则库，按照不同的规则类别对规则进行分类，部分结果如表 5-4 所示。上述配置规则可以在产品迭代设计过程中作为知识推送给设计人员，供其查询利用，如图 5-6 所示。

表 5-4　规则处理示例

类别	序号	关联规则	配置约束规则	置信度	处理
类别 I	1-1	CRHX，武广线，齿轮箱=>4-一般常见故障	IF〈车型＝CRHX〉〈运行线路＝武广线〉〈设备＝齿轮箱〉 THEN〈故障等级＝4-一般常见故障〉	0.851	入库
	1-2	CRHXB，武广线，齿轮箱=>3-影响系统运行	IF〈车型＝CRHXB〉〈运行线路＝武广线〉〈设备＝齿轮箱〉 THEN〈故障等级＝3-影响系统运行〉	0.818	入库
类别 II	2-1	CRHXB，L3，轴箱=>轴温过高	IF〈车型＝CRHXB〉〈运行里程＝2万～120万 km〉〈设备＝轴箱〉 THEN〈故障原因＝轴温过高〉	0.815	入库
	2-2	CRHXB，L2，轴箱=>轴温过高	IF〈车型＝CRHXB〉〈运行里程＝0.4万～2万 km〉〈设备＝轴箱〉 THEN〈故障原因＝轴温过高〉	0.719	舍弃
类别 III	3-1	CRHX，减振器=>减振器漏油	IF〈车型＝CRHX〉〈设备＝减振器〉 THEN〈故障原因＝减振器漏油〉	0.825	入库
类别 IV	4-1	CRHX，T2，轴箱=>轴温过高	IF〈车型＝CRHX〉〈故障时间＝6月～8月〉〈设备＝轴箱〉 THEN〈故障原因＝轴温过高〉	0.793	入库
…	…	…	…	…	…

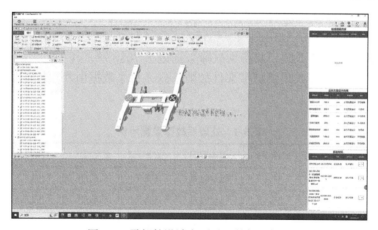

图 5-6　零部件设计变更过程的知识推送

5.1.2　基于数字孪生的装备设计参数迭代优化

　　基于数字孪生的复杂装备设计参数迭代优化实施框架包括物理实体层、数字孪生层和用户服务层，如图5-7所示。物理实体层包括复杂装备、数据采集装置以及数据映射策略；数字孪生层包括数字孪生模块和闭环设计驱动模块。数据采集装置采集复杂装备的多元数据并将多元数据通过数字孪生映射策略映射到数字孪生模块；数字孪生模块包括数据处理模块、多元特征集成模块以及数字孪生预测模块。数据处理模块对数据进行预处理并建立交互接口，将多元数据传输至多元特征集成模块；加载多元特征集成模块并采用数字孪生修正方法建立数字孪生模型；数字孪生预测模块通过数字孪生模型和数字孪生预测方法评估和预测设计参数以及工况对机电装备性能的影响。闭环设计驱动模块通过数字孪生模块的评估结果及用户服务层提供的需求信息作为驱动建立闭环驱动函数和规则库，通过对应的算法库完成设计方案的优化。用户服务层包括需求分析、概念设计、方案设计和详细设计不同阶段的机电装备设计过程，是与数字孪生层相关信息的加工和转化的过程，随着信息和知识的增加而不断迭代，直至获得最终优化方案[6]。

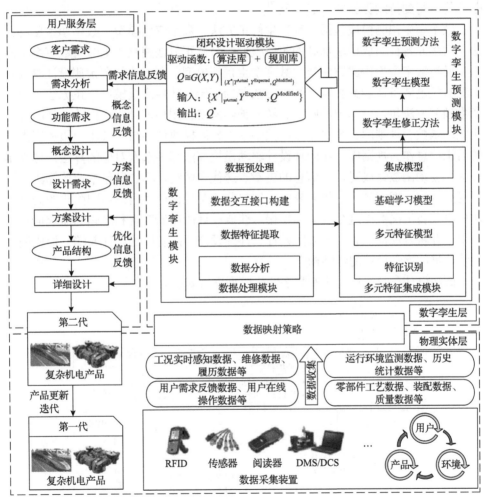

图 5-7　基于数字孪生的装备设计参数迭代优化实施框架和策略

数据处理模块包括数据预处理、数据交互接口构建、数据特征提取和数据分析。数据预处理是将映射过来的多元数据通过数据滤波方法处理剔除离群点、噪声点及异常值；数据交互接口是构建基于统一建模语言的多元数据信息注入接口。

多元数据包括用户数据、产品数据、环境工况数据。用户数据包括用户需求反馈数据、用户在线操作数据、维修数据、履历数据；产品数据包括零部件工艺数据、装配数据、质量数据；环境工况数据包括运行环境监测数据、工况实时感知数据。交互接口是采用 Socket 通信接口将多元数据信息注入多元特征集成模块。多元特征集成模块使用非负矩阵分解联合学习每个工况基矩阵与不同工况的系数矩阵，构建多工况模型并更新样本的子空间表示；使用朴素贝叶斯、决策树等分类器学习新的子空间，并且更新当前的分类器；通过投票法，获得集成分类器结果并不断迭代，得到持续更新的集成模型[7]。

数字孪生预测模块包括数字孪生修正方法、数字孪生模型、数字孪生预测方法，由多元特征集成模块加载的集成模型结合修正方法建立机电装备数字孪生模型，通过数字孪生预测方法建立数字孪生预测模型，用于评估和预测设计参数及工况对机电装备性能的影响。修正方法包括基于一致性度量模型修正方法；数字孪生预测方法包括径向神经网络、卷积神经网络；闭环设计驱动模块包括闭环优化驱动函数、规则库、算法库，由数字孪生预测模块评估结果及用户服务层提供的需求信息作为规则库，在闭环设计驱动模块算法库中选取对应的算法，建立闭环优化驱动函数完成对设计信息的更新、迭代和优化。算法库包括遗传算法、模拟退火算法、搜索算法、蚁群算法。用户服务层根据产品研发不同阶段的需求，对机电装备工况数据进行收集和挖掘，获取设计所需的客观和准确的需求信息和知识，并将其反馈至相应的方案设计、详细设计不同阶段的设计前端，形成用于持续改进的增强设计闭环结构[8]。

面向设计参数迭代优化的数字孪生模型框架如图5-8所示。

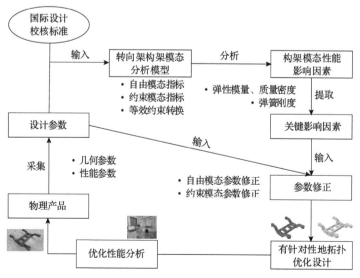

图 5-8　面向设计参数迭代优化的数字孪生模型框架

1. 信息模型的设计与建立

应用于优化领域的信息模型包括描述研究对象信息的所有数据信息，尤其是能够描述优化方向的物理信息与仿真预测信息。仿真预测信息为物理信息提供反向指导，物理信息辅助修正仿真预测信息误差。

2. 机理模型的设计与建立

机理模型包括基于 ABAQUS 建立的有限元模型，它作为有限元模型修正的基础，是数字孪生模型的前身。

3. 领域模型的设计与建立

应用于优化的领域模型，基于建立的在某一性能上具有保真度的孪生模型，可以实现高保真度的设计与优化。首先，为了使模型在某性能上具有足够保真度，分析影响性能的关键参数，针对这些参数进行区间寻优；其次，对在该性能上具有一定保真度的模型进行分析评价；最后，对有一定保真度的性能进行结构优化设计。

4. 基于仿真-实验修正的数字孪生模型的构建

通过搭建以粒子群优化算法为主程序的修正程序，修正机理模型中的关键参数，使模型在某一性能上能够达到足够保真度，并以此建立基于仿真-实验修正的数字孪生模型，如图 5-9 所示。其中虚线部分是粒子群优化算法主程序，主程序会生成多组参数组合，提交至有限元模型分析系统中，待分析结束后，读取仿真结果并与物理实体实验系统所得的实验数据进行比较，以此获得最佳的参数组合。

为验证上述路线的可行性，提高结构的低阶弹性模态，使其远离工频，在实验室环境下搭建实验台，以自由模态为例，对研究对象进行自由模态修正。在设计实验台上，利用蹦极绳模拟自由约束，通过力锤进行激励，实验台设计与布局如图 5-10 所示，自由模态实验结果如图 5-11 所示。

在得到实验数据后，以参数经验数值的±5%为修正范围，分别进行第 7 阶自由模态修正、第 8 阶自由模态修正和两阶模态的同时修正，修正范围如表 5-5 所示，修正结果如表 5-6 所示。

随后，在自由模态的基础上修正约束模态下的粒子群模型。首先进行约束模态实验，通过激振器进行扫频激励，扫频范围为 0~2000Hz，实验装置如图 5-12 所示。

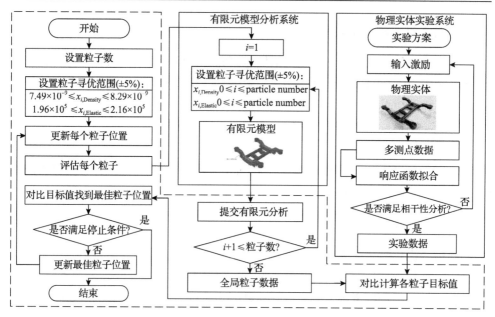

图 5-9　基于仿真-实验修正的数字孪生模型构建方法

(a) 实验台设计

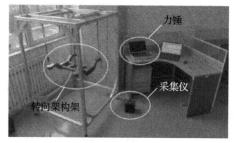

(b) 布局

图 5-10　实验台设计与布局图

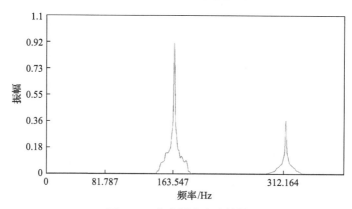

图 5-11　自由模态实验结果

表 5-5 自由模态参数修正范围

参数	变化范围	下边界	上边界
刚度/MPa	±5%	$1.96×10^5$	$2.16×10^5$
密度/(kg/m³)	±5%	$7.49×10^3$	$8.29×10^3$

表 5-6 自由模态修正结果

自由模态	刚度/10^5MPa	密度/(10^3kg/m³)	7 阶		8 阶	
			固有频率/Hz	误差/%	固有频率/Hz	误差/%
未修正	2.06	7.89	168.67	4.47	304.53	1.01
仅 7 阶模态	1.89	7.98	160.74	0.24	290.20	5.66
仅 8 阶模态	2.11	7.93	170.34	5.72	307.54	0.03
7 阶和 8 阶模态同时修正	1.97	7.85	165.39	2.64	298.60	2.93

图 5-12 约束模态实验装置

　　对影响模态的参数进行灵敏度分析,分析参数如表 5-7 所示,分析结果如图 5-13 所示。随后对这两种参数进行粒子群修正,所得实验结果如表5-8 所示。由此可以得到在模态上具有一定保真度的设计阶段数字孪生模型。

表 5-7 灵敏度分析参数

序号	连接刚度参数	序号	材料参数
参数 1	Spring-Z	参数 4	密度
参数 2	Spring-Y	参数 5	弹性模量
参数 3	Spring-X	参数 6	泊松比

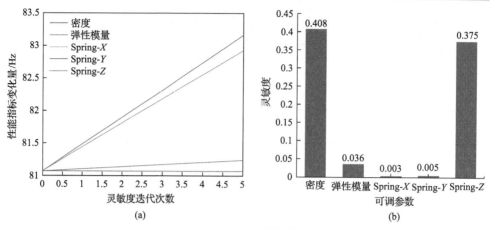

图 5-13 灵敏度分析结果

表 5-8 约束模态修正结果

实验数据/Hz	修正前误差/%	权重	修正后数据/Hz	修正后误差/%
75.20	7.19	0.8	77.51	3.08
90.82	0.65	0.8	86.29	4.99
148.44	7.48	0.8	131.64	11.32
202.15	4.02	1.4	205.80	1.81
255.86	2.34	1.2	258.92	1.20
277.34	5.57	1.0	289.25	4.29

5. 基于数字孪生模型的拓扑优化与验证

针对得到的在某性能上具有一定保真度的模型,进行有针对性的设计与优化。以模态为例,在 ABAQUS 中对它进行以频率为优化目标,以体积和应力为约束的拓扑优化,其数学模型如下:

$$
\begin{aligned}
&\text{Max} \quad \omega_1 \\
&\text{s.t.} \ V^* - \sum_{e=1}^{N} V_e x_e = 0 \\
&\omega_1^2 = \frac{\varphi_1^{\mathrm{T}} K(x) \varphi_1}{\left[\varphi_1^{\mathrm{T}} M(x) \varphi_1\right]} \\
&0 < x_{\min} \leqslant x_e < 1, \quad e = 1, 2, \cdots, N
\end{aligned}
\tag{5-6}
$$

柔度的优化结果和迭代曲线如图5-14 所示。

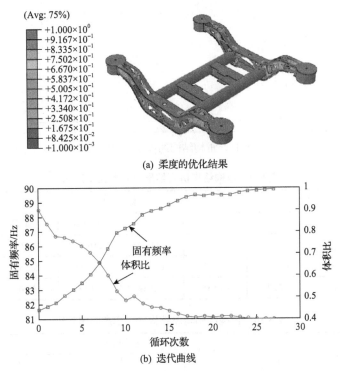

(a) 柔度的优化结果

(b) 迭代曲线

图 5-14　柔度的优化结果和迭代曲线

将优化后的结构进行重构，加工结构并在设计实验台上进行验证，重构结构和实验装置如图 5-15 所示，实验结果如图 5-16 所示。

图 5-15　重构结构和实验装置

由表5-9 和表5-10 所得的对比结果可知，结构优化结果比较理想，低阶弹性模态提高约 13.39%。

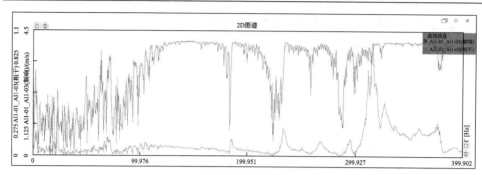

图 5-16　重构结构约束模态实验结果

表 5-9　重构结构仿真结果与实验结果对比

固有频率	模态阶数					
	1	2	3	4（弹性）	5（弹性）	6（弹性）
仿真固有频率/Hz	81.84	94.55	143.44	216.56	294.06	312.07
实验固有频率/Hz	69.82	105.47	185.54	233.40	267.58	315.43
相对误差/%	17.22	−10.35	−22.69	−7.22	9.90	1.07

表 5-10　重构结构与原结构约束模态频率对比

固有频率	模态阶数					
	1	2	3	4（弹性）	5（弹性）	6（弹性）
仿真固有频率/Hz	75.19	90.8	148.43	202.14	255.85	277.34
实验固有频率/Hz	69.82	105.47	185.54	233.40	267.58	315.43
相对误差/%	7.69	−13.91	−20.00	−13.39	−4.38	−12.08

5.1.3　基于知识图谱的装备仿真分析与性能优化

由于复杂装备的构成零部件众多，且彼此之间存在强耦合性，它的状态分析、性能分析以及优化设计等具有较高的难度[9]。现阶段，在完成产品性能分析和设计优化时，采取的一般思路为：结合复杂产品的服役工况和自身特点，选取合适的仿真手段（如有限元分析和运动学仿真）构建仿真模型，实现复杂产品的性能分析。基于搭建的仿真模型，可开展灵敏度分析，从而得到对产品性能影响较大的参数或变量，选取此类变量以构成优化变量，在拟定优化目标之后，通过综合调整优化变量即可令关注的目标逐步趋向最优。

由上述过程可知，仿真模型的准确性和正确性直接影响复杂产品性能评估和优化设计结果的优劣。考虑到在分析复杂产品性能时强耦合性的存在，往往采用单一的软件无法实现，需要多个软件协同配合。除此之外，仿真过程一般耗时较长，具有效率低的不足，再加上性能分析和优化设计时需要反复仿真，这就使得整个过程非常缓慢，不利于产品的快速设计和优化。在大多数情况下，设计完成的产品性能与投放到实际工况中的产品存在较大的差异，每个产品具有极强的个性化特征，如何针对产品个性化特性，结合设计过程的相关方法，对实际产品做好性能评价、状态评估并实施进一步的优化是一个十分具有挑战性的问题[10]。

　　针对上述问题，使用知识图谱和计算智能的方法予以解决。其中，知识图谱主要用于分析和解决定性问题，而计算智能侧重于完成定量计算。无论是知识图谱还是计算智能，其具体实现技术和方法众多，根据 3.4 节所论述的复杂装备知识图谱构建技术，按照领域本体建模、知识抽取、知识融合以及知识服务的流程步骤，结合产品描述时一般基于 STEP AP204/AP224 等相关标准予以完成的实际情况，使用技术工具(OntoSTEP)构建基于上述标准的 Schema，即可直接使用 OWL 本体描述语言实现该领域知识本体的建模(涵盖设计图谱、制造图谱和运维图谱)[11]。在知识抽取方面，主要采取半结构化知识抽取技术，从文献资料中提取关键名词，从而填写到构建的 Schema 中，实现实例-关系-属性的增添或者丰富。随后实施知识融合，此处主要利用概念映射和关系推理的方式，从设计与制造映射关系角度出发，通过编写推理规则和查询语句，实现知识导入、融合，主要达到根据设计特征选择制造资源并拟定对应的加工方案的目标[12]。在知识服务方面，需要完成装备仿真分析与性能优化，而此功能很难完全通过知识图谱来实现。为此，本节提出了融合知识图谱和计算智能的解决方案。利用知识图谱完成两项功能：①根据产品设计、制造特点，分析得到实际制造产品各个组件可能处于的加工精度范围，为个性化产品性能分析提供支撑；②凝练得到用于指导设计、制造和运维过程的知识库，以指导优化[13]。对于计算智能过程，它主要用于构建面向替代模型的深度神经网络。可根据知识图谱的输出确定关键参数的拟合空间，然后确定替代模型，而该模型由一系列数学表达式组合而成，具有计算时间短、效率高的特点，完全可以实现根据实际加工和制造精度分析产品性能状态的目标。基于知识图谱和代理模型的性能评价方法框架，如图 5-17 所示。

　　融合知识图谱和计算智能的产品快速仿真及评价流程如下。

　　(1)构建复杂装备知识图谱。

　　在基于 STEP AP204/AP224 并结合 OWL 本体描述语言生成 Schema 后，针对要构建的复杂装备性能知识图谱的设计底层，明确实体定义及命名规范化，确定知识的存储方式。结合实际工况和实际需求确定输入，明确评价性能指标，使用替代模型(构建步骤见(2))获得响应，将输入、响应以及已有的专家经验和知识库等作为数据源，对这些数据进行降维等预处理，提取出实体、属性以及实体之间的关系，形成本体的知识表达。将获得的新知识进行整合，消除矛盾和歧义，再经过质量评估(人工参与甄别)，将符合要求的关系组写入知识图谱，实现更新。

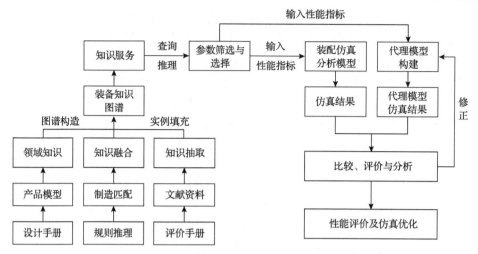

图 5-17　基于知识图谱和代理模型的性能评价方法框架

使用替代模型生成的响应与输入都是结构化数据，可以略过预处理部分，直接进行实体提取、关系抽取、属性抽取，而且可以更加方便地合并外部知识库，处理数据层和模式层的冲突。同时更加快速高效地获得大量的实体关系和属性，扩充知识图谱。知识图谱中一些不够完善的实体及其属性，可以通过建立好的替代模型经过拟合响应后，丰富已经存在的实体关系和属性[14]。一些有益的知识还可以帮助建立更符合实际、拟合更好的替代模型。最后获得的知识图谱，可以为后续的机电装备性能评价提供更加完善的支撑。

（2）构建代理模型。

建立复杂装备的多物理耦合模型，明确机电装备的性能指标，使用高斯回归的方式建立输入样本空间。将建立好的样本点输入多物理耦合模型中，以获得对应的响应值。根据获得的输入参数及响应参数进行混联抽样，生成数据集，并进行预处理，作为训练数据集。使用神经网络进行训练，迭代计算梯度，直至达到最佳的拟合效果，从而获得替代模型[15]。明确复杂装备的工作原理，建立系统相关的数学模型，搭建 MATLAB/Simulink 系统仿真模型，并以仿真结果为初始条件在 ANSYS Workbench 仿真平台进行多物理场仿真计算。在得到多物理场耦合模型以后，结合影响装备性能的因素及装备性能指标，考虑外界环境及实际工况，获得对于复杂装备的输入参数改变量。要评价外界温度热对加工精度的影响，可以设置不同的温度场作为输入参数改变量。改变输入参数以后，再次使用仿真平台进行多物理场仿真计算，获得此时的响应参数，并将之作为数据集。对获得的数据集进行预处理，作为训练数据集，明确目标函数，建立神经网络并进行训练，在迭代过程中，获得最优拟合效果的替代模型。代理模型构建主要流程如图 5-18 所示。

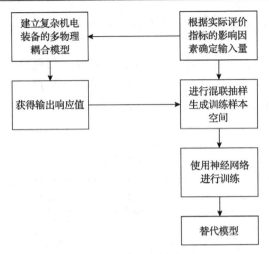

图 5-18　代理模型构建主要流程

(3)融合评价及优化(知识服务)。

在进行机电装备性能评价时,可以使用知识图谱的查询功能,获得影响性能的来源,还可以通过指定影响因素,获得对于机电装备性能的改变量。结合实际需求使用替代模型进行分析,获得输入参数,输出响应的实体及对应关系,使用实体关系提取、消歧等技术建立知识图谱,并随着使用不断扩充其内容,从而实现图谱增强,即知识图谱可在完成知识服务的过程中实现知识的自主更新和升级。

现以动车转向架仿真评价为目标,对上述方法中的关键技术细节进行描述。

(1)明确产品对象,建立转向架知识图谱。

以动车转向架设计方案为对象,其主要结构如图 5-19 所示。在构建其设计方案性能评价模型过程中,为了获取相关的参数信息,包括设计参数和性能评价指

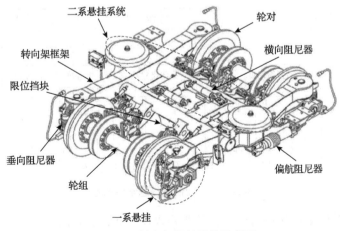

图 5-19　转向架机械结构示意图

标等信息，首先建立关于转向架的知识图谱，其中主要的步骤为本体构建和实例填充。

在本体构建部分，可分为转向架机械结构本体、制造信息本体和性能评价本体。首先按机械结构划分，转向架可以分为一系悬挂装置、二系悬挂装置、驱动制动装置、构架和轮对等，每一部分可以进一步划分，直至零件的层次，如图 5-20 所示。

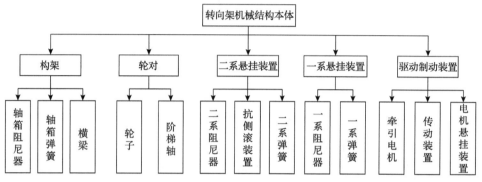

图 5-20　转向架机械结构本体示意图

在零件层次上，根据制造信息可分为物理参数、几何参数和材料参数。其中一系弹簧的刚度和阻尼属于物理参数，转向架构架材料参数属于材料信息，零件尺寸及形状参数属于几何参数。通过建立制造信息本体存储这些参数，如图 5-21 所示。

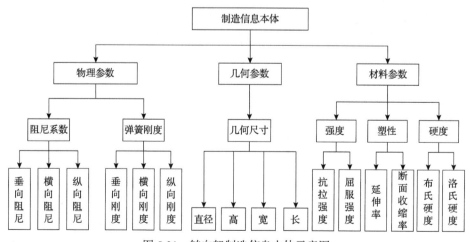

图 5-21　转向架制造信息本体示意图

为了对转向架性能进行评价，需要获取在性能评价方面的知识，包括性能的类型、性能评价指标等。部分性能指标如图5-22 所示。

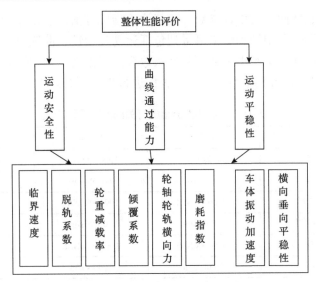

图 5-22　转向架性能评价本体示意图

为了完成基本的推理和查询，需要建立各个本体框架之间的联系。基本的联系为将转向架通过机械结构本体分解到零件层面，将不同型号的零件以制造信息本体的方式进行存储，包含物理参数、几何尺寸以及材料信息，其中某些信息影响最终的性能，并通过性能指标反映出来，如图5-23所示。

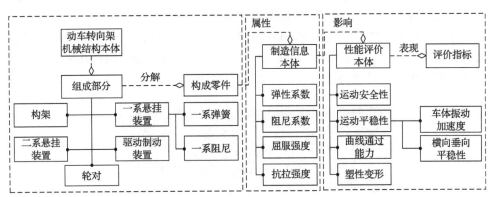

图 5-23　转向架三个本体框架之间的联系示意图

在构建基本框架层以后，根据框架填充实例，通过查询相关的设计手册、测量实际的物理产品等，将得到的实例填充到框架层中，完成转向架知识图谱的构建。如框架图所示，主要的来源包括测量实际的物理产品，通过查询设计手册、评价手册以及相关论文等，可以进一步实现知识扩充和知识抽取。

(2)基于推理规则的领域知识融合。

为了构建转向架的性能评价模型，需要根据转向架设计方案中的性能，通过查询和推理得到转向架的设计参数、性能评价指标等信息。以评价转向架的运动性能为例，查询转向架知识图谱可得到包括运动安全性、曲线通过能力和运动稳定性，相关的指标包括脱轨系数、磨耗系数等。根据要评价的性能推导出所有设计参数，以此对设计方案中需要考虑的因素进行简化，最终的结果如表5-11所示。

表 5-11　与影响性能指标有关的所有设计变量

参数	X 方向	Y 方向	Z 方向
一系弹簧刚度(右前方)	10000000N/m	10000000N/m	600000N/m
一系阻尼器(右前方)	6000N·s/m	6000N·s/m	6000N·s/m
一系弹簧刚度(左前方)	10000000N/m	10000000N/m	600000N/m
一系阻尼器(左前方)	6000N·s/m	6000N·s/m	6000N·s/m
一系弹簧刚度(右后方)	10000000N/m	10000000N/m	600000N/m
一系阻尼器(右后方)	6000N·s/m	6000N·s/m	6000N·s/m
一系弹簧刚度(左后方)	10000000N/m	10000000N/m	600000N/m
一系阻尼器(左后方)	6000N·s/m	6000N·s/m	6000N·s/m
二系弹簧(右)刚度	150000N/m	150000N/m	450000N/m
二系阻尼器(右)阻尼	60000N·s/m	60000N·s/m	80000N·s/m
二系阻尼器(左)刚度	150000N/m	150000N/m	450000N/m

(3)建立动力学仿真模型，实施替代模型建立。

在 SIMPACK 软件中建立动车转向架动力学仿真模型，如图 5-24 所示。定义转向架零部件的主要参数，如尺寸、刚度、距离、转动惯量等物理几何属性。其中相关信息可以通过查询转向架零件知识图谱得到。

图 5-24　转向架 SIMPACK 建模示意图

将第(2)步查询到的设计参数经过采样后输入建立的转向架动力学仿真模型中，并根据性能评价指标确定仿真模型的输出。经过仿真运行以后，提取输出的数据，即关于转向架的运动性能指标的数值，得到仿真信息模型。在本例中，使用 Isight 软件建立 Simcode 组件，导入转向架动力学仿真模型，根据模型中需要改变的设计参数，指定需要进行提取的输出数据。此模块能够将设计参数输入

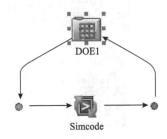

图 5-25　Isight 建立转向架 DOE 试验基本结构图

动力学仿真模型中，并捕获到输出数据。其中加入 DOE 试验模块，能够根据选定的性能指标优化设计变量，找到对最终性能影响最大的设计变量，其中数据流通方式如图 5-25 所示。

指定要进行分析的设计变量及样本点的采样方式为超拉丁立方采样，选择样本点的数量为 100 个，经过 DOE 试验后，最终结果由 Pareto 图表示，如图 5-26 所示。

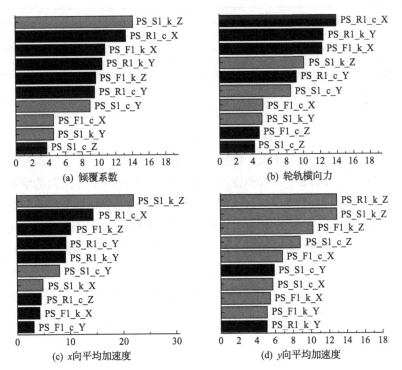

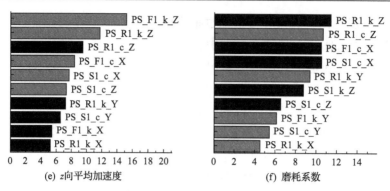

(e) z向平均加速度　　　　　　　　　　(f) 磨耗系数

图 5-26　设计变量对部分性能评价指标的影响示意图

经过 DOE 试验简化设计变量以后，最终选择对各个性能指标的影响示意图中排名靠前的因素作为最终考虑的设计变量，如表 5-12 所示。

表 5-12　最终选择的输入参数

参数	X 方向	Y 方向	Z 方向
一系弹簧刚度(右前方)/(N/m)	10000000	10000000	600000
一系弹簧刚度(左前方)/(N/m)	10000000	10000000	600000
一系弹簧刚度(右后方)/(N/m)	9000000	15000000	400000
一系弹簧刚度(左后方)/(N/m)	900000	15000000	400000
二系弹簧刚度/(N/m)	—	—	350000

(4)基于知识服务的转向架性能评价模型。

根据响应面模型构建方法，建立动车转向架性能评价模型。根据前面得到的参数信息模型中的设计参数和性能指标，将性能指标作为模型的输出，输入设计参数，得到此时的预测信息模型。Isight 仿真软件提供代理模型的模块，能够应用到本例中，首先指定响应面模型构建技术，初步构建动车转向架性能评价代理模型，并将此时 Simcode 组件中的设计参数输入，得到使用此代理模型得到的预测信息。与第(3)步得到的状态信息模型进行对比，修正响应面模型各项的系数，并重复步骤(3)和(4)，直至预测信息模型与仿真信息模型之间的误差达到指定的范围。本例中采用了交义验证的方法，获得了代埋模型的精度，如图 5-27 所示。

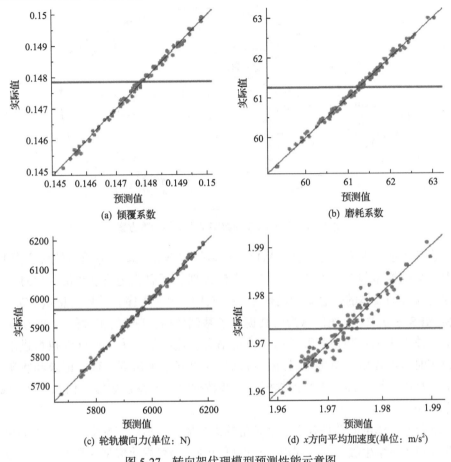

(a) 倾覆系数　　　(b) 磨耗系数

(c) 轮轨横向力(单位：N)　　　(d) x方向平均加速度(单位：m/s²)

图 5-27　转向架代理模型预测性能示意图

5.2　基于数字孪生的制造过程多元数据融合与交互

5.2.1　基于数字孪生的复杂装备制造过程多维模型融合方法

生产系统逻辑模型可以通过流动实体、服务单元和物流路径网络及其相互作用来描述。因此，数字孪生车间可以描述为装备数字孪生模型、单元数字孪生模型和物流数字孪生模型及其三者的相互作用。上述设备的数字孪生模型可以进一步地构建更高层次的数字孪生模型，如单元数字孪生模型和物流数字孪生模型，形成单元级的 CPS 单元。最后，装备数字孪生模型、单元数字孪生模型和物流数字孪生模型相互作用形成数字孪生车间，形成信息物理生产系统(cyber-physical production system, CPPS)，如图 5-28 所示。

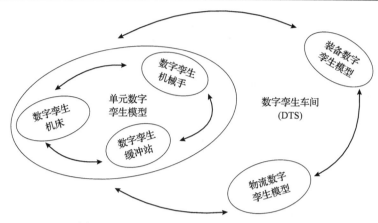

图 5-28　面向 CPS 的数字孪生车间构建方案

　　装备数字孪生模型是工件 CAD 模型、数据模型和流动实体模型的融合模型。其中，数据模型包括生产工序信息、生产计划、历史轨迹信息和仿真信息。这些数据与流动实体的信息集中的数据一一对应。生产工序和计划信息从 PDM 系统和 MES 中获取。上述信息为仿真提供了基础数据。工件的实时位置通过 RFID 或条码技术来识别和跟踪形成历史轨迹信息。这些信息为生产计划执行进度监控和实时调度提供了参考。另外，流动实体贯穿整个仿真过程，记录和收集了加工、物流、缓存等仿真过程数据。这些数据将用于系统虚拟评估和生产计划/过程验证。

　　单元数字孪生模型是数字孪生设备的组合体，包括数字孪生机床、数字孪生机器人和数字孪生缓冲站。同理，它也可以描述为可视化模型、数据模型和仿真模型的融合模型。其中，单元的可视化模型是三维布局图，包括其组成设备的 CAD 模型和这些组成设备在单元中的相对位置关系。单元的数据模型包括其组成设备的实时状态和运行参数，以及生产指令和执行结果。单元的仿真逻辑由服务单元中的控制器所决定。

　　物流数字孪生模型集成了物流布局、物流路径网络模型和连接数据。物流路径网络模型用无向图、执行器集和虚拟服务节点集来定义。无向图是对物流布局的镜像，为最短路径规划提供了数据基础。物流设备及其表征模型执行器基于设计的连接方案可以连接生成物流设备数字孪生模型。在实际物流布局中，二维码被用于标识自动导引车 (automated guided vehicle, AGV) 的停靠和转向位置。这些二维码标识可以与虚拟服务节点建立对应关系。基于这种对应关系，执行器可以和物流设备在这些关键位置上保持同步。此外，不同生产模式 (如推式生产和拉式生产) 下的物流调度方法和操作机制可以映射成对应的规则和物流逻辑。因此，物流路径网络模型能与物理车间物流实际运行情形始终保持一致。

5.2.2　面向数字孪生的复杂装备制造过程虚拟重构与仿真

1. 面向可配置的车间统一表征与虚拟重构

图 5-29 从组成元素、组织结构和运行机制三个层次描述了异构离散制造系统的表征模型和表征方法。在组成元素层，提出七元素模型以表征系统基本组成元素。在组织结构层，提出服务单元模型和物流路径网络模型，分别表征生产和物流组织关系。在运行机制层，提出虚拟服务节点的概念，它将工件、服务单元和物流路径网络关联成一个有机整体，从而实现工件的有序逻辑流动。

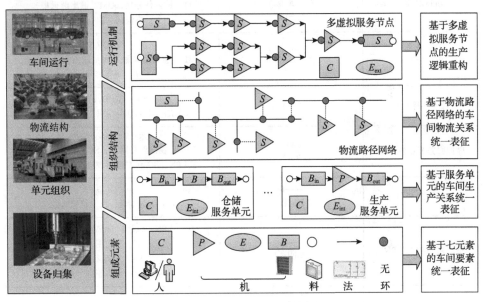

图 5-29　生产车间虚拟重构方法

2. 基于七元素的车间要素统一表征

如图 5-29 所示，七元素模型用来统一表达离散制造系统识别到的组成元素。每个元素都是在系统中充当特定角色的独立对象，它们封装了内部运行逻辑和与外部环境交互的接口。控制器(C)决定系统或单元的功能和操作机制，表征物理系统的控制系统/设备和决策人员。处理器(P)、执行器(E)和缓存器(B)构成系统基本物理组成结构，表征物理系统的"机"。图中的空心圆代表流动实体(F)，表征物理系统的"料"。图中的实心箭头代表物流路径(L)，表征物料流动方向和规则。图中的实心圆关联了上述元素和模型，构建了一个虚拟操作环境。表5-13 给出了上述元素的图形化和形式化建模规范，其中，符号"〈·〉"表示一个逻辑模型的组成和特征，符号"×"表示逻辑模型间的逻辑关系[16]。

表 5-13 逻辑模型的图形化和形式化建模规范

逻辑模型	图形化建模规范	形式化建模规范
控制器(C)	C	$C = \langle \text{IM, OM, MR} \rangle$ IM：输入消息集，OM：输出消息集， MR：消息处理规则集
处理器(P)	P	$P = \langle \text{IE, OE, } T \rangle$ IE：输入实体集，OE：输出实体集， T：服务时间
执行器(E)	E	$E = \langle \text{IT, OM, LR} \rangle$ IT：输入任务集，OM：输出消息集， LR：物流任务执行规则集
缓存器(B)	B	$B = \langle \text{IE, OE, } V \rangle$ IE：输入实体集，OE：输出实体集， V：缓存容量
流动实体(F)	○	$F = \langle \text{GUID, Inf} \rangle$ GUID：全局唯一编码，Inf：信息集
虚拟服务节点(VSN)	●	$\text{VSN} = \text{LPN} \times \text{SC} \times F$ LPN：物流路径网络，SC：服务单元， ×：LPN、SC 和 F 通过 VSN 进行逻辑关联
物流路径(L)	→ (有向图)	$L = \langle O_i, O_j \rangle$ O_i：起始对象，O_j：目标对象
物流路径网络(LPN)	— (无向图)	$\text{LPN} = \langle G, \text{E\_Set, VSN\_Set} \rangle$ G：无向图， E_Set：执行器集， VSN_Set：虚拟服务节点集
生产服务单元(PSC)	S	$\text{SC} = \langle C, P, E, B, F, L, \text{VSN} \rangle$
缓存服务单元(BSC)	S	—

七元素模型形式化定义为

$$\text{Seven Elements} = \langle C, P, E, B, F, L, \text{VSN} \rangle \tag{5-7}$$

其中，C 表示控制器，各类控制系统/设备或决策人员的映射为系统运行提供决策服务。一方面，它根据预定义的消息处理规则 MR 将来自于上一级控制器的输入消息 IM 转换为操作指令；另一方面，它负责将其所控制设备的实时状态和执行结果以输出消息 OM 反馈回上一级控制器。

P 表示处理器，各类加工设备的映射，在生产任务驱动下为工件提供操作相关服务，如铣削、钻孔等。其当前状态 P_State 通过服务时间 t 来描述，两者的对

应关系为

$$P\_State = \begin{cases} 0, & t = 0 \\ 1, & 0 < t < T \\ 2, & t = T \end{cases} \tag{5-8}$$

式中，T 为某项具体操作的服务时长，数字 0、1 和 2 分别对应等待加工、正在加工和加工完成三种状态。

　　E 表示执行器，各类物流设备的映射，在物流任务驱动下基于物流调度规则为工件提供物料转运服务。输入物流任务集 $IT = (F: O_i \rightarrow O_j)$，表示将流动实体 F 从对象 O_i 转运到对象 O_j。物流任务执行规则集 LR 包括机械手控制程序、AGV 物流路径规划和调度机制等。物流任务的执行结果将作为输出消息集 OM 反馈给控制器。执行结果包括任务等待执行、任务开始、任务执行失败、任务执行成功四类。

　　B 表示缓存器，各类缓存和仓储设备的映射，为工件提供临时或长期仓储服务。其当前状态 B_State 通过当前容量 v 来描述，两者的对应关系为

$$B\_State = \begin{cases} 0, & v = 0 \\ 1, & 0 < v < V \\ 2, & v = V \end{cases} \tag{5-9}$$

式中，V 为缓存器最大容量，数字 0、1 和 2 分别对应禁止输出、允许输入和输出、禁止输入三种状态。

　　F 表示流动实体，工件包括毛坯、半成品和产品等的映射，接收处理器、执行器和缓存器的服务，通过全局唯一编码 GUID 进行识别和跟踪，同时充当信息载体的角色，关联生产工序信息、生产计划、历史轨迹信息和仿真信息；L 是物流路径、物流关系的映射，它表征两个元素或单元间的工件流动方向；VSN 是虚拟服务节点，是生产组织关系、物流关系和生产逻辑的高层次概括和抽象。

　　进一步地，在七元素模型基础上，制造系统关系形式化定义如下：

$$\text{System Structure} = \langle SC, LPN \rangle \tag{5-10}$$

式中，SC 表示服务单元，具有特定服务功能的七元素集合或其子集，可根据服务内容的不同分为生产服务单元(PSC)和缓存服务单元(BSC)；LPN 表示物流路径网络，是实际物流布局和关系的映射。

3. 基于服务单元的生产关系系统—表征

1)服务单元模型定义

生产活动可以视为一系列有序组织的"服务",因此所有与生产相关的活动,如加工、装配、监测、仓储等都可以抽象为一项服务。一组与一项特定服务内容相关的元素被组合成一个单元,称为服务单元。与七元素相同,服务单元也封装了其内部逻辑及其与外部环境的输入/输出接口。在服务单元层级,执行器被称为内部执行器 E_{int},物流路径表示元素间的物流方向。根据服务单元中缓存器与外部环境物料交互关系,缓存器可以分为输入缓存器 B_{in} 和输出缓存器 B_{out}。相应地,在系统层级,执行器被称为外部执行器 E_{ext},而物理路径表示服务单元间的物流方向。图 5-30 给出了典型服务单元的参考模型和逻辑模型。

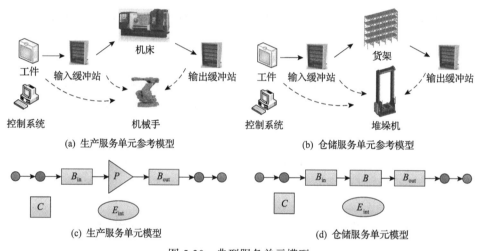

(a) 生产服务单元参考模型　　　　(b) 仓储服务单元参考模型

(c) 生产服务单元模型　　　　(d) 仓储服务单元模型

图 5-30　典型服务单元模型

2)服务单元属性

服务单元的属性总结如下。

(1)服务单元是一个松散的、具备独立完成某项功能的、自治的智能体。这主要反映在以下三个方面:①服务单元组成要素的位置分布不存在距离约束;②服务单元对其组成要素没有独占性约束,即同一要素可以同时属于不同的服务单元,如同一个内部执行器可以同时属于不同的服务单元;③服务单元仅通过虚拟服务节点与外界保持联系,可以独立完成一项任务而无须外界帮助。因此,相较于传统的功能单元(如文献[17]中的功能单元、文献[18]中的生产工序单元),服务单元具有更高的灵活性和可配置性。

(2)服务单元由七元素或其子集组成,且其内部逻辑取决于其内部组成元素的不同配置方案。在服务单元中,服务提供者(生产服务单元中的处理器或仓储服务单元中的缓存器)、控制器和虚拟服务节点是不可或缺的基础组成要素,而输入缓存器、输出缓存器和内部执行器可以根据需求灵活配置。典型服务单元的操作逻辑被预定义为一个标准逻辑模板,自定义服务单元的操作逻辑则在标准逻辑模板的基础上根据组成元素的配置结果被自动创建。因此,一旦服务单元的组成要素配置完成,其控制器的逻辑就能被自动创建。

(3)服务单元是系统的中间层次。服务单元由基本元素构成,反过来又充当更高层次系统的基本元素。通过服务单元的组合和合并可以简化复杂系统的结构,从而通过层次化建模降低系统建模复杂度。

4. 基于物流路径网络的物流关系统一表征

在制造系统中,存在多种物流设备(如 AGV、堆垛机、机械手等)、不同的物流布局形式(如线性布局、环状布局和网络状布局)以及不同的物流控制逻辑(如机械手控制程序、AGV 调度规则等)。为了真实反映物理车间物流关系,提出物流路径网络(LPN)模型来描述车间物流关系[19],其形式化定义如下:

$$\text{LPN} = \langle G, \text{E\_Set}, \text{VSN\_Set} \rangle \tag{5-11}$$

式中, $G = (V, E', W)$ 是一个有限、简单的无向图,包括顶点集 V、边集 E' 以及边的权重 $W_{ij} = \text{Distance}(V_i, V_j)$,它描述了物流布局的几何属性。令 $G(V_i \times V_j)$ 表示无向图 G 邻接矩阵,则

$$G(V_i \times V_j) = \begin{pmatrix} a_{11} & \cdots & a_{1n} \\ \vdots & & \vdots \\ a_{m1} & \cdots & a_{mn} \end{pmatrix}, \quad a_{ij} = \begin{cases} 1, & \text{顶点} V_i \text{和} V_j \text{相邻} \\ 0, & \text{其他} \end{cases} \tag{5-12}$$

式中, V_i 和 V_j 表示无向图的顶点; a_{ij} 表示顶点 V_i 和 V_j 的邻接关系。

$\text{E\_Set} = \{E_1, E_2, \cdots, E_n\}$ 为执行器的有限非空集,统一了不同类型的物流设备; $\text{VSN\_Set} = \{\text{VSN}_1, \text{VSN}_2, \cdots, \text{VSN}_n\}$ 为虚拟服务节点的有限非空集,用于描述分布在物流路径上的离散控制点,在这些控制点上物流设备和服务单元进行工件交换。

5. 基于多虚拟服务节点的生产逻辑重构

生产活动可以分解为一系列交替进行的生产操作和物流活动。生产活动运行逻辑和运行机制可描述为流动实体、服务单元和物流路径网络三者的相互作用关系。因此,如图 5-31 所示,生产逻辑模型定义为一个三元组:

$$\text{Production Logical Model} = \langle \text{F\_Set}, \text{SC\_Set}, \text{LPN\_Set} \rangle \tag{5-13}$$

式中，F_Set 为流动实体有限非空集，定义了制造系统的输入和输出；SC_Set 为服务单元有限非空集，描述了层次化的生产组织结构；LPN_Set 为物流路径网络有限非空集，描述了网络化的物流组织结构。

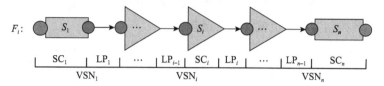

图 5-31　基于多虚拟服务节点的流动实体 F_i 的生产逻辑模型

虚拟服务节点在生产逻辑模型中扮演了重要角色。关于虚拟服务节点的三个重要思想总结如下：

（1）服务单元组成元素的组织者和管理者。虚拟服务节点将一组与特定服务相关的元素关联起来，形成服务单元。虚拟服务节点定义了服务单元的组成、服务内容和输入/输出接口。通过虚拟服务节点，可以遍历到服务单元的每个组成元素，从而获得相应元素的属性和状态信息。

（2）服务单元和物流路径网络的连接。虚拟服务节点是离散分布在物流路径上的几何点，它通过连接服务单元和物流路径实现生产和物流的关联。此外，通过遍历绑定在物流路径上的物流设备状态，可以选出合适的物流设备执行物流任务。通过将与物流任务相关的两个服务单元所对应的虚拟服务节点动态添加到物流路径网络模型的邻接矩阵中，基于 Dijkstra 算法可以得到两个服务单元间的最短物流路径[19]。

（3）工件工艺路线的映射。通过将关联在流动实体上的生产工序映射为虚拟服务节点序列，可以实现该流动实体生产逻辑模型的快速重构（图 5-30）。由此实现生产过程中的工艺路线和相应服务单元的动态组织和关联，而不像传统仿真软件依赖于将工序预先关联相应的生产资源[20]。

6. 基于离散事件系统的车间仿真建模

基于离散事件系统仿真建模理论，从事件、活动和状态等仿真元素来构建车间仿真模型，以描述车间的内部运行机制。车间活动本质上是待加工工件从毛坯到半成品或成品的过程。因此，车间仿真模型可以通过所有待加工工件（表征为流动实体）的进程来描述。图5-32 描述了第 i 个流动实体 F_i 的进程，它从原料库出发，依次交替接收物流服务和生产服务，最后回到成品库。根据所给定的加工任务、工艺信息和调度方案，为每个流动实体创建一个活动进程。如前文所述，车间活动可以分为单元内的生产活动（服务）和单元间的物流活动。相应地，流动实体的进程可以分解为一系列交替进行的服务子进程和物流子进程。一项物流活动和一项服务被称为一项操作(operation)。以 F_i 的第 j 项操作 O_{ij} 为例，它包括一项物流子进程 LP_{ij} 和一项服务子进程 SP_{ij} ，即 $O_{ij} = LP_{ij} + SP_{ij}$ ，如图5-32所示。一个进程由若干个活动和事件组成。因此，LP_{ij} 和 SP_{ij} 可以进一步表述为活动和事件，分别如图5-32(b)和(c)所示。图5-32中所用到的符号及其释义参见表5-13和表5-14。

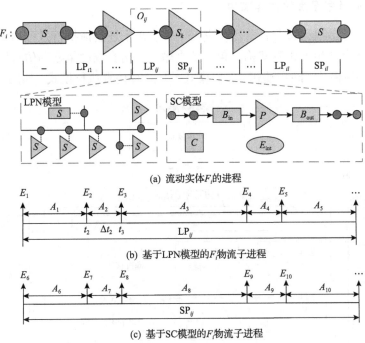

(a) 流动实体F_i的进程

(b) 基于LPN模型的F_i物流子进程

(c) 基于SC模型的F_i物流子进程

图 5-32　基于离散事件系统建模方法的车间仿真模型

表 5-14　图 5-32 中所用符号释义

符号	释义	符号	释义
LP_{ij}	O_{ij} 的物流进程	SP_{ij}	O_{ij} 的服务进程
E_1	F_i 位于 S_{k-1} 中 B_{out} 的队首	A_1	F_i 在 S_{k-1} 的 B_{out} 中排队
E_2	E_{ext} 到达 S_{k-1}	A_2	F_i 从 S_{k-1} 的 B_{out} 转移到 E_{ext}
E_3	完成 F_i 到 E_{ext} 的转移	A_3	F_i 随 E_{ext} 运送到 S_k
E_4	E_{ext} 到达 S_k	A_4	F_i 从 E_{ext} 转移到 S_k 中的 B_{in}
$E_5(E_6)$	完成 F_i 到 S_k 中的 B_{in} 的转移	$A_5(A_6)$	F_i 在 S_k 的 B_{in} 中排队
E_7	F_i 位于 S_k 中 B_{in} 的队首且 P 空闲	A_7	F_i 从 S_k 中的 B_{in} 转移到 P
E_8	完成 F_i 到 P 的转移	A_8	F_i 在 S_k 中接收 P 的服务
E_9	F_i 接收完服务	A_9	F_i 在 S_k 中从 P 转移到 B_{out}
E_{10}	完成 F_i 到 S_k 中 B_{out} 的转移	A_{10}	F_i 在 S_k 的 B_{out} 中排队

此外，图 5-32 中，分别用 $t_1 \sim t_{10}$ 来记录事件 $E_1 \sim E_{10}$ 所发生的时刻；分别用 $\Delta t_1 \sim \Delta t_{10}$ 来记录活动 $A_1 \sim A_{10}$ 所持续的时间。为了便于阅读，对图 5-32 进行了简化。在图 5-32(b) 中只标记了 t_2、Δt_2、t_3 分别代表活动 A_2 的开始时刻、持续时间和结束时刻。

7. 面向数字孪生的仿真架构

为满足制造执行过程各阶段仿真需求，实现上述制造执行过程仿真机制，设计了面向数字孪生的仿真架构，包括仿真输入、仿真调度策略和仿真输出三个部分，支持评估模式、同步模式、实验模式[21-25]三种仿真执行模式，如图 5-33 所示。

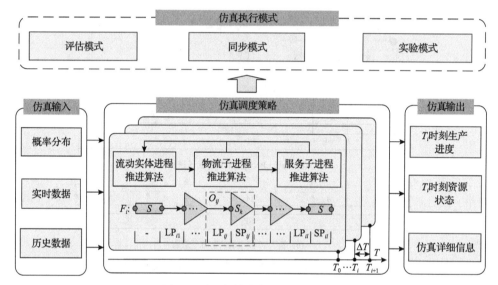

图 5-33　面向数字孪生的仿真框架

仿真输入定义了不同的数据源，如概率分布、实时数据和历史数据。概率分布包括工件到达概率分布、设备加工时间概率分布、设备故障率/修复率概率分布等，通过对生产过程记录的数据统计分析得到反映物理车间历史运行状态。实时数据来源于现场传感器、工控设备等的实时采集，反映物理车间当前运行状态。而历史数据是在系统稳定运行一段时间后，对实时数据的自动收集与存储。

仿真调度策略即系统要素间逻辑关系及系统行为模型的定义机制，以模拟系统动态运行过程[22]，是实现制造执行过程仿真的核心。本节的仿真调度策略主要思想是将流动实体(工件)仿真生命周期(即进程)分解为若干项操作 O_{ij}，将 O_{ij} 作为一个基础仿真执行单元，形成一个分段式仿真模型，从而降低建模复杂度。另外，将整个仿真分解为车间层次的主进程(流动实体、服务单元和物流路径网络模型参与)和单元层次的子进程(物流子进程和服务子进程)，形成一个多层仿真架构，从而降低仿真调度的算法实现难度。在每个仿真时间步长 ΔT 内，完成一次主进程的遍历，直至仿真结束。不同的仿真输入数据决定了仿真的不同执行模型，即评估模式、同步模式和实验模式[25]。

仿真输出包括仿真中的实时数据和仿真后的详细信息。前者包括生产执行进度(通过待加工工件数、已完工工件数和在制品数量(workpiece in progress, WIP)来表征)和仿真任意时刻 T_i 的资源实时状态(如空闲、被占用、故障、锁定等)。后者是指仿真后所得到的过程和统计信息，如工件履历、仿真执行甘特图、设备利用率、最大完工时间等。

8. 仿真调度策略与算法实现

所述仿真架构主要包括三部分：①仿真初始化算法，实现仿真模型的生成；②基于改进进程交互法的仿真调度策略，实现仿真模型的运行，包括流动实体进程交互算法、物流子进程交互算法、服务子进程交互算法[22]；③仿真数据的收集与分析，用于获取仿真详细信息，以理解、分析、评估和预测车间行为。

1) 仿真初始化算法

仿真初始化算法的目的是将生产任务、工艺信息和调度方案转换为可执行的仿真模型，主要包括以下三个步骤。

(1) 解析生产任务，将待加工工件映射为流动实体。假设有 n 个待加工工件将在 m 个服务单元上接收服务，将每个待加工工件映射为一个流动实体 F，则可以生成流动实体集 $\text{F\_Set} = \left\{ F_i \mid 1 \leqslant i \leqslant n \right\}$。

(2) 解析工艺信息，将工艺信息关联到相应的 F。令 $J_i = \left\{ O_{ij} \mid 1 \leqslant j \leqslant l_i \right\}$ 表示 F_i 的任务。式中，l_i 为 J_i 的操作数；$O_{ij} = \langle S_{ij}, \text{TS}_{ij}, \text{TP}_{ij}, \text{TC}_{ij} \rangle$ 为 J_i 的第 j 项操作，S_k 表示 O_{ij} 由第 k 个 SC 完成($1 \leqslant k \leqslant m$)，$\text{TS}_{ij}$、$\text{TP}_{ij}$、$\text{TC}_{ij}$ 分别表示 O_{ij} 的开始时刻、服务时长和完成时刻。由此可以生成任务集 $\text{J\_Set} = \left\{ J_i \mid 1 \leqslant i \leqslant n \right\}$。

(3) 解析调度方案，将调度方案关联到相应的 F。令 O_{cur}^i 指向 J_i 的当前操作，其范围为操作 $O_{i1} \sim O_{il_i}$。当 O_{cur}^i 超出范围，即它指向 O_{il_i} 的下一项操作时，意味着 J_i 的所有操作均已完成，则 F_i 将从 F_Set 中被移除。当 F_Set 为空时，仿真结束。令 $\text{O}_{\text{cur}}\_\text{Set} = \left\{ O_{\text{cur}}^i \mid 1 \leqslant i \leqslant n \right\}$ 表示 J 的当前操作集，它确保只有 J_i 的当前操作会被执行。此外，为了保证开工时间较早的操作被优先遍历，$\text{O}_{\text{cur}}\_\text{Set}$ 在初始化中将按照 TS_{ij} 的大小进行升序排序。

图 5-34 进一步解释了上述步骤中所提及的集合 F_Set、J_Set、O_{cur}_Set 的关系。

2) 基于改进进程交互法的仿真调度策略

仿真调度策略即流动实体、服务单元以及物流路径网络模型相互作用下生产

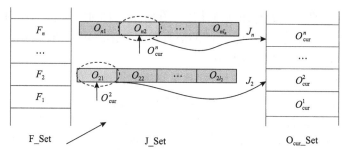

图 5-34　集合 F_Set、J_Set 和 O_{cur}_Set 的关系图解

系统动态运行的描述机制。根据离散事件系统基本仿真要素事件、活动和进程，离散事件系统仿真调度策略可以分为事件调度法、活动扫描法和进程交互法。其中，进程交互法容易理解，便于建模，在制造系统仿真中得到了广泛应用。进程交互法以基本模型单元为进程，进程针对某类实体的生命周期而建立，它包含若干个有序的事件及活动；进程交互法以所有进程中时间值最小的无条件延迟复活点来推进仿真时钟，在时钟推进到一个新的时刻后，如果某一工件在进程中被解锁，就将该工件从当前复活点一直推进到下一次延迟发生。进程交互法的基本原理和流程如下。

（1）初始化仿真开始时刻 t_0，仿真结束条件为所有工件加工完成（仿真结束条件也可以设置为指定时刻 t_f）；为每个工件（流动实体）创建一个进程，该进程描述了工件从进入系统到离开系统的整个生命周期，并记录了每个进程的初始开始时刻。

（2）在每一个仿真时钟推进步长 ΔT 内遍历一次所有进程，直到推进进程遇到延迟，若为无条件延迟，则记录复活点时间，当仿真时钟等于复活点时间时从复活点推进；若为条件延迟，则在下一仿真步长中先判断事件发生条件是否满足。

（3）推进仿真时钟，重复步骤（2），直到满足仿真结束条件。

进程交互法易于理解，建模方便，但因为进程中涉及多个实体的交互，在计算机中运行其仿真程序仍然较为困难。因此，本节对传统进程交互法进行了改进，提出了多段式、分层进程交互法，以降低算法实现难度。改进后的进程交互法流程如图5-35 所示，包括仿真初始化、仿真进程推进、仿真时钟更新三个主要步骤。

仿真初始化：获得仿真开始时间 t_0、仿真倍率 Rate，初始化仿真步长 ΔT 为30ms，后续 ΔT 修正为仿真遍历一次实际用时，仿真时钟 T 置为 t_0。

仿真进程推进：令布尔型变量 bStop 作为仿真结束的判断标识，当 bStop 为真时，仿真结束；否则在仿真步长 ΔT 内完成一次所有流动实体进程的遍历和推进，并更新相关资源的状态。改进进程交互算法包括以下三个主要步骤：①基于流动实体进程交互算法，选出每个流动实体进程中可执行的操作，并将其分解为物流子进程和服务子进程。②基于物流子进程交互算法实现流动实体从上一操作转移到下一操作位置，并调用服务子进程交互算法。③基于服务子进程算法实现当前服务的执行与推进，返回 bStop。

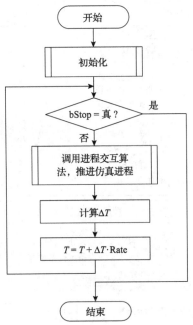

图 5-35　基于改进进程交互法的仿真主流程

（4）仿真时钟更新。判断是否满足仿真结束条件，若 bStop 为真，则退出循环，仿真结束；否则，重复步骤（2）直到仿真结束。

3）仿真数据的收集与分析

流动实体贯穿了所有生产活动，包括服务活动、物流活动和缓存活动。它们不仅携带了包括生产任务、工艺信息和调度方案的仿真输入信息，还收集和汇聚了仿真过程数据。以流动实体为信息载体，记录工件从进入系统到离开系统的所有数据，从仿真基本信息、生产计划、物流信息、缓存信息、服务信息五个维度对仿真过程数据进行收集和分析，获取系统性能评价指标，为后续仿真应用提供数据支持。

5.2.3　面向数字孪生的复杂装备制造过程多源数据融合

1. 面向数字孪生的车间数据感知与交互技术架构

物理车间数据具有多源、异构、大规模、时变等特点，因此设计了车间数据感知与交互技术架构，如图5-36所示。该架构包括车间感知设备层、数据获取与存储层、数据映射层和数据交互层。其中，车间感知设备层列举了车间主要资源

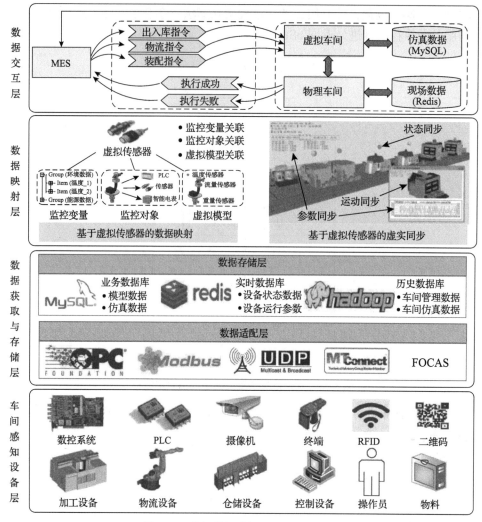

图 5-36　车间数据感知与交互技术架构

及其感知设备；数据获取与存储层负责异构设备的数据适配、格式转换以及分布式存储；数据映射层将物理车间数据映射到其虚拟模型，并建立底层数据与上层应用的数据连接，实现虚拟模型数据更新与虚实同步；在此基础上，数据交互层建立MES、SCADA、物理车间以及仿真系统等的虚实数据连接与交互机制，实现信息物理融合。

2. 物理车间数据获取与存储

1)异构设备数据适配

车间自动化设备，如机床、机器人等，一般除了提供自身功能外，还支持其运行状态、运行参数的采集。然而，由于设备及其数控系统来源于不同厂家，其通信协议、数据接口往往不尽相同。因此，本节基于数据适配的思想[23]设计了异构设备数据适配器，其基本原理如图 5-37 所示。数据适配的本质是基于面向对象思想对通信协议基本业务流程进行抽象，建立数据通信基类，封装基本的通信功能，如创建数据连接、读取数据、通信日志、断开数据连接等。具体的数据通信协议类则继承自该基类，基于各类不同通信协议提供的通信开发包、动态库、API 等对具体方法进行实现，派生出不同通信协议的适配器，如OPC适配器、FOCAS适配器等。上层应用调用基类的抽象接口，基于多态原理实现子类方法的自动调用，从而实现上层应用与底层数据的分离。

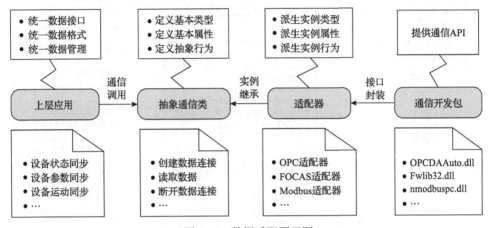

图 5-37　数据适配原理图

基于上述通信适配基本原理，利用 UML 的类图对数据适配器进行设计与实现，如图 5-38 所示。

对应图5-37 中的抽象通信类，设计监控数据管理类 MonitorManager 和监控数据源类 MonitDataSource。MonitorManager 一方面负责与上层应用进行数据交互，另一方面对不同的数据源进行管理。MonitorManager 主要包括数据源类指针 m_pDataSource 和车间监控点队列 aAllMonitor 两个私有成员。m_pDataSource 用于间接调用 MonitDataSource 中的抽象方法，而 aAllMonitor 用于车间所有监控点的管理。此外，MonitorManager 还具有 getMonitDataSource() 和 addMonitorData() 两个接口，分别用于获取 m_pDataSource 和向 aAllMonitor 中添加监控数据项。MonitDataSource 依赖于 MonitorManager，包括实时数据接收器、接收器大小等私有成员以及实时数据读取接口 getRealTimeData()。OPC_Adapter、UDP_Adapter 等适配器类则派生自 MonitDataSource。

2) 车间数据存储架构

设计"Redis-MongoDB-HDFS"数据存储架构以满足不同类型数据的存储需

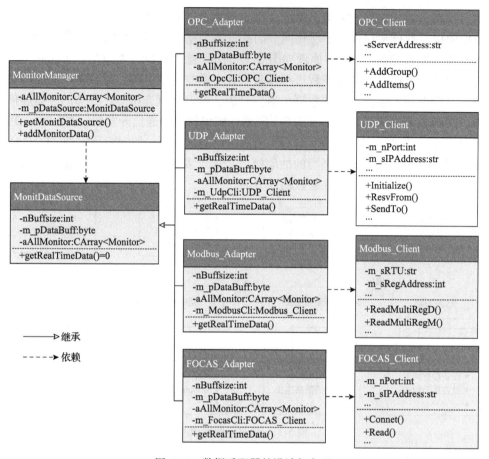

图 5-38　数据适配器的设计与实现

求，如图 5-39 所示。基于数据适配获取异构设备数据，并转换成统一的格式，存入实时数据库 Redis，并同步迁入文件数据库 MongoDB，构建设备历史数据库；基于 Hadoop 及其组件[24]，如 HDFS、HBase 等，集成异构系统（如 MES、SCADA、仿真系统等）信息，进行数据分析与应用。

该数据存储架构包含集群环境、实时数据存储、历史数据存储和文件存储四个模块，将数据适配层集成得到的数据按照一定的组织关系进行分类存储，为上层应用，如状态监控、运动同步、过程复现、数据分析等提供数据支持。

集群环境模块为整个存储框架提供硬件运行环境，基于交换机、虚拟路由等网络硬件将多台服务器或虚拟终端的网络地址设置到同网段中，实现信息互通；将指定版本 Redis、MongoDB、Hadoop 的数据存储服务、集群管理服务部署到各服务节点上，在单一节点内通过配置文件的形式设置主从角色、读写权限等参数，实现集群的数据备份，保证生产数据的安全存储；并将读写操作定向到同一节点

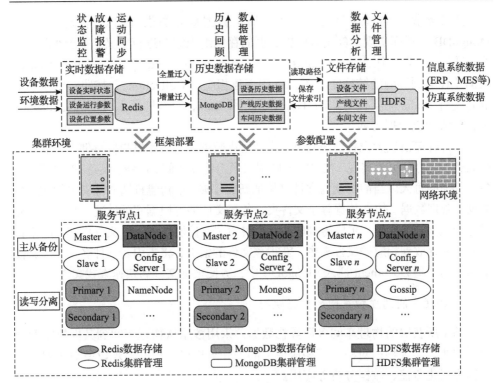

图 5-39　基于 "Redis-MongoDB-HDFS" 的数据存储框架

的不同数据存储服务上，提升集群的读写速度。同时，集群通过线性增加服务节点，实现存储容量和读写吞吐量的水平拓展。

实时数据存储模块为生产实时数据提供缓存和高速读取服务，通过 Redis 实时数据库实现。在存储结构上选择 String 结构，以 Key-Value 对进行存储。键名 Key 采用监控对象 ID。键值 Value 对应通信适配层的数据输出格式，是包含内嵌结构的 JSON 串，有 Timestamp 和 Entity 等多个 Map 对象。其中，Timestamp 为当前时间戳，Entity 为监控对象包含的实体名，其值为实体包含的所有属性集合，属性集合的层次结构由实例对象模型决定，其格式如表 5-15 所示。上层应用调用数据适配层中的方法将原始数据转换成上述 JSON 格式并写入 Redis 服务器中完成过程数据的实时存入。为保证生产过程信息的实时展示，Redis 集成的最新实例对象数据会覆盖历史数据，保证在内存中始终保存各监控实例对象最新的属性信息，从而保证服务器的读取性能。

表 5-15　Redis 中实时数据存储格式

Key	Value
Object ID	{Timestamp: Value, Entity_1: {Attr_1: Value_1, Attr_2: Value_2,···, Attr_n: Value_n}, Entity_2: {···},···}

历史数据存储模块负责构造生产历史数据集并提供查询分析服务，借助MongoDB 数据库实现。首先对历史数据的存储组织结构进行定义，基于车间、产线、设备三个监控层次建立 Workshop、Production-line、Equipment 三个 Database；根据监控实例模型的结构在 Database 中创建相应的 Collection，并按照一定频率读取并解析 Redis 中实例对象的 Timestamp 和 Data，全量地插入对应的 Collection中，完成历史数据写入。

文件存储模块为设备历史数据、生产管理数据、仿真数据提供存储、读取和分析服务，借助 HDFS 实现。在 HDFS 的根目录上建立车间、产线、设备三个文件夹；各文件夹中每天以当前日期为文件名添加新文件夹；在新建日期文件夹中创建运行数据、管理数据、仿真数据等子文件夹，各子文件夹可根据实际情况继续嵌套，完成生产文件树的构建。集成得到的生产文件以"监控层次_日期_文件内容"的格式重命名并存放到相应的文件夹中，获得该文件的索引，将索引、文件名、文件路径信息作为一条 Document 插入 MongoDB 中，方便根据文件名快速查找文件。

3. 物理车间到虚拟车间的数据映射

基于所获取的物理车间多源异构数据，采用数据从物理车间到其虚拟模型的映射方法，实现物理对象与其相应模型的关联与连接，从而实现设备虚实同步、远程可视化监控、数据分析等应用。

1) 基于虚拟传感器的数据映射

为了实现物理车间到虚拟车间的数据映射，引入虚拟传感器(VS)的概念[26]。虚拟传感器是指为表征监控数据基本属性和特征而人为抽象出来的、具有统一数据格式的虚拟模型。如图 5-40 所示，约定 VS= <车间编号><生产线编号><设备编号><部件编号><监控变量名><数据类型><数据单位><数值上限><数值下限><采样频率><当前值><时间戳>。其中，车间编号、生产线编号、设备编号和部件编号定义了虚拟传感器所对应的车间层次和分布位置；监控变量名、数据类型、数据单位、采样频率定义了监控数据基本属性；数值上下限定义了监控数值的正常范围，超过该范围将触发报警；当前值和时间戳则直观反映实际监控变量的当前状态。

2) 基于虚拟传感器的虚实同步

设备虚实同步方式分为事件同步与时间同步。前者通过定义关键事件，在事件发生时触发同步动作，该同步方式可实现在关键事件或状态上保持虚实同步，内存开销较小，但程序实现较为复杂；后者在每个固定时间间隔触发一次同步动作，其内存开销取决于同步周期，且程序实现相对简单。如图 5-41 所示，本节采用时间同步方式，通过设置数据同步定时器，每秒自动调用一次设备虚实同步函数，刷新虚拟车间场景，更新设备状态和参数。由内存数据库 Redis 获取实时数据，并根据数据类型将它分为状态参数、运行参数和位置参数。针对状态参数，

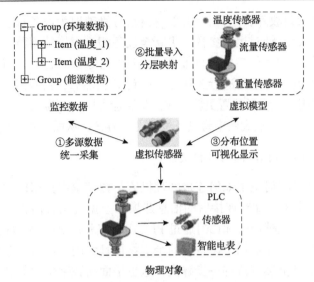

图 5-40　基于虚拟传感器的物理对象、监控数据、虚拟模型动态关联

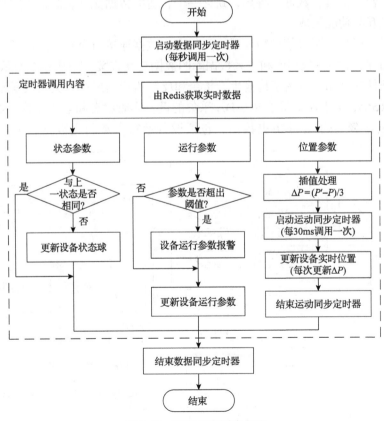

图 5-41　设备虚实同步方法

将设备的不同状态{故障，运行，调试，待机}分别映射为设备状态球的不同颜色{红，绿，黄，灰}。针对运行参数，更新至设备相应虚拟传感器，实时绘制折线图，并对超过阈值的运行参数进行报警。针对位置参数，首先，将当前位置参数 P' 与上一位置 P 的相对距离进行 3 等分，得到 ΔP；然后，设置运动同步定时器，每 30ms 自动调用一次设备位置更新函数，设备运动 ΔP，约为 33 帧/s 在视觉上形成连续运动，并在最后一次刷新中将设备位置更新为 P'，从而在关键点上实现同步。

4. 物理车间与虚拟车间的数据交互

文献[27]和[28]讨论了如何连接物理机床与数字孪生机床以构建信息物理机床(CPMT)，主要关注虚实连接后的信息建模和数据应用，而较少关注基于虚实连接的仿真应用。文献[29]和[30]通过 PLC I/O 点和仿真模型 I/O 点绑定和映射保证了虚实同步，主要适用于设备级的半实物仿真和虚拟调试。车间级的虚实数据连接和交互机制仍然有待进一步解决，这也是面向数字孪生的制造执行过程仿真应用的前提。其难点在于车间 MES、SCADA、建模仿真系统等信息物理系统的开发平台、工具、数据库各异，缺乏一个合适的数据交互机制，以实现各系统的数据交互与功能集成。

为了实现车间层次信息物理系统间的虚实数据连接与交互，设计了一个集成信息中间件、非关系数据库和关系数据库的数据交互方案，如图 5-42 所示。其中，消息中间件如 Kafka，用于传输生产指令和反馈执行结果；非关系数据库如内存数据库 Redis，用于存储基于 SCADA 采集的设备实时状态和运行参数，文件数据库 MongoDB 用于存储历史数据，包括设备运行参数历史数据、生产过程管

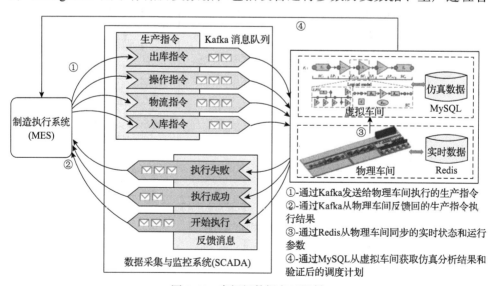

图 5-42 车间级数据交互机制

理数据、仿真数据等；关系数据库如 MySQL，用于 MES、仿真系统等的业务数据管理。

在物理车间，基于验证后的调度方案和仿真详细信息，MES 生成生产指令，包括出库指令、入库指令、操作指令和物流指令等。上述指令通过消息中间件如 Kafka，发送至 SCADA 分发给相应的服务单元执行。所提出的数据交互机制可以实现以下四类数据交互：

(1)通过消息中间件从 MES 经 SCADA 发送给物理车间和虚拟车间的生产指令，包括仓储服务单元出入库指令、生产服务单元操作指令和物流指令。

(2)通过消息中间件从物理车间经 SCADA 反馈回 MES 的生产指令执行结果，包括执行成功、执行失败、开始执行等消息。

(3)通过内存数据库从物理车间 SCADA 获取的实时状态和运行参数，如机床运动轴位置、AGV 移动速度、传感器信号等，使虚拟车间和物理车间在关键时间点保持同步。

(4)通过仿真数据库从虚拟车间获取仿真分析结果和验证后的调度计划。

5.2.4　制造过程优化运行数字孪生模型构建及应用

1. 数字孪生驱动的车间智能制造执行应用架构

针对传统车间生产执行过程中存在的问题，提出数字孪生驱动的智能制造执行应用架构(图 5-43)，旨在通过建立数据接口和通信机制实现异构信息物理系统的虚实数据交互，实现"虚实融合，以虚控实"的数字孪生应用愿景。

(1)物理车间，既包括组成要素(人、机、料、法、环)与生产和物流组织关系，也包括如 MES、SCADA 等信息管理系统，可以实现底层设备的实时状态和运行参数的采集与监控，以及生产执行过程的管理与控制。

(2)建模子系统，支持车间仿真和信息建模。仿真模型实现对物理车间组成要素、组织结构和运行机制的模型映射，为后续的数据和仿真分析奠定模型基础。信息模型关联并集成了与车间元素和关系有关的多维模型(可视化模型、仿真模型和数据模型)，在物理车间和仿真子系统间建立了数据连接的桥梁。

(3)仿真子系统，基于虚拟车间模型，融合物理车间实时数据和历史数据，在仿真调度策略和相应仿真算法使能下，提供三种执行模式，即评估模式、同步模式和实验模式，以一种低成本、无风险的方式为车间智能制造执行提供方案评估、运行监控、假设分析、行为预测等方法支持。

(4)数据感知与交互子系统，支持异构设备的数据接入与统一管理、大规模数据存储以及数据映射与虚实同步，一方面将物理设备状态、运行参数同步更新至其虚拟模型，另一方面将仿真结果反馈回物理车间，实现虚实数据连接与交互，从而建立物理车间与虚拟车间的数据双向交互通道。

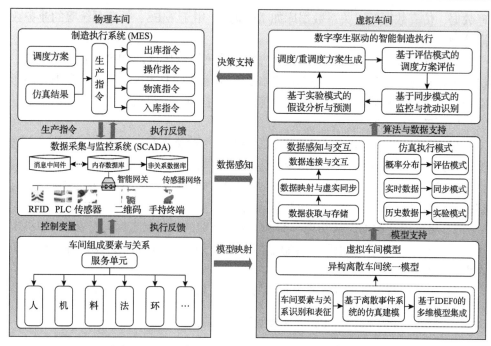

图 5-43　基于数字孪生的车间智能制造执行应用架构

(5)应用子系统，基于资源实时状态及仿真分析和预测结果，辅助 MES 对生产执行计划进行实时动态调整，包括生产计划动态调度、物流动态调度等，为物理车间高效、稳定运行提供决策支持。具体应用方法和关键使能技术将在本章重点讨论。

基于所构建的智能制造执行应用架构，车间智能制造执行过程如图 5-44 所示，包括五个主要步骤，用于支持制造执行过程三个不同阶段的智能运行和应用，即执行前的生产计划验证仿真与评估、执行中的生产过程监控与扰动识别、发生扰动后的假设分析与结果预测。下面将重点讨论实现上述架构和方法的三个关键使能技术，包括基于仿真评估模式的方案评估与性能优化、基于仿真同步模式的过程监控与扰动检测以及基于仿真实验模式的假设分析与动态调度。

2. 基于仿真评估模式的方案评估与性能优化

基于仿真评估模式的方案评估与性能优化的关键在于选择合适的生产系统性能评价指标，并确定不同指标的权重，实现不同方案下系统性能的全面、科学和准确评价，从而选出综合性能最优的方案[31]。首先，根据评价需求确定评价角度，从目标层、准则层、指标层建立对应评价目标下的评价指标体系；然后，基于粗糙集对评价指标体系进行约简；进一步地，对约简后的指标进行标准化处理，以消除指标不同维度和量纲对评价的影响；最后，通过综合可拓层次分析法、熵值

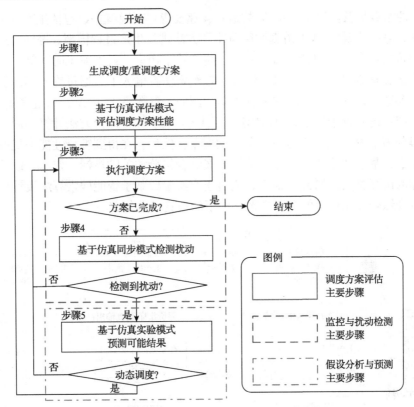

图 5-44　数字孪生驱动的方案评估、扰动检测与动态调度方法

法和改进 CRITIC 法得到具有主客观意义的组合权重，获得不同待评价方案的综合得分。令 $Z = \{ Z_{ij} | 1 \leqslant i \leqslant m, 1 \leqslant j \leqslant n \}$ 表示约简和标准化处理后的评价指标集，其中，Z_{ij} 为第 i 个方案的第 j 项评价指标值，m 为方案数，n 为评价指标项数，则以 Z 为输入，第 i 个方案的综合得分 H_i 可以根据式(5-14)和式(5-15)计算得到

$$H_i = \sum_{j=1}^{m} w_j z_{ij} \tag{5-14}$$

$$w_j = \varepsilon w_j^s + (1 - \varepsilon) w_j^o \tag{5-15}$$

式中，w_j、w_j^s 和 w_j^o 分别表示第 j 项指标的组合权重、主观权重和客观权重；ε 为各权重的分配因子，一般取 0.5，即主客观权重各占 50%。

　　基于仿真评估模型的方案评估与系统性能优化方法如图 5-45 所示。首先，建立离散制造车间仿真参数集 X，包括车间资源基本仿真参数(如机床数量及其位置、缓冲站数量及其容量、AGV 数量及其速度等)与仿真输入(包括生产任务、生产工序、生产计划)。基于仿真调度策略和方法进行生产过程模拟,得到生产系统性能评价指标集 Z,包括设备利用率、生产线平衡率、最大完工时间等,从而定量评价该配置方案下的生产系统性能。在给定仿真输入下,通过修改车间资源基本仿真参数,得到多种不同的配置方案。例如,参数集 X_1 到 X_k,通过多次仿真,得到生产系统评价指标集,如指标集 Z_1 到 Z_k。基于综合评价方法计算不同方案的综合得分 H_i,从而选出综合得分最高的方案。然后,在得到综合性能最优的方案后,如 Z_k,基于区域法[32]确定影响该方案综合得分的关键指标,如 z_{kj},以及影响该指标的仿真参数,如 x_{kj}。最后,通过正交实验或基于智能搜索算法设计优化方案,得到综合性能更优的配置方案,即新的仿真参数集 X。

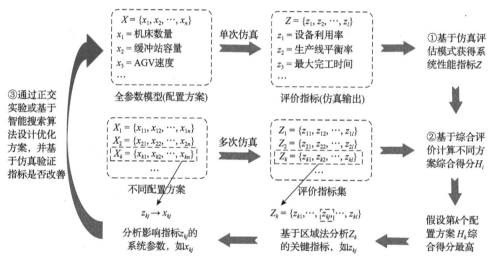

图 5-45　基于仿真评估模型的方案评估与系统性能优化方法

3. 基于仿真同步模式的过程监控与扰动检测

在传统仿真的基础上,引入虚实连接和同步机制,可提出了一种基于仿真同步模式的虚实对比机制,用于检测执行过程是否偏离最初的调度方案,如图 5-46 所示。令 $X = \{x_1, x_2, \cdots, x_n\}$ 和 $Y = \{y_1, y_2, \cdots, y_n\}$ 分别表示物理车间和虚拟车间的 n 个运行参数,这些参数从执行进度、执行过程和设备参数三个层次描述在任意时刻 T_i 的车间运行状况。在初始时刻 T_0,虚拟车间和物理车间保持一致,即 $y_i = x_i, \forall x_i \in X, y_i \in Y, 1 \leqslant i \leqslant n$。通过对比车间在时刻 T_i 的状况集 X 和 Y 的值判断物理执行过程是否与生产计划发生偏离。换言之,若在时刻 T_i,$Y = X$,则没有发生偏离,继续执行调度方案直至完成。否则,进一步对比执行过程和设备运行参数溯源造成生产进度偏离原计划的扰动,并触发实验模型下的仿真,进行假设分析以评估该扰动下对后续制造执行的影响和可能结果。

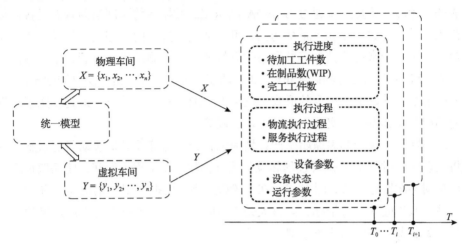

图 5-46　基于虚实对比的扰动检测机制

4. 基于仿真实验模式的假设分析与动态调度

基于数字孪生的第三个仿真应用模式为仿真的实验模式。如图 5-47 所示，一种基于仿真实验模式的假设分析与动态调度机制，可以实现生产扰动下的生产过程动态调节。利用基于虚实对比的扰动检测机制可检测到车间生产过程中的实时扰动，并对扰动进行识别与分析。生产扰动包括显性扰动和隐性扰动。显性扰动可以通过生产过程监控直接发现，如设备故障、订单变更(如插单、订单取消)等，而隐性扰动难以直接发现。例如，实际执行计划与最初生产计划发生偏离，需要

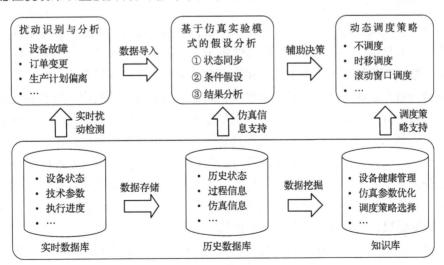

图 5-47　基于仿真实验模式的动态调度机制

进一步发现导致偏离的原因，如可能是由设备故障、加工时间波动、资源短缺等造成的。然后，仿真系统通过 SCADA 的 Redis 数据库将车间当前状态及扰动数据读入，在实时数据驱动下重构仿真模型。通过设置不同的假设条件模拟不同应对策略下车间未来可能情形，并通过仿真快速获取预测结果。最后，基于假设分析结果，MES 选择合适的调度策略(如不调度、时移调度、滚动窗口调度等)生成重调度方案，并以生产指令的形式下发至 SCADA 解析、执行，最终作用于物理车间相应单元和设备，实现生产过程动态调节。

以实际生产执行偏离原始生产计划为例，为了精确地模拟扰动后的状态，首先将扰动发生时刻 T_i 的执行过程和设备运行参数更新至虚拟车间，使虚拟车间和物理车间再次保持一致，即 $Y=X$。在实验模式下，模拟时刻 T_i 后的生产和物流情形，并获取相应的评价指标，如最大完工时间，评估生产扰动对生产进度的可能影响。令 α 表示相对偏离率，则

$$\alpha = \left| (N - N')/N' \right| \times 100\% \tag{5-16}$$

式中，N 为扰动发生后通过仿真得到的最大完工时间；N' 为无扰动下的理想最大完工时间[33]。

5.3　基于数字孪生的复杂装备智能运维

5.3.1　基于数字孪生的复杂装备智能运维方法

1. 数字孪生机理模型修正

针对复杂装备部件多、构成复杂的特点，为满足提炼共性技术和通用方法的需求，采取整机数字孪生建模、局部性能/故障分析的思路和方法。首先，探究复杂装备数字孪生模型的建模方法，按照部件分别孪生建模并耦合分析的思路，从复杂装备自身组成特点和服役工况出发，通过分析整机运动响应、力学响应及静动态分析的方式，结合孪生模型和整机物理实体的响应特征，实现对孪生模型的修正，达到二者的一致性保持，实现复杂装备孪生模型的构建；其次，借助数字孪生模型，以实现个性化的故障诊断、预测和状态评估为目标，通过趋势预测、拐点分析完成产品性能退化分析；再次采取丰富故障数据集和获知难以监测处感知信息的思路，实施更为精准高效的复杂装备故障诊断；最后，结合当前性能状态的获知结果，完成有效的分级状态评估。

机理模型中的修正和一致性保持策略是使用数字孪生的关键，图 5-48 给出了复杂装备全机数字孪生机理模型一致性保持策略，提出了三种可用于实现一致性

保持的方案，现进行如下论述。

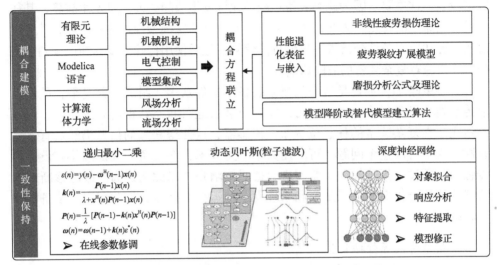

图 5-48　复杂装备全机数字孪生机理模型一致性保持策略

（1）基于递归最小二乘的一致性保持策略。该方案主要使用在线递归最小二乘的方式，通过参数修调的手段，完成系统的动态一致性保持。在使用该方案时，需要构建系统明确的数学方程（含微分方程、代数方程和差分方程等各类形式），修调的对象是数学方程的参数，其基本原理是通过数据的采集，利用参数辨识的方式，实施参数的在线修正。

（2）基于动态贝叶斯的一致性保持策略。该方案主要利用动态贝叶斯理论完成参数修正，相对于基于递归最小二乘法的思路，该理论具有更好的适用性和一般性。根据动态贝叶斯原理，首先需要建立系统的贝叶斯模型，分析得到演化和演变参数，构建其因果关系，随后使用粒子推断等方式，完成参数的逐步更新，以实现一致性保持。

（3）基于深度神经网络的一致性保持策略。针对上述提出的两类方案对构建的数学模型具有较高的要求，使用深度神经网络可有效应对无明确数学模型的对象或者难以建立数学模型的情况。此方案首先针对对象的运行数据予以采集，采取神经网络模型构建的一般思路，完成网络模型的搭建，确定输入与输出的关系，拟定训练样本，构成训练空间，完成网络训练学习，随后以系统动态响应结果作为输入，以系统对应参数作为输出，实现对物理模型参数的修正。

数字孪生背景下的复杂装备状态评估、故障诊断及预测技术实施策略为：①利用数字孪生技术解决复杂装备故障信息不足的问题；②基于数字孪生弥补复杂装备布局难以布置传感器的不足。

关于策略①，对于一个复杂装备(如动车转向架、风力发电机)，其往往故障数据较少，这主要是因为此类装备一般不允许发生故障，而一旦发生故障，其往往具有致命性的特点。为此，可借助构建的数字孪生模型模拟仿真故障，并通过改变工况和边界条件分析得到故障特征信号，随后使用构建故障诊断或预测模型的方式实施对复杂装备的故障诊断。

对于策略②，主要是考虑到复杂装备结构件众多，组成十分复杂，虽然目前传感器技术已经十分发达，可以实现对装备运行状态数据的高效获取，但是仍然无法在复杂装备的任意位置布设传感器，这使得获知的信息仍然具有不完备性。为了解决这个问题，可利用数字孪生技术，在装备的关键部位布设虚拟传感器，通过虚拟感知的策略实现数据感知增强，以此构建面向故障诊断或者状态评估的分析模型。当采集到物理设备的运行数据时，据此可完成装备的评估和诊断。

2. 运维阶段源数据处理

复杂装备运维阶段包含大量多源异构数据，从装备结构与运维节点两个维度形成数据体系。具体而言，包含结构数据、各结构层级的设计及制造数据、服役工况数据、实时服役感知数据、仿真分析数据、维修/维护数据等多类源数据。复杂装备运维源数据具有来源多样、格式多样、形式多样等特征。

1)源数据获取(流式数据)

在对源数据进行获取时，关键技术包括增强、采样、滤波、分割等。在数据采集端，通常使用的传感器是低电平信号，因此在传感器内模拟信号需要被放大以形成特征增强的数字信号，在信号被增强的同时，增大信号的信噪比，减少不必要的干扰。以常见的电信号为例，最大电信号范围应满足模数转换器的最大输入范围条件，以保证采集的实时感知源数据达到最佳的精度水平。

在对源数据进行增强之后，合适的采样频率是源数据是否有效的基础。根据奈奎斯特-香农采样定理，数据的采样频率至少应是特征频率的 2 倍[34]。在实际中，采样频率应是特征频率的 5~10 倍，才能对实际物理现象进行更加保真的描述。数字或模拟滤波器用于去除非理想的信号频率，同时保持传感器数据和过程变量之间的相关性，滤波也通常用于避免来自高频信号的混叠，可以通过使用抗混叠滤波器来衰减奈奎斯特频率以上的信号从而实现滤波。抗混叠滤波器适用于振动信号，因为振动加速度传感器的信号通常在频域中进行评估。一般来说，所获得的信号可以使用高通、低通或带通滤波器进行滤波，以消除不需要的信号频率分量。

此外，对于部分复杂装备的不同结构层，并非时刻都处于有效工作状态，因此针对部分结构层级需要对其有效信号片段进行分割。信号分割最基本和应用最广泛的技术是在用户定义的时间窗口中检测超过预定义阈值的信号值。

2) 源数据预处理(流式数据)

在各类源数据中，来自复杂装备服役过程中的各类感知数据包含与装备实时状态最具关联的信息，也是当前各类复杂装备状态评估与故障预测技术中最关注的数据类型。但该类源数据易受到来自环境、传感器、传输过程以及不同结构之间的耦合干扰，使得大量有用数据被海量无关信息干扰，同时不可避免地存在重复、缺失、异常点等缺点。因此，需要对该类源数据进行处理。

针对复杂装备感知源数据普遍存在空缺值、异常值、重复值等问题做出源数据清洗预处理，本部分应用的数据清洗方法包括重复值处理、空缺值处理、异常值处理。源数据预处理流程如图 5-49 所示。

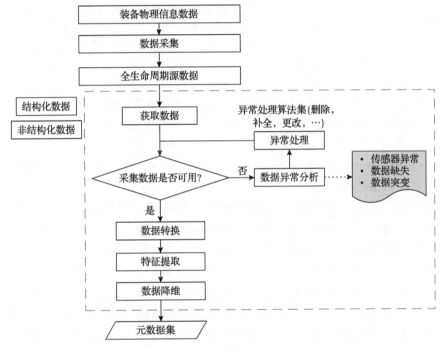

图 5-49　源数据预处理

首先，针对感知源数据中存在的重复值采取直接删除的方法，通过数据的全局搜索比对直接删除重复的值。然后，在实际的获取过程中流式数据会因各种因素致使其出现缺失，针对缺失值常用的处理方法有直接删除法、拉格朗日插值法、均值法，因此本部分以均值法为例，替代缺失位置的数据，即先全局搜索空缺值的位置，然后利用均值法替代空缺的部分，实现空缺值的处理，最后将处理后的数据进行保存。最后，针对源数据中的异常值，同样以采用均值法为例来替代异常位置的值，即首先设置数据波动的上下限，根据设置的上下限来观测离群点，针对离群点删除原值并利用均值法进行插值替代，从而实现数据中异常值的处理。

　　此外，由于所面向的数据较多，数据之间存在量纲不统一的问题，通常需要对源数据进行归一化处理。数据归一化主要是对数据进行转换，采用统一标准的数据格式进行深度学习提取低维有效特征，以缩短模型的学习时间，防止数值大小相差过大而使训练的效果达不到预期。常用的归一化方法有零均值归一化法、最大最小归一化法以及十基数变换归一化法等。常见的归一化方法如表5-16所示。

表 5-16　源数据归一化方法

归一化法	公式	解释
小数位归一化	—	小数位归一化发生在具有数字类型的数据表中，可以设定小数的位数，并在整个表格中进行统一
数据类型归一化	—	在 Excel 或 SQL 查询数据库中构建数据表时，会存在查看的数据被识别为货币、文本、数字或其他类型的情况。针对不同数值数据后续的操作是不一样的，需要将其统一成相同的类型
Z-Score	$x' = \dfrac{X - \mu}{\sigma}$	X 为数据值，μ 为数据的平均值，σ 为标准差
线性归一化	$x' = \dfrac{x - \min(x)}{\max(x) - \min(x)}$	处理后数值落在[0,1]范围
标准差归一化	$\text{Normalized}(x_i) = \dfrac{x_i}{\text{std}(x)}$	当 $\text{std}(x) = \sqrt{\dfrac{1}{n-1}\sum\limits_{i=1}^{n}(x_i - \bar{x})^2}$ 时，$\bar{x} = \dfrac{1}{n}\sum\limits_{i=1}^{n} x_i$

3）其他数据处理

　　在复杂装备运行过程中，常被用于运维服务的还包含图像数据。对于复杂装备，其运行环境较为复杂，受到光线、拍摄距离、拍摄角度等因素的耦合影响，导致获取的图像质量参差不齐，因此需要对该类图像数据进行预处理。

　　图像的预处理是指在处于最低抽象层次的图像上所进行的操作，所处理的输入和输出都是亮度图像。这些图像与传感器抓取到的原始数据属于同一类型，通常是采用图像函数值矩阵所表示的亮度图像。预处理的目的是改善图像数据，抑制不需要的变形或对有益于后续处理的图像特征进行增强。常见的图像数据预处理技术包括像素亮度变换、几何变换、局部预处理、图像复原等，如表5-17所示。

表 5-17　图像数据预处理

图像预处理技术	目的	方法
像素亮度变换	修改像素亮度，变换只取决于各像素自身性质	亮度校正：在修改像素亮度时，考虑该像素原来的亮度及其在图像中的位置。 灰度级变换：在修改像素亮度时，无须考虑其在图像中的位置
几何变换	用于消除图像获取时所出现的几何变形	①像素坐标变换，将输入图像像素映射到输出图像，输出点的坐标应按照连续数值计算；②找到与变换后的点匹配的数字光栅中的点，并确定其亮度数值，该亮度通常使用领域中几个点的亮度插值计算得到

续表

图像预处理技术	目的	方法
局部预处理 (滤波)	使用输入图像中一个像素的小领域来产生输出图像中新的亮度数值的方法	平滑：抑制噪声或其他小的波动。 梯度算子：在图像中显现图像函数的局部导数较大(图像函数快速变化)的位置
图像复原	抑制退化而利用有关退化性质知识	逆滤波(假设退化是由线性函数引起的)、维纳滤波(给出了对未被噪声污染的原始图像的一个最小均方误差估计)等

3. 孪生运维领域数据生成

当前复杂装备服役阶段可以获取到海量的数据，但实际上可利用的有效信息较少，尤其是与装备故障相关的数据缺乏，限制了对复杂装备的状态评估和故障预测。因此，下面介绍面向状态评估和故障预测领域的孪生数据生成技术，具体包括两部分，分别是对现有数据的扩充(特征构建)以及不同故障类型的仿真数据获取。

1) 源数据特征构建

流式数据的时域特征是最常见也是最简单的特征。最常见的时域统计特征是信号的平均值、最大值/最小值、均方根和峰峰值等[35]。此外，所获取的数据的概率分布通常通过提取方差、波峰因子、偏度和峰度来表示。时域特征可分为有量纲特征和无量纲特征，具体内容及含义如表 5-18 和表 5-19 所示。

表 5-18　时域有量纲特征

时域特征	公式	含义
平均值	$\bar{x} = \dfrac{1}{n}\sum\limits_{i=1}^{n} x_i^2$	数据的平均变化趋势
标准差	$x_{\text{std}} = \left[\dfrac{1}{N}\sum\limits_{i=1}^{N}(x_i - \bar{x})\right]^{1/2}$	数据的波动值
方差	$x_{\text{var}} = \dfrac{1}{N}\sum\limits_{i=1}^{N}(x_i - \bar{x})$	数据的波动变化情况
峰峰值	$x_{p\text{-}p} = x_{\max} - x_{\min}$	数据相邻的最高峰与最低峰的差值
均方根	$x_{\text{rms}} = \left(\dfrac{1}{N}\sum\limits_{i=1}^{N} x_i^2\right)^{1/2}$	数据的平均功率或平均能量
偏度系数	$x_{\text{sk}} = \dfrac{1}{n-1}\dfrac{\sum\limits_{i=1}^{N}(x_i - \bar{x})^3}{x_{\text{std}}^3}$	数据的非对称程度
峭度系数	$x_{\text{ku}} = \dfrac{1}{n-1}\dfrac{\sum\limits_{i=1}^{N}(x_i - \bar{x})^4}{x_{\text{std}}^4}$	数据概率分布的峰态

表 5-19　时域无量纲特征

时域特征	公式	含义
波形因子	$S = \dfrac{x_{\text{rms}}}{\dfrac{1}{N}\sum\limits_{i=1}^{N}|x_i|}$	数据的波动变化情况
峰值因子	$C = \dfrac{x_{p\text{-}p}}{x_{\text{rms}}}$	数据的特征时刻信息
脉冲因子	$S = \dfrac{x_{p\text{-}p}}{\dfrac{1}{N}\sum\limits_{i=1}^{N}|x_i|}$	数据对脉冲的敏感程度
裕度因子	$L = \dfrac{x_{p\text{-}p}}{\left(\dfrac{1}{N}\sum\limits_{i=1}^{N}|x_i|^{1/2}\right)^2}$	数据的冲击程度

此外，还可采用时间序列建模的系数，如自回归(autoregressive, AR)、移动平均(moving average, MA)和自回归移动平均(autoregressive moving average, ARMA)等。时域特征很容易受到噪声的影响，并且不提供关于信号频率的信息，因此通常与来自其他域的特征一起使用。

频域特征是通过将时域信号转换为频域所构建的，用于评估频率分量。常采用的频域变换技术包括快速傅里叶变换(fast Fourier transform, FFT)、离散傅里叶变换(discrete Fourier transform, DFT)、离散余弦变换(discrete cosine transform, DCT)等方法[36]。信号在频域所提取的特征主要包括峰值频率、峰值振幅、光谱波峰因子，以及波段功率的平均值、方差、偏度和峰度等。表 5-20 是对部分频域

表 5-20　频域特征计算方法及含义

频域特征	公式	含义
重心频率	$f_c = \dfrac{\sum\limits_{i=1}^{N} f_i p_i}{\sum\limits_{i=1}^{N} p_i}$	数据的频谱重心
频率方差	$v_f = \dfrac{\sum\limits_{i=1}^{N}(f_i - f_c)^2 p_i}{\sum\limits_{i=1}^{N} p_i}$	数据的能量分布情况
均方频率	$\text{ms}_f = \dfrac{\sum\limits_{i=1}^{N} f_i^2 p_i}{\sum\limits_{i=1}^{N} p_i}$	数据中功率谱主频带的变化情况

特征的详细解释。

时频域特征同时在时域和频域上对信号进行定位。常用的时频域技术包括连续小波变换(continuous wavelet transform, CWT)、离散小波变换(discrete wavelet transform, DWT)、小波包变换(wavelet packet transform, WPT)、短时傅里叶变换(short-time Fourier transform, STFT)以及经验模态分解(empirical mode decomposition, EMD)等方法[37]。所提取的特征包括小波系数的平均能量及其小波域统计量(均方根、均值和方差等)。目前,时频域分析最有效的方法之一是 EMD,它是利用自适应数据驱动的方法为非线性非平稳信号开发的。EMD 可以通过信号筛选过程自适应地将输入信号分解为一组固有模态函数(intrinsic mode functions, IMFs),从而产生有意义的瞬时频率估计[38]。然而,复杂装备运行过程中获得的数据具有噪声和间歇性,会产生模态混合(单个 IMF 包含不同的尺度)和模态分裂(在一个或两个 IMF 中存在一个尺度)降低分析质量。新的 EMD 变体已经被开发用于解决模态混合,如集成经验模态分解(ensemble empirical mode decomposition, EEMD)[39]、互补 EEMD[40]、噪声辅助多变量 EMD[41]、完备 EEMD[42]和快速多变量 EMD[43]等。

2)状态和故障仿真

针对复杂装备服役状态下的故障数据少、故障类型单一等问题,选取合适的仿真方法可以解决这类问题需求。复杂装备通用的仿真方式包括多体系统动力学仿真、有限元仿真等。

多体系统是指由若干刚体或柔性体通过力元或铰接而成的一个完整系统,多体系统动力学应用于机械结构的静力学分析、特征模态分析、线性响应分析、运动学分析和动力学分析等方面。多体系统动力学包括多刚体系统动力学和多柔性体系统动力学,后者以前者为基础。大多数复杂装备机械部件均具有柔性,但为了简化模型,提高计算效率,常规方法通常采用多刚体系统动力学建模,仅在有特殊需要的情况下将部分刚体替换为柔性体。

多体系统动力学的核心问题是建模和求解。图 5-50 为多体系统所含元素示意图,多体系统基本元素如表 5-21 所示。

多体系统动力学建立了详细的系统动力学方程,在一定的简化条件下同样可以分析多体系统的静力学和运动学问题,并且在多刚体系统动力学中不考虑部件的外形,在建立动力学方程时,对实际物理模型进行简化,忽略不必要的几何参数,仅提取动力学参数,包括质量特性(如质量、转动惯量、质心位置等)、铰接和力元的位置参数、力元的力学特性、铰接的约束特性等参数。根据多体系统动力学的坐标系建立方法,多体系统动力学建模方法可以分为两类:①以相对坐标系建模的拉格朗日方法,用相对不同的动参考系来定义刚体的位形;②以绝对坐标系建模的笛卡儿方法,用同一个总坐标系来定义刚体的位形。

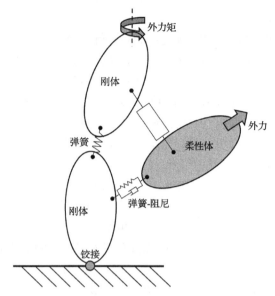

图 5-50　面向复杂装备分解结构的数据维、模型维的融合

表 5-21　多体系统基本元素

元素	释义
惯性体	具有质量、转动惯量等特性
力元	连接各惯性体或地基，提供力或力矩
铰接	连接各惯性体或地基，限制惯性体运动
外力和外力矩	系统外部提供的力和力矩

其中，拉格朗日方法采用数学中的树系统来描述系统的拓扑结构，包括关联数组、关联矩阵、通路矩阵、内接物体数组等。它采用的是相对坐标系，系统自由度和约束方程较少，计算机建模相对较少，各体的位置和姿态、约束力等需要后处理计算。该方法对链式系统高效，每个惯性体相对于前一个惯性体只有一个独立的旋转自由度，整个系统的自由度数量非常少，基本没有额外约束。笛卡儿方法是在绝对坐标系中建立动力学方程，每个惯性体均具有完全自由度，所有铰接均需约束方程来描述，编程相对简单，计算结果需要较少的后处理，但增加了计算复杂度，尤其是引入大量约束方程，导致对代数微分方程组的求解难度大。

有限元方法的基本原理是将连续的求解域离散为一组单元的组合体，用在每个单元内假设的近似函数来分片表示求解域上待求的未知场函数，近似函数通常由未知场函数及其导数在单元各节点的数值插值函数表示，从而将一个连续的无限自由度问题变成离散的有限自由度问题。针对复杂装备服役状态下产品的结构强度、振动响应、结构优化设计以及热传导等问题，有限元仿真分析显得尤为必要。当前，主流有限元分析软件包括 ANSYS、ABAQUS、MSC、ADINA 等。

4. 孪生运维领域模型构建

运维阶段的模型包括机理模型、信息模型、领域模型三大类。其中，机理模型、信息模型中的数据模型等在设计、制造阶段确定。因此，本部分主要介绍运维阶段的领域模型。当前深度学习已经广泛应用于复杂装备的运维之中，相比于传统的评估/预测方法，它最大的特点是：将传统方法在评估/预测的两个部分特征提取与故障分类融合在一个深度学习模型之中，同时利用深度学习强大的非线性映射能力，避免人工提取特征的不足，自适应地完成评估/预测，并且能取得更高的评估/预测精度。

当前，常被用于复杂装备状态评估和故障预测的深度学习模型及特点如表 5-22 所示。

表 5-22　常用于状态评估和故障预测的深度学习模型

模型	说明
一维卷积神经网络（1D-CNN）	故障特征提取、非线性映射能力强，适用于恒定工况故障诊断
变分自编码器网络（VAE-Net）	通过自编码器的重构能力，提取能表征原始故障特征的降维特征，降低冗余信息的干扰
基于最大均值差异的卷积神经网络（MMD-CNN）	通过缩小一阶矩均值来达到降低不同概率密度分布差异，实现领域适应的目的
基于关联对齐的卷积神经网络（CORAL-CNN）	CORAL 作为领域间差异的深度域适应方法，通过减小两个领域协方差矩阵的差异来迁移故障知识，实现领域适应的目的
基于高阶矩匹配的卷积神经网络（HoMM-CNN）	通过缩小高阶矩距离来达到降低不同概率密度分布差异，实现领域适应的目的
基于深度卷积 W 距离的对抗网络（DCWAN）	利用对抗的原理，增加领域判别器，实现领域适应的功能
基于生成对抗的深度卷积网络（DCGAN）	用于样本缺失或者样本不均衡的场景，GAN 可实现样本生成
压缩-激活网络（SE-Net）	首先通过压缩（Squeeze）过程中的全局平均池化操作获得轴承故障信号的全局故障特征信息，并生成对应的特征向量，再将生成的全局特征向量通过激活（Excitation）过程加权到后端特征提取网络，使得网络所学习到的故障特征具有全局性和重要性，且增加了不同通道之间的信息关联度
残差网络（Res-Net）	利用残差网络中的恒等映射层，有效减小网络的梯度弥散或梯度爆炸现象，以及过拟合现象。通过多个残差块的堆叠组合，有效地提高对故障信号的诊断辨识能力
VGG-Net	VGG 网络采用堆叠多个的小卷积核替代一个较大的卷积核，通过增加网络深度以保证学习到复杂的故障特征信息，并且该网络的计算代价较小

5.3.2 基于信息物理融合的装备健康管理技术

1. 装备零部件状态检测与诊断

实际工程中，受制造工艺不佳、材料质量不良、保养与操作不到位和恶劣服役工况等因素的影响，复杂装备经常在达到理论设计寿命前出现早期故障，导致生产停滞或造成重大安全事故。为降低早期故障对复杂装备服役安全与可靠性的影响，状态检测与诊断技术被广泛应用于工业生产。伴随着大数据和新一代人工智能技术的迅猛发展，基于运行数据的实时状态评估和故障诊断技术已成为当前复杂装备状态检测与诊断的主流方法。

在基于运行数据的实时状态评估方面，国内外学者开展了大量研究。例如，Saari 等[44]将风机轴承振动信号中提取的故障特征作为单类支持向量机的输入，并训练了不同灵敏度的检测模型，以确保能够及时识别异常状态；Yu 等[45]利用 K-means 聚类技术获取了不同健康条件下有限标记样本的聚类中心，然后引入 Kullback-Leibler 散度损失来最小化未标记样本的特征分布与对应聚类中心的差异，以提高在有限标签样本下状态评估的精度；Han 等[46]采用由数据增强模块和故障分类模块组成的数据增强堆叠自动编码器生成模拟信号，对不足的训练数据进行强化；Huang 等[47]采用记忆残差回归自编码器模型，将记忆模块和参数密度估计器集成在一起，利用模型的重构误差和意外值对轴承异常状态进行检测；张聪等[48]构建了复杂系统多变量耦合关系网络，并用无监督学习的变分图自编码模型提取其特征，以重构概率作为评价指标进行了实时状态评估。

在基于运行数据的故障诊断方面，研究者先后开展了大量研究。例如，李红等[49]采用经验模态分解降噪技术与倒频谱技术来处理振动信号，以提高其信噪比，提升风电轴承的故障诊断精度；Zhang 等[50]提出基于优化变分模态分解和共振解调技术的新型故障诊断方法，采用共振解调技术对重构后的振动信号进行分解以获得包络谱，有效地获得了机车滚动轴承的故障频率；Zhang 等[51]提出基于故障原因-符号矩阵的 BP 神经网络故障诊断模型，通过故障原因矩阵对故障进行筛选，根据筛选结果设计神经网络结构识别故障类型；王贡献等[52]提出灰狼优化算法来优化支持向量机参数的轴承故障诊断方法，诊断的准确率优于其他算法的准确率。

当前复杂装备状态检测与诊断技术主要包括复杂装备状态信号表征、复杂装备实时状态评估和复杂装备智能故障诊断三个步骤。下面对上述三个步骤分别进行详细介绍。

1)复杂装备状态信号表征

经过数据清洗等预处理后的复杂装备状态监测信号，虽然最大限度降低了异常值、噪声等影响数据挖掘过程可靠性的干扰信息，但以滚动轴承点蚀故障为例，早期故障响应难以通过监测信号直观展现，因此需要利用信号处理手段提取突出故障信息的信号表征。当前可提取出的状态信号特征具体包括时域特征、频域特征和时频域特征。

（1）时域特征。

时域特征是反映复杂装备及其关键零部件性能退化相关信息的重要特征之一。不同的时域特征代表不同的故障影响或退化程度。以常见的复杂装备关键零部件振动加速度信号为例，平均值能够反映振动强度的变化峰值，可以看出故障引起的冲击振动的变化；偏度可以反映以轴承为代表的机械关键零部件局部点蚀或剥落，但对早期失效不敏感；脉冲指标和裕度指标对表面损伤和早期失效等更为敏感。

时域特征具有直观、计算简单、趋势明显等优点，能够表征复杂装备及其关键零部件运行状况的一部分信息。可以将时域指标分为两个不同的部分：无量纲和有量纲。无量纲时域特性与设备运行状态有关，包括均值、有效值、峰峰值等。有量纲的时域特性只取决于信号的概率密度函数，包括波形指标、峰值指标、峭度指标等。假设采集复杂装备状态信号为振动信号且信号表征为 $X = [x_1, x_2, \cdots, x_n]$，则有量纲时域特征计算公式如表 5-23 所示，无量纲时域特征计算公式如表 5-24 所示，其中，x_i 表示 X 中的元素，其概率密度函数为 $p(x_i)$，N 表示变量 X 中元素的总数。

表 5-23　有量纲时域特征计算公式

特征参数	计算公式	特征参数	计算公式
最大值	$\mathrm{TF}_1 = \max(x_i)$	标准差	$\mathrm{TF}_7 = \sqrt{\mathrm{TF}_4}$
最小值	$\mathrm{TF}_2 = \min(x_i)$	均值	$\mathrm{TF}_8 = \dfrac{1}{N}\sum_{i=1}^{N} x_i$
最大绝对值	$\mathrm{TF}_3 = \max\lvert x_i\rvert$	方根幅值	$\mathrm{TF}_9 = \left(\dfrac{1}{N}\sum_{i=1}^{N}\sqrt{\lvert x_i\rvert}\right)^2$
方差	$\mathrm{TF}_4 = \dfrac{1}{N}\sum_{i=1}^{N}\left(x_i - \bar{x}\right)^2$	绝对平均幅值	$\mathrm{TF}_{10} = \dfrac{1}{N}\sum_{i=1}^{N}\lvert x_i\rvert$
峰值	$\mathrm{TF}_5 = \max\lvert x_i\rvert$	均方根值	$\mathrm{TF}_{11} = \sqrt{\dfrac{1}{N}\sum_{i=1}^{N} x_i^2}$
峰峰值	$\mathrm{TF}_6 = \max(x_i) - \min(x_i)$	偏度	$\mathrm{TF}_{12} = \dfrac{1}{N}\sum_{i=1}^{N} x_i^3$

表 5-24　无量纲时域特征计算公式

特征参数	计算公式	特征参数	计算公式
峰值因子	$\mathrm{TF}_{13}=\dfrac{\mathrm{TF}_5}{\mathrm{TF}_{11}}$	峰度	$\mathrm{TF}_{17}=\dfrac{E\left[(X-\mu)^4\right]}{\left(E\left[(X-m)^2\right]\right)^2}$
峭度指标	$\mathrm{TF}_{14}=\dfrac{\frac{1}{N}\sum\limits_{i=1}^{N}\left(|x_i-\bar{x}|\right)^4}{\mathrm{TF}_{11}{}^4}$	熵	$\mathrm{TF}_{18}=\dfrac{1}{N}\sum\limits_{i=1}^{N}p(x_i)\cdot\ln(p(x_i))$
脉冲指标	$\mathrm{TF}_{15}=\dfrac{\mathrm{TF}_1}{|\mathrm{TF}_8|}$	波形因子	$\mathrm{TF}_{19}=\dfrac{\mathrm{TF}_{11}}{|\mathrm{TF}_8|}$
裕度指标	$\mathrm{TF}_{16}=\dfrac{\mathrm{TF}_5}{\left|\frac{1}{N}\sum\limits_{i=1}^{N}\sqrt{|x_i|}\right|^2}$	—	

（2）频域特征。

信号的频域特征是对复杂装备原始信号在频域中分布的描述，可以获得更准确和更直观的信息。当前，频域特征源于信号的频谱，而频谱可以通过快速傅里叶变换得到。现假定振动信号的频谱 $f=[f_1,f_2,\cdots,f_m](m=n/2)$，则频域中的指标如表 5-25 所示。

表 5-25　频域特征集合

特征参数	计算公式	特征参数	计算公式
频谱均值	$\mathrm{FF}_1=\dfrac{1}{m}\sum\limits_{i=1}^{N}f_i$	频谱有效值	$\mathrm{FF}_6=\sqrt{\dfrac{1}{m}\sum\limits_{i=1}^{m}f_i^2}$
频谱标准差	$\mathrm{FF}_2=\sqrt{\dfrac{1}{m}\sum\limits_{i=1}^{m}(f_i-\mathrm{FF}_1)^2}$	频谱偏度	$\mathrm{FF}_7=\dfrac{\sum\limits_{i=1}^{m}(f_i-\mathrm{FF}_1)^3}{m\mathrm{FF}_2^3}$
频率重心	$\mathrm{FF}_3=\dfrac{\sum\limits_{i=1}^{m}if_i}{\sum\limits_{i=1}^{m}f_i}$	频率有效值	$\mathrm{FF}_8=\sqrt{\dfrac{\sum\limits_{i=1}^{m}(i^2f_i)^2}{\sum\limits_{i=1}^{m}f_i}}$
频率标准差	$\mathrm{FF}_4=\sqrt{\dfrac{\sum\limits_{i=1}^{m}(i-\mathrm{FF}_3)^2f_i}{\sum\limits_{i=1}^{m}f_i}}$	频率偏度	$\mathrm{FF}_9=\sum\limits_{i=1}^{m}\left[\dfrac{\left(\frac{i-\mathrm{FF}_3}{\mathrm{FF}_4}\right)^3f_i}{\sum\limits_{i=1}^{m}f_i}\right]$
频谱变异系数	$\mathrm{FF}_5=\dfrac{\mathrm{FF}_4}{\mathrm{FF}_3}$	—	

以复杂装备中常见的滚动轴承振动加速度信号为例，其频谱均值是指频谱中所有振动能量的平均值，反映了振动能量的变化情况。频谱均值的变化可以用于检测不同故障类型。频谱标准差是指振动能量在频谱中的分散程度，反映了振动信号的不稳定性，可以用于检测不同故障类型。但是，频谱标准差的计算比较复杂，并且受到信号幅值的影响。频率重心是指频谱中能量分布的中心位置，可以用于反映故障的频率变化以及检测不同故障类型。频域特征反映了振动信号的不同方面，如振动能量变化、振动能量分散程度变化、频谱分布变化等。常用的特征包括频谱均值、频谱标准差和频率重心等。不同的特征对故障类型和程度的敏感度不同，应该对它们进行综合利用，以提取能够反映复杂装备性能变化的特征。

（3）时频域特征。

时频域特征反映信号频率随时间的变化，突出信号的时变频率特性。图5-50 为周期性振动加速度信号和非周期性振动加速度信号所对应的时域特征、频域特征和时频域特征。相比于故障信息，时域特征能够有效直观反映复杂装备及其关键零部件工况信息的变化。频域特征虽然能够以故障频率的形式反映故障信息，但不能反映信号频率随时间变化的规律，以及该信号表征知识信号的统计频率特性。相比之下，时频域特征能够确定信号在某一时刻所具有的频率成分，对于突出图5-51 所对应的非周期时变信号（如频率增大或变小的顺序）的状态信息意义重大。

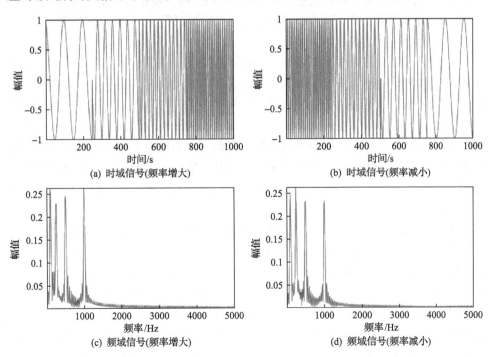

(a) 时域信号(频率增大)　　　　　(b) 时域信号(频率减小)

(c) 频域信号(频率增大)　　　　　(d) 频域信号(频率减小)

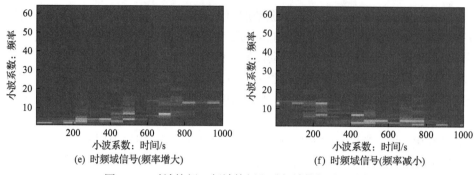

(e) 时频域信号(频率增大)　　　　　　　(f) 时频域信号(频率减小)

图 5-51　时域特征、频域特征和时频域特征对比分析

时频域特征提取过程依赖时频域变换,包括短时傅里叶变换(STFT)、小波分析和经验模态分解(EMD)等。STFT 是将信号分成小段,并在每个小段上进行傅里叶变换的一种方法。它可以用于提取信号的瞬时频率和能量密度谱。但是,STFT对信号长度、窗函数的选择以及频率分辨率和时间分辨率之间的权衡有很大的依赖性。小波分析是一种可以将信号分解成不同频率和时间分辨率成分的方法。它可以对信号的瞬时频率和幅度进行分析,但是在高频和低频方面,小波分析的性能不如 STFT。此外,小波分析的计算量相对较大,而且选择合适的小波基函数也是一个挑战。EMD 是一种自适应的时频分析方法,用于将信号分解为主要的模态。EMD 可以适应不同信号的特性,并提供有关信号局部性和非线性的信息。

2) 复杂装备实时状态评估

基于运行数据的实时状态评估,利用数据挖掘技术从传感器采集的振动加速度、声发射和温度等信号中提取状态信息,以判断当前复杂装备是否存在早期故障。实际工程中,复杂装备在健康状态下长期工作,可以收集大量正常数据,但获取充足的异常数据往往是极具挑战的。即使偶尔出现故障,由于缺乏相应的故障标记,这些数据的应用也会受到限制。因此,由正常数据驱动的异常监测无监督学习模型近年来受到越来越多的关注,主要解决方案是将正态数据分布映射到基于规则的方法或神经网络构造的高维超平面上,大致分为基于分类的方法和基于重构的深度学习方法。

基于分类的方法旨在围绕正态分布构造具有代表性的一类决策边界以检测异常样本,如超平面或超球面。具有代表性的传统机器学习方法如单类支持向量机、聚类模型和支持向量数据描述(support vector data description, SVDD)。例如,采用SVDD 建立每个任务的模型,并在所有任务之间添加基于超球的相似性损失[53]。该方法通过训练深度神经网络优化所有任务的数据封闭超球,提取多个复杂装备机械关键零部件正常状态数据的共同特征。该方法对在线数据的波动具有较强的鲁棒性,能够识别在线数据的状态变化。传统基于分类的方法因模型轻量、需要数据量小、无须根据经验设置阈值的特点,依然在异常监测领域发光发热,但其仍存在处理高维数据时可解释性差、面对工业大数据时分析乏力且精度不足、需要更加精细的特征工程设计及跨领域的通用性不强等问题。

基于重构的深度学习方法是目前用于实时状态评估的另一种常用方法，尤其是基于自编码器(autoencoder, AE)及其衍生方法的无监督状态评估方法，该类方法采用正常数据训练自编码器进行数据重构，以重构误差作为异常评分来设定阈值。其优势是仅依靠正常数据便能完成模型训练并取得较高的检测精度。使用堆叠自编码器良好的特征提取能力构建机械关键零部件全生命周期阶段划分的健康指标，在减少特征提取对先验知识依赖的同时，还确保了实时状态评估的准确性[54]。相比于传统基于分类的方法，基于重构的深度学习方法具备更强的工程泛化性，更能够满足工业数据背景下状态评估的需要。因此，本节只针对基于重构的深度学习的实时状态评估方法进行详细描述。

基于数据重构的高重构误差状态评估方法如图5-52所示，其主要思想是通过对原始数据进行重构，从而检测数据中的异常点。

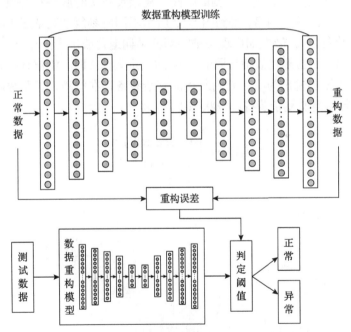

图 5-52　基于数据重构的高重构误差状态评估方法

当前以 AE 及其衍生方法为代表的深度学习方法被广泛应用于基于数据重构的高重构误差状态评估。AE 是一种广泛应用于无监督学习的人工神经网络，其功能是将输入信息作为学习目标，通过使用编码器 $E(\cdot)$ 和解码器 $D(\cdot)$ 对输入信息进行表征学习。AE 可以将输入数据编码成一个低维向量，然后将该向量解码成与原始输入数据尽可能相似的输出数据。基于 AE 的数据重构的过程 AE$(\cdot)$ 可以表述为

$$Z = E(X) = \sigma\left(W_{\mathrm{E}}X + b_{\mathrm{E}}\right) \tag{5-17}$$

$$D(Z) = \sigma\left(W_{\mathrm{D}}Z + b_{\mathrm{D}}\right) \tag{5-18}$$

式中，W_{E}、b_{E} 和 W_{D}、b_{D} 分别为编码器和解码器的权重、偏置；σ 为激活函数；Z 为编码器提取出来的输入数据对应深度表征。

当前，基于 AE 的实时状态评估通过解码器生成的重构数据和输入数据之间的异常得分 Score（也称重构误差）评估当前复杂装备服役状态。异常得分是指原始数据与重构数据之间的差异度量，通常使用欧几里得距离或平均绝对误差等度量方法，具体计算公式如下：

$$\text{Score} = \left\|D(X) - X\right\|^2 \tag{5-19}$$

在训练阶段，复杂装备正常状态下的信号表征被输入自编码器网络并通过最小化重构误差实现参数寻优。在测试阶段，复杂装备实时服役状态数据将以信号表征形式输入状态评估网络，得到图 5-53 所示不同时刻复杂装备服役状态评估结果。当复杂装备存在异常（如出现关键零部件早期退化或出现故障）时，其异常得分将会显著增大，当超过故障检测器 $f_{\mathrm{T}}(\cdot)$ 的设定阈值 λ 时，将被直接判断为存在异常，故障检测器输出为 1，并判断当前复杂装备存在故障，否则故障检测器输出为 0，并判断当前复杂装备服役状态正常。

$$f_{\mathrm{T}}(X) = \begin{cases} 0, & \text{Score}(X) < \lambda \\ 1, & \text{Score}(X) \geqslant \lambda \end{cases} \tag{5-20}$$

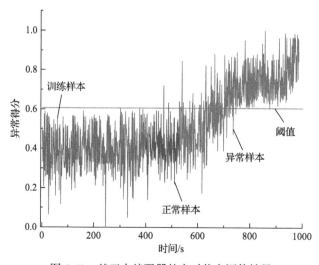

图 5-53　基于自编码器的实时状态评估结果

3) 复杂装备智能故障诊断

故障诊断对检测异常进行进一步的分析，通过对异常状态进行分析、对比和推理，确定可能的故障原因。当前复杂装备故障诊断方法，一般从故障信号采集、故障特征提取、故障识别等内容开展研究。信号采集是通过传感设备获取反映复杂装备状态的信号，信号的来源主要包括油液成分、振动信号、电流信号、声发射信号及温度信号等，这些信号包含复杂装备当前的健康状态信息，是故障诊断过程中进行数据挖掘的主要对象；故障特征提取是利用信号处理方法和统计学方法，如小波变换和傅里叶变换等方法，从数据中提取故障信息的特征，此过程已在上述状态信号表征中进行了详细介绍，因此不再赘述；如何根据前面提取的特征进行分类是传统故障诊断的最终目标，故障分类是利用机器学习等人工智能方法对提取的特征进行识别和分类，本质上是一个模式识别问题，当前常用故障分类诊断方法有 BP 神经网络、支持向量机(support vector machine, SVM)、贝叶斯分类、最近邻分类、卷积神经网络等。本节将以故障分类诊断中的卷积神经网络为例，详细介绍复杂装备故障诊断过程。

卷积神经网络是一种前馈神经网络，主要由卷积层、池化层、全连接层构成，具有平移不变的特点。在故障诊断中，卷积神经网络对信号表征实现特征提取和特征分类。卷积神经网络基本结构如图 5-54 所示。

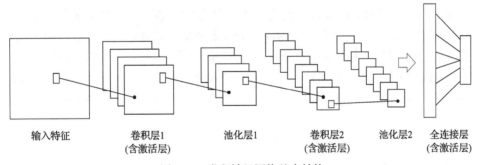

輸入特征　　卷积层1　　　池化层1　　　卷积层2　　池化层2　全连接层
　　　　　(含激活层)　　　　　　　　(含激活层)　　　　　(含激活层)

图 5-54　卷积神经网络基本结构

(1) 卷积层。

卷积层通过卷积核(过滤器)与输入的数据(轴承振动信号)进行卷积运算。卷积层的目的是提取输入数据的不同特征，同时具有稀疏交互、等变表示及参数共享等特点，可以显著减少网络参数，其具体计算公式如下：

$$f(i) = g\left(\sum_{x=1}^{n}\sum_{y=1}^{m}\sum_{z=1}^{k} a_{x,y,z} \times w_{x,y,z} + b^{i}\right) \tag{5-21}$$

式中，$f(i)$ 为第 i 个节点的取值；n、m、k 为样本各维度的大小。

(2)池化层。

池化层(pooling layer)一般在卷积层之后，该层学得函数对少量输入平移的不变性，作用是提取输入数据局部均值或最大值，进行降采样操作，可以非常有效地缩小矩阵的尺寸，从而减小系统的复杂度和提高网络的计算效率。常见的池化函数有均值池化(average pooling)函数与最大值池化(max pooling)函数。采用最大值池化函数，可以获得轴承信号位置平移不变的特征。

$$P_w^l = \sum_w \max\left\{ x_1^l, x_2^l, \cdots, x_n^l \right\} \tag{5-22}$$

式中，w 为池化区域；P_w^l 为池化输出神经元原激活值；$x_1^l, x_2^l, \cdots, x_n^l$ 为第 l 层池化区域的神经元激活值。

(3)全连接层。

卷积神经网络中的全连接层等价于传统前馈神经网络中的隐藏层。全连接层通常搭建在卷积神经网络隐藏层的最后部分，主要作用是连接所有的特征，将输出值送给分类器(如 SoftMax 分类器)。本模型的分类部分由两个全连接层组成，第一个全连接层实现"展平"操作，即将所有特征矢量首尾连接组成一维向量，第二个全连接层的神经元个数与故障类别数目保持一致，利用 SoftMax 分类器实现目标输出类别。

基于 CNN 模型的故障诊断流程如图 5-55 所示。首先根据复杂装备异常履历信息获取历史故障诊断数据，作为模型的训练样本，并将它转化为故障诊断模型的信号表征；其次，构建基于 CNN 的故障诊断模型，并利用反向传播算法对模型进行优化训练，直至达到最优；最后，输入测试样本，输出模型的诊断精度。采用一种自适应优化算法(Adam 算法)对整个模型进行优化训练，Adam 算法如算法 5-1 所示。

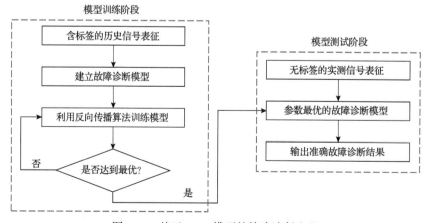

图 5-55 基于 CNN 模型的故障诊断流程

算法 5-1　Adam 算法

输入：学习率 ϵ（0.0001），矩估计的衰减速率 ρ_1、ρ_2 属于区间 (0,1)，数值稳定的常数 $\delta\left(10^{-8}\right)$

1.　初始化模型优化参数 θ，一阶和二阶矩变量 $s = 0, r = 0$，时间步 $t = 0$

2.　训练开始 do:

3.　从训练集采集小批量 m 个训练样本和标签 $\{x_k, y_k\}_{k=1}^m$

4.　计算梯度：$g \leftarrow \dfrac{1}{m} \nabla_\theta \sum_k L\big(f(x_k, \theta), y_k\big)$

5.　$t \leftarrow t + 1$

6.　更新有偏一阶矩估计：$s \leftarrow \rho_1 s + (1 - \rho_1) g$

7.　更新有偏二阶矩估计：$r \leftarrow \rho_2 r + (1 - \rho_2) g \odot g$

8.　修正一阶矩的偏差：$\hat{s} \leftarrow \dfrac{s}{1 - \rho_1^t}$

9.　修正二阶矩的偏差：$\hat{r} \leftarrow \dfrac{r}{1 - \rho_2^t}$

10.　计算更新：$\Delta\theta = -\epsilon \dfrac{s}{\sqrt{\hat{r}} + \delta}$

11.　更新参数：$\theta \leftarrow \theta + \Delta\theta$

12.　Until 达到停止条件

以 CNN 为例，复杂装备故障诊断结果评估主要利用混淆矩阵 (confusion matrix) 和 t 分布随机邻域嵌入 (t-distributed stochastic neighbor embedding, t-SNE) 技术。混淆矩阵又称可能性矩阵或错误矩阵，主要用来比较分类结果和实际预测值之间的差异。混淆矩阵的每一列代表预测类别，每一列的数据总数代表预测为该类别数据的数目；混淆矩阵每一行代表数据的真实归属类别，每一行的数据总数代表该类别数据实例的数目。利用混淆矩阵提供的可视化结果计算出精确率、正确率、召回率和特异性等分类指标，能够有效评估模型在故障诊断问题中的效果，并给出诊断结果的可靠性。t-SNE 可视化能够反映诊断结果的聚类情况，若同一时段内多条信号数据输入故障诊断模型得到的结果均聚拢于同一机械故障类别，则可判断当前复杂装备存在此机械故障。以滚动轴承故障诊断为例，故障诊断结果得到的混淆矩阵和 t-SNE 可视化结果分别如图 5-56 (a) 和 (b) 所示。图中，K001、KA01、KA07、KA08、KI01、KI03 和 KI07 分别代表滚动轴承的不同状态 (正常状态或存在不同的机械故障)。

2. 装备零部件剩余使用寿命预测

实际工程中，受恶劣服役工况条件和机械零部件耦合作用的影响，复杂装备安全可靠运营的机械关键零部件将出现早期退化，导致装备服役性能下降，在达到设计寿命前出现机械故障，酿成重大生产安全事故，产生巨大经济财产

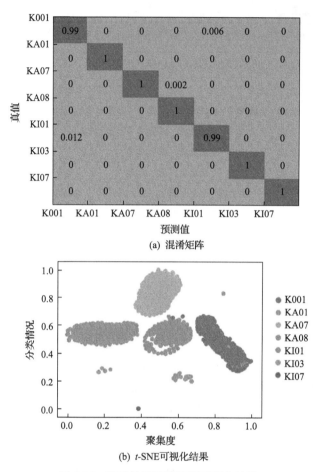

(a) 混淆矩阵

(b) t-SNE可视化结果

图 5-56　滚动轴承故障诊断可视化结果

损失。机械关键零部件早期退化不可避免，但性能退化规律的存在使剩余寿命（remaining useful life, RUL）预测变成了可能。RUL 预测可以将复杂装备及其关键性能和健康状态进行直观地体现，通过对传感器信号进行预处理并将其输入相应的智能算法模型中，建立监测信号和轴承性能状态的对应关系。当前，对 RUL 预测方法的研究可分为基于物理模型的方法、基于统计模型的方法和基于人工智能的方法。基于物理模型的方法通常基于数学和物理原理来建立模型，以描述系统的行为，如使用粒子滤波器的预测方法[55]。基于统计模型的方法通常使用概率和统计分析方法来建立模型，以描述数据之间的关系，如基于改进的马尔可夫模型的 RUL 预测方法。基于人工智能的方法则是利用浅层机器学习和深度学习等技术，通过大量的数据训练模型，并使用这些模型进行预测和决策[56]。这些方法具有各自的优点和局限性，但它们都可以用来解决一些复杂的问题，并为工程和科学研究提供支持。基于浅层机器学习的方法，如利用小波包变换提取信号特征、利用 ANN 模型估计滚动轴承的 RUL 等。基于深度学习的方法，如基于 CNN 的轴承 RUL 预测[57]和基于长短期记忆神经网络的风力涡轮机齿轮箱剩余寿命预测方法[58]。

　　复杂装备 RUL 预测的主要步骤包括状态信号表征、首次预测时间 (first predicting time, FPT) 确定和 RUL 评估三个步骤。其中，状态信号表征已在前面进行了详细描述，此处不再赘述。下面将重点针对 FPT 确定和 RUL 评估进行详细介绍。

　　1) 复杂装备 FPT 确定

　　复杂装备 FPT 为其零部件出现服役性能退化的时刻，需要分析正常服役阶段信号表征和退化阶段信号表征间的差异确认。下面以速度域 RMS 指标为例，介绍复杂装备 FPT 确定。

　　RMS 指数是广泛采用的时域特征之一，并已成功应用于预测 RUL。然而，用于定义与行业相关的复杂装备的失效寿命 (end of life, EoL) 或报警幅度的 ISO 标准是在速度域中定义的，因此为了确定复杂装备的 FPT 和 EoL，需要将采集到的加速度域中的振动信号通过积分操作转换到速度域中进行考虑，表达式如下：

$$V^{RMS} = V^{(i)}(t) = \int A^{(i)}(t)\mathrm{d}t, \quad i = 1, 2, 3, \cdots, K \tag{5-23}$$

式中，$V^{(i)}(t)$ 为第 i 个加速度域下的样本；$A^{(i)}(t)$ 为经过积分得到的速度域信号；K 为总采样次数。

　　前面提到用于定义与行业相关的 EoL 或报警幅度的 ISO 标准是在速度域中定义的，这是因为加速度域中信号的幅度随着该信号频率的增加而增加，而速度提供了与转速无关的更稳定的能量表示。此外，速度域中的振动不易受放大器过载的影响，而放大器过载通常出现在高频中，会损害低频信号的保真度。

　　在实际工程中，复杂装备通常运行状况良好，无法显示明显的退化趋势，从而导致 RMS 序列平稳。本节为了定义 FPT 和 EoL，采用 2σ 方法确定复杂装备关键零部件开始出现性能退化的 FPT 和直至失效的时刻。如图 5-57 所示，以滚动轴承 FPT 确定过程为例，V^{RMS} 用于计算均值 μ 和标准偏差 σ，然后 FPT 为 V^{RMS} 连续两次超过观测值的时刻。$\mu + 2\sigma$ 依据 ISO 标准，当 V^{RMS} 达到给定阈值时，将定义轴承的 EoL。对于滚动轴承 RUL 预测，轴承的真实 RUL 定义为从 FPT 到 EoL 的单位斜率线性下降。

　　2) RUL 评估

　　RUL 评估模型构建是利用数据挖掘方法从退化阶段状态信号表征中提取出与复杂装备及其关键零部件服役性能退化相关的数据特征后，利用回归模型构建数据特

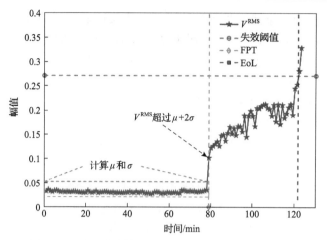

图 5-57　基于速度域 RMS 指标的滚动轴承 FPT 确定

征和 RUL 之间的映射关系。本节以深度学习方法中卷积长短时记忆(convolutional long short-term memory, ConvLSTM)网络[59]为例对 RUL 评估模型构建进行简单介绍。

作为一种主流的深度学习方法，ConvLSTM 网络可以多时空维度表达特征映射，捕捉长距离的空间依赖性，学习不同通道特征的相关性。它在输入到状态和状态到状态的转换中使用了全卷积，对空间信息进行编码。它的显著特点是，ConvLSTM 所有的输入、单元输出、隐藏状态和门控输出都是三维张量，保留了长时期的时空信息。ConvLSTM 继承了卷积算子的稀疏连通性和参数共享的优点，在状态到状态和输入到状态的转换中使用卷积运算，很容易通过输入和其记忆单元的过去状态来确定网格中某个细胞的未来状态。ConvLSTM 单元结构如图 5-58 所示，其公式如下：

$$f_t = \sigma\left(W_f * [x_t, h_{t-1}] + b_f\right) \tag{5-24}$$

$$i_t = \sigma\left(W_i * [x_t, h_{t-1}] + b_i\right) \tag{5-25}$$

$$o_t = \sigma\left(W_o * [x_t, h_{t-1}] + b_o\right) \tag{5-26}$$

$$\tilde{c}_t = \tanh\left(W_c * [x_t, h_{t-1}] + b_c\right) \tag{5-27}$$

$$c_t \& = f_t \odot c_{t-1} + i_t \odot \tilde{c}_t \tag{5-28}$$

$$h_t = o_t \odot \tanh\left(c_t\right) \tag{5-29}$$

式中，$[\cdot]$、σ、$\tanh$ 分别表示concat 、sigmoid 和tanh 运算；f_t、i_t、o_t、c_t、h_t、$\tilde{c}_t$ 表示各种门控机制；x_t 表示输入数据；h_{t-1} 表示之前 ConvLSTM 单元输出的循环状态；W 和 b 分别表示选通机构的重量和偏置；$\odot$ 和 $*$ 分别表示哈达玛积和卷积操作。

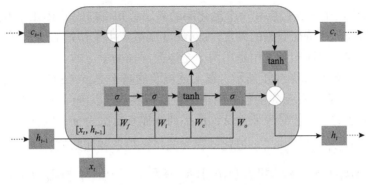

图 5-58　ConvLSTM 单元结构

基于 ConvLSTM 的退化过程相关特征提取过程如图5-59 所示。利用传感器采集的复杂装备实时状态数据经过数据清洗和数据预处理得到状态信号表征后，将输入特征提取网络的输入层经过两层ConvLSTM网络对输入信号表征的关键信息进行有效提取，得到退化过程相关特征。

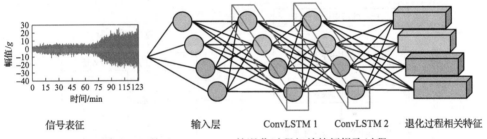

图 5-59　基于 ConvLSTM 的退化过程相关特征提取过程

ConvLSTM 提取的退化过程相关特征与 RUL 之间的回归映射关系构建过程如图 5-60 所示。经过监督训练，RUL 评估模型可以最大限度地提高可训练的权重和偏差，以学习各种退化特征，因此可以准确地观察到轴承的退化趋势。具体来

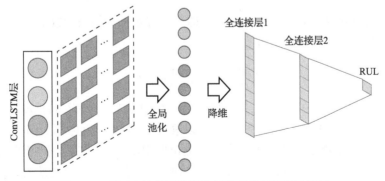

图 5-60　基于全连接层的退化过程相关特征提取过程

说，一个带有两个全连接层和一个池化层的多层感知机构成了 RUL 评估模型，全局池化被用来降低特征数据的维度。sigmoid 函数产生了初始的 RUL 估计，而各种通道之间的非线性相互作用是用两个全连接层辅助学习的。

RUL 评估流程如图5-61 所示。以上述提及的基于 ConvLSTM 的 RUL 评估模型为例，Adam 算法和损失函数被用来优化网络参数，以确保评估结果的可靠性。假设评估网络的输入信号表征为 X，最小训练样本批次为 m，则含标签历史信号表征可表示为 $\{x_i, y_i\}_{i=1,2,\cdots,N}^{m}$。退化过程相关特征提取和回归映射网络的映射函数分别为 $f_F(x, \theta_F): R^k \to R^l$ 和 $f_R(x, \theta_R): R^l \to R^1$，其中，$\theta_F$ 和 θ_R 分别表示两个网络对应的待优化参数。RUL 评估模型的损失函数 L_{RUL}（优化目标）多为评估结果和训练 RUL 标签之间的均方误差，其计算过程如下：

$$L_{\mathrm{RUL}} = \frac{1}{n}\sum_{i=1}^{n}\left(f_R\left(f_F\left(x_i\right)\right) - y_i\right)^2 \tag{5-30}$$

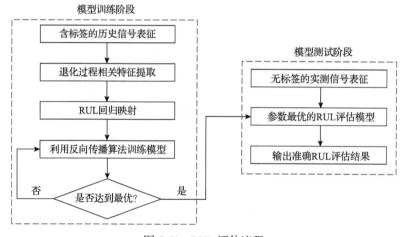

图 5-61　RUL 评估流程

RUL 评估网络多通过"端到端"的监督训练过程使损失函数最小化，从而优化参数，优化过程可被描述如下：

$$\min_{\theta_F, \theta_R} \mathrm{Loss} = \min_{\theta_F, \theta_R}\left\{L_{\mathrm{RUL}}\right\} \tag{5-31}$$

在 RUL 评估网络的参数已经达到最优后，实测状态信号表征将被输入网络，网络可直接输出对应数据的 RUL评估结果。以滚动轴承实测退化数据为例，其 RUL 评估结果如图 5-62 所示。用户可根据网络输出的 RUL 评估结果，判断当前滚动轴承的退化程度。此外，也可以两个时刻评估的 RUL 值拟合退化线性关系，预测滚动轴承可继续服役的理论时间。

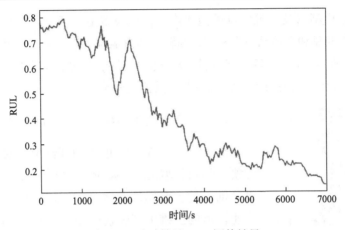

图 5-62　滚动轴承 RUL 评估结果

5.3.3　基于数字孪生的装备关键部件故障诊断

以高速列车轴箱处轴承为分析对象，基于数字孪生模型框架，通过建立由信息模型、机理模型以及领域模型组成的轴承故障诊断孪生模型，实现面向磨损损伤的诊断和预测。据此建立的轴箱轴承故障诊断孪生模型框架如图 5-63 所示。

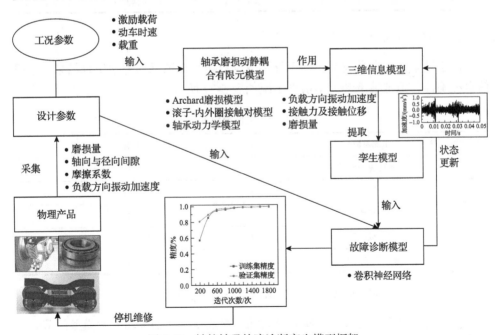

图 5-63　轴箱轴承故障诊断孪生模型框架

信息模型由面向高速列车轴箱轴承物理实体的状态信息模型(该数据为振动

信号)、孪生模型以及三维信息模型构成;机理模型主要基于有限元理论,结合
Archard 磨损模型和多体动力学模型,在轴承动力学模型的基础上,构建面向滚子-
内圈-外圈磨损分析的动静耦合分析模型;随后,基于深度卷积神经网络,建立以
故障诊断分析和预测为目标的领域模型,具体过程论述如下。

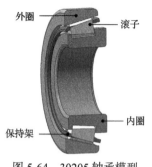

图 5-64　30205 轴承模型

1. 面向高速列车轴箱轴承的虚拟映射模型

选取型号为 30205 的单列圆锥滚子轴承作为具体
对象,轴承模型如图 5-64 所示。结合表 5-26 中的参数,
定义轴承的主要属性参数(如材料、刚度、泊松比等),
构建轴承的三维虚拟映射模型,作为探究高速动车组
轴箱轴承滚子-内圈-外圈磨损分析、评估和预测方法
的基础。

表 5-26　30205 轴承参数

外圈直径 /mm	内圈直径 /mm	内圈宽度 /mm	总宽度 /mm	外圈宽度 /mm	接触角 /(°)	基本额定动载荷 /kN
52	25	15	16.25	13	14.036	38.1

2. 工况数据分析

由于轴承设计参数及其实际工况参数会直接影响轴承动力学仿真结果及故障
信息准确性,拟定轴承动力学仿真工况如表 5-27 所示。

表 5-27　工况参数表

工况参数	数值
内圈转速/(rad/s)	300
密度/(kg/mm^3)	7.8×10^3
泊松比	0.3
纵向载荷/N	200
弹性模量/GPa	207

3. 机理模型构建(轴承磨损动静耦合有限元模型)

轴承磨损动静耦合有限元模型分为轴承磨损模型和轴承动力学模型两部分。
本节侧重于轴承内圈的磨损退化,探究的重点聚焦于轴承内圈,因此仅建立由轴
承内圈、滚子、保持架以及轴承外圈构成的二维磨损退化仿真模型。采用 ABAQUS

静态通用方法对二维轴承截面的磨损状态进行分析，为降低计算成本，将轴承简化为单个滚子与内外圈及保持架接触模型，如图 5-65 所示。

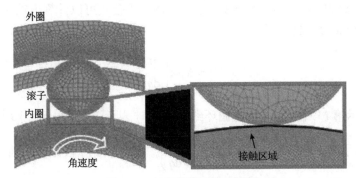

图 5-65　轴承磨损有限元模型

以分析轴承磨损为目标，同时考虑到三维轴承模型计算时消耗资源较多，提出一种基于 Archard 磨损模型及半解耦损伤计算方法。

根据 Archard 磨损理论，滚动轴承内圈的磨损量可表示为

$$V_m = K_s \frac{NL_m}{H} \tag{5-32}$$

式中，N 为接触面法向力，N；L_m 为相对滑移距离，mm；H 为材料硬度，N/mm^2；K_s 为磨损系数。

对于滚子轴承，其内圈与滚动体的接触、外圈与滚动体的接触以及滚子与保持架的接触为线接触或面接触，接触区域属于小面积接触。磨损深度可表示为

$$h_s = \int_0^s kp \mathrm{d}s \tag{5-33}$$

式中，h_s 为磨损深度，mm；k 为接触面无量纲磨损系数 K 与接触面材料表面硬度 H 的比值，即有量纲磨损系数，$k = K/H$，mm^2/N；p 为接触面正压力，N；s 为接触滑移距离，mm。

利用有限元分析磨损过程，将整个磨损过程离散成多个增量步的磨损过程堆积，同时假设轴承磨损过程中，在每个增量步内滚子与轴承内圈接触点处的压力和磨损系数是一个常值，接触点的磨损深度可表示为

$$h_n = h_{n-1} + \int_{S_{n-1}}^{S_n} kp_n \mathrm{d}s \tag{5-34}$$

式中，h_n 为在第 n 个增量步下的磨损深度，mm；h_{n-1} 为第 $n-1$ 个增量步下的磨损深度；p_n 为第 n 个增量步下的接触应力。

为降低计算时长，提出一种轴承磨损的半解耦损伤计算方法。首先，通过仿真得出轴承未损伤状态下的应力场，选取轴承转动圈数步长 $\Delta q = 10$，假设在该步长内，轴承接触应力大小基本不变。根据下述计算公式可以计算出轴承每转动 Δq 圈时所有单元的磨损量增量：

$$\Delta h_i^{(j)} = \Delta q \times \left(\frac{\mathrm{d}h}{\mathrm{d}q} \right)_i^{(j)} \tag{5-35}$$

式中，i 表示第 i 段循环，i 从 1 循环到 10000；j 表示第 j 个单元；$\Delta h_i^{(j)}$ 表示第 i 段循环中轴承第 j 个单元的磨损深度；$\left(\dfrac{\mathrm{d}h}{\mathrm{d}q} \right)_i^{(j)}$ 表示在第 i 段循环中轴承第 j 个单元每次循环的磨损累积速率。

根据所有单元磨损量增量更新当前轴承磨损状态，然后重新仿真轴承当前磨损状态下的新应力场，根据新的应力再进行下一段循环。重复上述过程，可以得到轴承在设定转动圈数内的磨损深度及对应磨损状态。

最后建立轴承多体动力学模型。轴承工作过程中，各部件存在复杂的运动和接触关系，并且产生很小的变形量，因此各部件均设置为弹性材料。轴承各部件材料均为高碳铬轴承钢。采用减缩积分的六面体单元 C3D8R 开展轴承有限元建模，单元总数为 128330。

4. 领域模型建立及应用（基于 CNN 的轴承模型故障分析及早期诊断）

通过数值模拟的方式提取轴承内圈转动过程中的振动特征，作为故障信息特征，进而讨论轴承内圈的磨损故障。为了获得上述特征，需要给出仿真环境下的测点布置方式。其中测点的主要布置原则为提取故障特征所布置的仿真测点，主要集中在轴承缺陷位置，采用节点集中心对称的布置形式获取运动中负载方向轴承内圈振动特性数据。测点具体布置位置如图 5-66 所示。

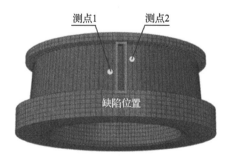

图 5-66　测点布置图

在工况数据、运行状态数据作用下，对机理模型进行仿真分析，模拟轴承实际工作过程，采集孪生信息，包括接触对的接触力、接触位移、振动加速度。根据上述数据对机理模型进行诊断。图 5-67 为轴承内圈接触压力分布。滚子与内圈的接触起点据内圈中心的转动角度为 0°。由结果可以看出，在承载区内，内圈与滚动体在载荷的作用下产生较大的接触压力，最大接触压力出现在轴承承载区中心位置，最大值为 1750.77N，随后沿着滚子相对轴承内圈的转动时间的增加而逐渐下降。当滚子位于非承载区时，接触压力近乎为 0。

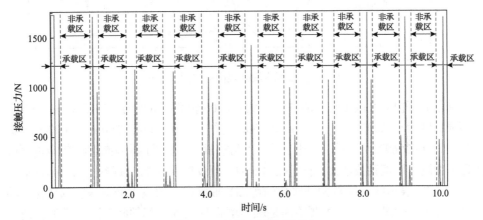

图 5-67　轴承内圈接触压力

　　图 5-68 为滚动体与轴承内圈的相对滑动位移分布。由图可知，在轴承转动一周的过程中，位于承载区的轴承相对滑移距离小于非承载区；轴承转 10 周承载区的累积最大相对滑动位移大小约为 $2.5548 \times 10^{-3} \mu m$。

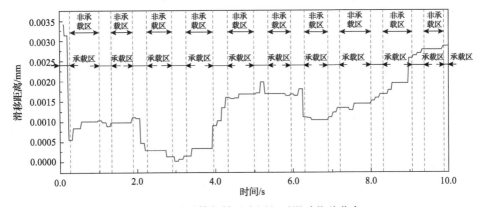

图 5-68　滚动体与轴承内圈相对滑动位移分布

　　图 5-69 为不同磨损循环次数下轴承内圈外表面磨损深度分布。可以看到，随着循环次数的累积，磨损量变大，磨损深度逐渐增加。内圈外表面磨损最严重的地方出现在轴承承载区中心附近。

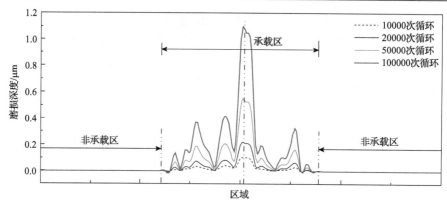

图 5-69 轴承内圈外表面磨损深度分布

轴承的磨损程度按照图 5-69 中划分为：10000 转磨损深度为 0.104969 μm，20000 转磨损深度为 0.200038449 μm，50000 转磨损深度为 0.474846123 μm，100000 转磨损深度为 1.029692245 μm。相比于轴承无磨损状态，轴承内圈振幅随着轴承内圈磨损逐渐加剧，摩擦系数增大，轴承振幅增加，所以轴承内圈磨损越严重，振幅越大。

图 5-70 表示的是随着循环次数的增加，轴承内圈的最大磨损深度的变化。轴承磨损量呈非线性增加的主要原因是轴承磨损导致轴承部件间隙逐渐增加，使得轴承预紧力逐渐降低，轴承内圈接触应力呈非线性变化。

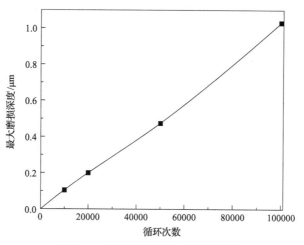

图 5-70 轴承内圈最大磨损量变化

在给定工况下得到轴承不同磨损程度下轴承内圈幅值变化特征曲线，如图 5-71 所示。通过轴承不同磨损程度下的振动时域波形图，很难直观地看出轴承当前工作状态，也不能区别轴承的不同磨损工况。因此，选择卷积神经网络作为识别轴承磨损程度的分析方法。

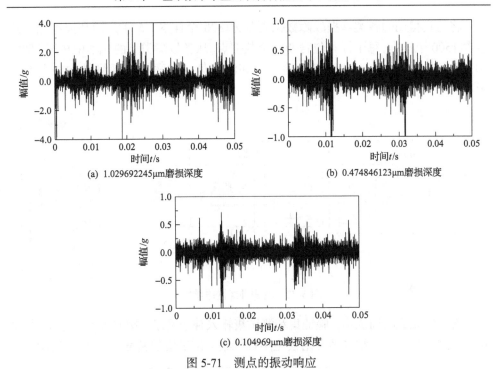

(a) 1.029692245μm磨损深度　　　　　　(b) 0.474846123μm磨损深度

(c) 0.104969μm磨损深度

图 5-71　测点的振动响应

为了计算轴承内圈磨损信号的卷积处理特征，将每个经过小波变换得到的样本图像尺寸重塑为 64×64×3，卷积神经网络采用 2 个卷积层、2 个池化层、2 个全连接层以及 1 个 SoftMax 层，池化层选择最大池化层，激活函数选择 ReLU 函数。各层的详细信息如表5-28所示，优化算法选择 Adam 算法，优化率为 $1×10^{-3}$，小批量 mini-batch 迭代使用的数据量为 16，具体 CNN 训练参数如表 5-28 所示。

表 5-28　CNN 训练参数

名称	核尺寸	数量	步长	输出尺寸
输入层	—	—	—	875×656×3
重构层	—	—	—	64×64×3
卷积层 1	5×5	8	1	60×60×8
池化层 1	2×2	8	2	30×30×8
卷积层 2	5×5	16	1	26×26×16
池化层 2	2×2	16	2	13×13×16
全连接层 1	—	—	—	128
全连接层 2	—	—	—	5
SoftMax 层	—	—	—	5

将仿真得到的各类磨损故障数据划分为 300 个样本，5 种不同磨损状态，共包含 1500 个样本,每个样本包含 900 个数据点。从各故障类型的样本中按照 70%、20%以及10%划分作为训练集、验证集和测试集。卷积神经网络结构如图 5-72 所示。

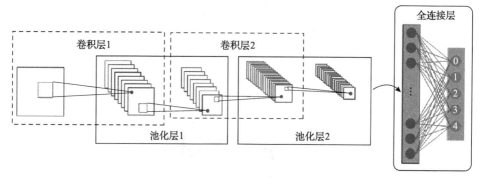

图 5-72　卷积神经网络结构

将分组完成的训练集、验证集和测试集输入神经网络，按照表 5-28 中的参数对模型进行训练，卷积神经网络模型中训练集与测试集的精度如图 5-73 所示。

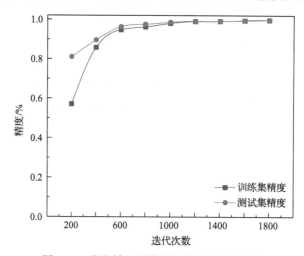

图 5-73　卷积神经网络训练集与测试集精度

5.3.4　基于数字孪生的装备关键部件状态评估

选取列车转向架齿轮为对象，基于提出的融合数据-模型的数字孪生建立框架，以其时变磨损为分析目标，探究其状态评估方法。构建的转向架齿轮状态评估模型框架如图 5-74 所示。

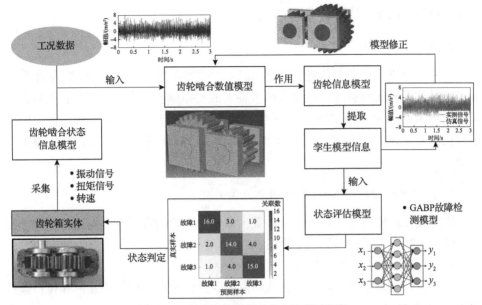

图 5-74　列车齿轮磨损分析孪生模型框架

对于信息模型，其由面向高速列车转向架齿轮的设计参数(齿轮几何参数、齿轮啮合参数、齿轮材料参数)模型、三维信息模型、孪生信息模型构成；机理模型基于有限元理论，根据齿轮四自由度动力学模型和齿轮磨损分析等建立动车齿轮分析模型，实现齿轮啮合刚度、阻尼比等信息的提取。对于领域模型，基于长短时记忆网络，建立以时变磨损分析为目标状态评估。动车转向架齿轮状态评估模型详细构建与应用过程如下。

1. 面向高速列车齿轮箱齿轮的虚拟映射模型

以动车转向架齿轮箱齿轮为对象，构建其磨损故障下的状态评估数字孪生，物理对象为列车齿轮。在 SolidWorks 软件中建立齿轮的三维模型，导入 ABAQUS 软件进行有限元分析，如图 5-75 所示，定义齿轮零部件的主要属性参数，如几何

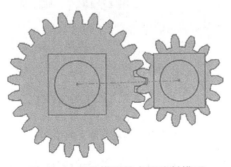

图 5-75　齿轮模型的虚拟映射模型

参数，材料、刚度等物理属性。

2. 工况数据分析

目前所建立的模型是齿轮-轴承座模型。齿轮轴和轴承座之间设置为面-面接触，并对其设置接触属性，以此来模拟轴承的支撑刚度与支撑阻尼比；齿轮之间同样设置为面-面接触，用来模拟齿轮之间的接触摩擦系数、啮合刚度以及啮合阻尼比。对主动轴进行耦合后，施加旋转载荷；对从动轴进行耦合后，施加负载扭矩。

3. 机理模型构建(齿轮时变磨损分析模型)

构建该机理模型主要包括三个步骤，即建立齿轮啮合模型、构建齿轮传动动力学模型和基于工况数据的模型修正。

1) 建立齿轮啮合模型

齿轮啮合模型包含主动齿轮、从动齿轮以及轴承座。齿轮的几何和材料参数如表 5-29 所示。

表 5-29　齿轮几何和材料参数

材料参数	数值	几何参数	数值
密度/(kg/m^3)	7850	主动齿轮齿数	15
弹性模量/$10^{11}Pa$	2.1	从动齿轮齿数	25
泊松比	0.3	模数/mm	4

对模型绘制网格时，须在齿与齿的接触面上进行网格细化，以获得最佳的计算结果，如图 5-76 所示。

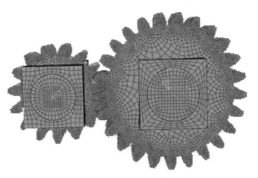

图 5-76　齿轮有限元模型

为了使模型更好地收敛，在初始分析步后设置两个分析步，第一个分析步用来施加从动齿轮的负载转矩,第二个分析步用来施加主动齿轮的旋转载荷。

2)构建齿轮传动动力学模型

齿轮具有质量集中的特点,因此集中参数法被广泛应用于定轴齿轮的动力学建模。建立如图5-77所示的四自由度平动-扭转齿轮动力学模型,每个齿轮具有一个转动自由度θ和一个平动自由度y。

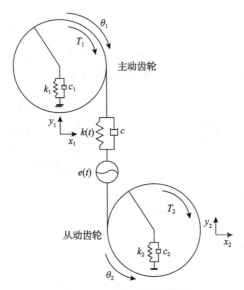

图 5-77　齿轮动力学模型

该模型的动力学方程如下:

$$\begin{cases} I_1\ddot{\theta}_1 + c\dot{x}_m R_1 + k(t)x_m R_1 = T_1 \\ m_1\ddot{y}_1 + c_1\dot{y}_1 + k_1 y_1 - c\dot{x}_m - k(t)x_m = 0 \\ I_2\ddot{\theta}_2 - c\dot{x}_m R_2 - k(t)x_m R_2 = -T_2 \\ m_2\ddot{y}_2 + c_2\dot{y}_2 + k_2 y_2 + c\dot{x}_m + k(t)x_m = 0 \end{cases} \tag{5-36}$$

相对位移x_m为

$$x_m = R_1\theta_1 - R_2\theta_2 - y_1 + y_2 - e(t) \tag{5-37}$$

式中,T_1、T_2分别为齿轮输入力矩和输出力矩;k_1、k_2分别为主动齿轮和从动齿轮轴承支承刚度;对应的c_1、c_2分别为主动齿轮和从动齿轮轴承支承阻尼;I_1、I_2分别为主动齿轮和从动齿轮的转动惯量;m_1、m_2分别为主动齿轮和从动齿轮的质量；R_1、R_2 分别为主动齿轮和从动齿轮的基圆半径；$k(t)$、c 分别为时变啮合刚度和啮合阻尼；θ_1、θ_2 分别为主动齿轮和从动齿轮的转动自由度；y_1、y_2 分别为主动齿轮和从动齿轮的平动自由度；$e(t)$ 为无负载时的静态传递误差。

3）基于工况数据的模型修正

在工况数据作用下，对机理模型进行仿真分析，模拟齿轮啮合过程，采集孪生信息，对机理模型进行评估验证。齿轮的啮合刚度和啮合阻尼比为影响齿轮啮合时振动的重要参数，因此针对此项参数对模型进行修正，迭代流程如图 5-78 所示，当余弦相似度小于 0.8 时，输出修正后的模型。

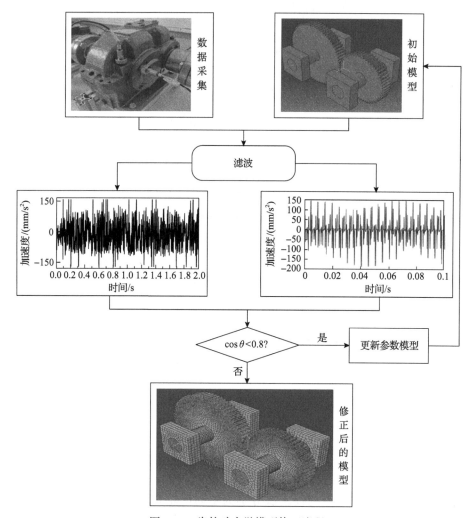

图 5-78 齿轮动力学模型修正流程

4. 面向转向架齿轮磨损状态评价的领域模型

长短时记忆网络的结构如图 5-79 所示，LSTM 网络由遗忘门、输入门以及输出门三部分组成，由遗忘门和输入门决定哪部分信息将被遗忘和输入，最后得到隐藏层的输出，在这里即为齿轮的磨损状态。具体做法为：将四组齿轮状态数据输入 LSTM 网络中，划分训练集和测试集，并依据划分好的状态赋予标签。计算需要输入到网络中的特征，选择合适的特征进行输入，最后搭建 LSTM 网络即可实现齿轮的状态评估。

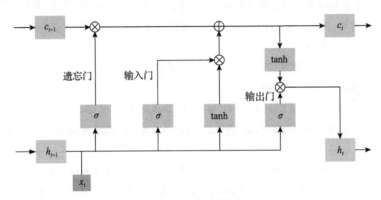

图 5-79　状态评价领域模型

参 考 文 献

[1] Mokammel F, Coatanéa E, Coatanéa J, et al. Automatic requirements extraction, analysis, and graph representation using an approach derived from computational linguistics[J]. Systems Engineering, 2018, 21(6): 555-575.

[2] 官赛萍, 靳小龙, 贾岩涛, 等. 面向知识图谱的知识推理研究进展[J]. 软件学报, 2018, 29(10): 2966-2994.

[3] 崔妍, 包志强. 关联规则挖掘综述[J]. 计算机应用研究, 2016, 33(2): 330-334.

[4] 冯志新, 钟诚. 基于 FP-tree 的最大频繁模式挖掘算法[J]. 计算机工程, 2004, 30(11): 123-124.

[5] 郝爽, 李国良, 冯建华, 等. 结构化数据清洗技术综述[J]. 清华大学学报(自然科学版), 2018, 58(12): 1037-1050.

[6] 陶飞, 张辰源, 张贺, 等. 未来装备探索: 数字孪生装备[J]. 计算机集成制造系统, 2022, 28(1): 1-16.

[7] 胡富琴, 杨芸, 刘世民, 等. 航天薄壁件旋压成型数字孪生高保真建模方法[J]. 计算机集成制造系统, 2022, 28(5): 1282-1292.

[8] 拓云天, 崔洁, 王津沓, 等. 基于数字孪生的滚动轴承健康状态预测[J]. 制造技术与机床,

2022,（11）：156-162.

[9] 易扬, 冯锦丹, 刘金山, 等. 复杂产品数字孪生装配模型表达与精度预测[J]. 计算机集成制造系统, 2021, 27（2）：617-630.

[10] 孙旺. 基于 FMI 的复杂系统装备多领域仿真关键技术研究[D]. 南京: 南京邮电大学, 2022.

[11] Zhang Y X, Bao Z J, Wang Q H, et al. OWL: A data sharing scheme with controllable anonymity and integrity for group users[J]. Computer Communications, 2023, 209: 455-468.

[12] 朱杰, 张宏军. 基于本体的仿真想定空间知识表达模型[J]. 系统仿真学报, 2021, 33（5）：1051-1061.

[13] 王一鸣. 基于知识图谱的推荐技术研究及应用[D]. 成都: 电子科技大学, 2018.

[14] 李叶叶, 李贺, 沈旺, 等. 基于多源异构数据挖掘的在线评论知识图谱构建[J]. 情报科学, 2022, 40（2）：65-73, 98.

[15] 韩忠华, 许晨舟, 乔建领, 等. 基于代理模型的高效全局气动优化设计方法研究进展[J]. 航空学报, 2020, 41（5）：623344.

[16] Jiang H F, Qin S F, Fu J L, et al. How to model and implement connections between physical and virtual models for digital twin application[J]. Journal of Manufacturing Systems, 2021, 58: 36-51.

[17] Cicirelli F, Furfaro A, Nigro L. Modelling and simulation of complex manufacturing systems using statechart-based actors[J]. Simulation Modelling Practice and Theory, 2011, 19（2）：685-703.

[18] Huang S H, Dismukes J P, Shi J, et al. Manufacturing system modeling for productivity improvement[J]. Journal of Manufacturing Systems, 2002, 21（4）：249-259.

[19] 丁国富, 江海凡, 付建林, 等. 基于物流路径网络的复杂离散制造系统物流建模仿真方法: CN109408921A[P]. 2019-03-01.

[20] Ruiz N, Giret A, Botti V, et al. An intelligent simulation environment for manufacturing systems[J]. Computers and Industrial Engineering, 2014, 76（C）：148-168.

[21] Zhang Y F, Qian C, Lv J X, et al. Agent and cyber-physical system based self-organizing and self-adaptive intelligent shopfloor[J]. IEEE Transactions on Industrial Informatics, 2017, 13（2）：737-747.

[22] 苏春. 制造系统建模与仿真[M]. 3 版. 北京: 机械工业出版社, 2019.

[23] 王标. 基于 MTConnect 的机加车间异构系统集成方法研究[D]. 济南: 山东大学, 2018.

[24] 赵颖, 侯俊杰, 于成龙, 等. 面向生产管控的工业大数据研究及应用[J]. 计算机科学, 2019, 46（S1）：45-51.

[25] Tan Y F, Yang W H, Yoshida K, et al. Application of IoT-aided simulation to manufacturing systems in cyber-physical system[J]. Machines, 2019, 7（1）：2.

[26] 丁国富, 江海凡, 孙云, 等. 一种基于虚拟传感器的车间生产过程可视化系统及构建方法:

CN109976296A[P]. 2019-07-05.

[27] Liu C, Xu X, Peng Q J, et al. MTConnect-based cyber-physical machine tool: A case study[J]. Procedia CIRP, 2018, 72: 492-497.

[28] Liu C, Vengayil H, Zhong R Y, et al. A systematic development method for cyber-physical machine tools[J]. Journal of Manufacturing Systems, 2018, 48: 13-24.

[29] Zhang H, Liu Q, Chen X, et al. A digital twin-based approach for designing and multi-objective optimization of hollow glass production line[J]. IEEE Access, 2017, 5: 26901-26911.

[30] Liu Q, Zhang H, Leng J W, et al. Digital twin-driven rapid individualised designing of automated flow-shop manufacturing system[J]. International Journal of Production Research, 2019, 57(12): 3903-3919.

[31] 罗樟圳, 江海凡, 付建林, 等. 基于组合赋权的离散制造车间生产计划综合评价[J]. 系统仿真学报, 2021, 33(8): 1856-1865.

[32] 李玉东. 全过程视角下某离散制造系统运行评价及应用[D]. 重庆: 重庆大学, 2015.

[33] Fang Y L, Peng C, Lou P, et al. Digital-twin-based job shop scheduling toward smart manufacturing[J]. IEEE Transactions on Industrial Informatics, 2019, 15(12): 6425-6435.

[34] Hamill J, Caldwell G E, Derrick T R. Reconstructing digital signals using shannon's sampling theorem[J]. Journal of Applied Biomechanics, 1997, 13(2): 226-238.

[35] 赵帅, 黄亦翔, 王浩任, 等. 基于拉普拉斯特征马氏距离的滚珠丝杠健康评估[J]. 机械工程学报, 2017, 53(15): 125-130.

[36] 胡广书. 数字信号处理导论[M]. 北京: 清华大学出版社, 2005.

[37] 李舜酩, 侯钰哲, 李香莲. 滚动轴承振动故障时频域分析方法综述[J]. 重庆理工大学学报（自然科学）, 2021, 35(10): 85-93.

[38] Huang N E, Shen Z, Long S R, et al. The empirical mode decomposition and the Hilbert spectrum for nonlinear and non-stationary time series analysis[J]. Proceedings of the Royal Society of London Series A: Mathematical, Physical and Engineering Sciences, 1998, 454(1971): 903-995.

[39] 胡爱军, 马万里, 唐贵基. 基于集成经验模态分解和峭度准则的滚动轴承故障特征提取方法[J]. 中国电机工程学报, 2012, 32(11): 106-111, 153.

[40] 林近山. 基于互补的总体经验模式分解算法的齿轮箱故障诊断[J]. 机械传动, 2012, 36(8): 108-111.

[41] ur Rehman N, Mandic D P. Filter bank property of multivariate empirical mode decomposition[J]. IEEE Transactions on Signal Processing, 2011, 59(5): 2421-2426.

[42] 郑近德, 程军圣, 杨宇. 改进的 EEMD 算法及其应用研究[J]. 振动与冲击, 2013, 32(21): 21-26, 46.

[43] Lang X, Zheng Q, Zhang Z M, et al. Fast multivariate empirical mode decomposition[J]. IEEE

Access, 2018, 6: 65521-65538.

[44] Saari J, Strömbergsson D, Lundberg J, et al. Detection and identification of windmill bearing faults using a one-class support vector machine(SVM)[J]. Measurement, 2019, 137: 287-301.

[45] Yu K, Lin T R, Ma H, et al. A multi-stage semi-supervised learning approach for intelligent fault diagnosis of rolling bearing using data augmentation and metric learning[J]. Mechanical Systems and Signal Processing, 2021, 146: 107043.

[46] Han B K, Wang X Y, Ji S S, et al. Data-enhanced stacked autoencoders for insufficient fault classification of machinery and its understanding via visualization[J]. IEEE Access, 2020, 8: 67790-67798.

[47] Huang X, Wen G R, Dong S Z, et al. Memory residual regression autoencoder for bearing fault detection[J]. IEEE Transactions on Instrumentation and Measurement, 2021, 70: 1-12.

[48] 张聪, 朱永生, 杨敏燕, 等. 采用多变量耦合网络与变分图自编码器的机械设备异常检测方法[J]. 西安交通大学学报, 2021, 55(4): 20-28.

[49] 李红, 孙冬梅, 沈玉成. EEMD 降噪与倒频谱分析在风电轴承故障诊断中的应用[J]. 机床与液压, 2018, 46(13): 156-159.

[50] Zhang C G, Wang Y, Deng W. Fault diagnosis for rolling bearings using optimized variational mode decomposition and resonance demodulation[J]. Entropy, 2020, 22(7): 739.

[51] Zhang T R, Geng L, Chen X L, et al. Research on fault diagnosis of TBM main bearing based on improved BP neural network[C]. Proceedings of UKACC International Conference on Control, Cardiff, 2012: 579-583.

[52] 王贡献, 张淼, 胡志辉, 等. 基于多尺度均值排列熵和参数优化支持向量机的轴承故障诊断[J]. 振动与冲击, 2022, 41(1): 221-228.

[53] Shi H D, Mao W T, Wang G S, et al. Deep multi-task SVDD: A new robust online detection method of bearings early fault[C]. Global Reliability and Prognostics and Health Management (PHM-Nanjing), Nanjing, 2021: 1-7.

[54] Xu F, Huang Z L, Yang F F, et al. Constructing a health indicator for roller bearings by using a stacked auto-encoder with an exponential function to eliminate concussion[J]. Applied Soft Computing, 2020, 89: 106119.

[55] Daigle M, Goebel K. Model-based prognostics under limited sensing[C]. IEEE Aerospace Conference, Big Sky, 2010: 1-12.

[56] 瞿家明, 周易文, 王恒, 等. 基于改进 HMM 和 Pearson 相似度分析的滚动轴承自适应寿命预测方法[J]. 振动与冲击, 2020, 39(8): 172-177, 201.

[57] Rohani Bastami A, Aasi A, Arghand H A. Estimation of remaining useful life of rolling element bearings using wavelet packet decomposition and artificial neural network[J]. Iranian Journal of Science and Technology, Transactions of Electrical Engineering, 2019, 43(1): 233-245.

[58] Wang Q B, Zhao B, Ma H B, et al. A method for rapidly evaluating reliability and predicting remaining useful life using two-dimensional convolutional neural network with signal conversion[J]. Journal of Mechanical Science and Technology, 2019, 33 (6) : 2561-2571.

[59] Sainath T N, Vinyals O, Senior A, et al. Convolutional, long short-term memory, fully connected deep neural networks[C]. IEEE International Conference on Acoustics, Speech and Signal Processing (ICASSP) , South Brisbane, 2015: 4580-4584.

第6章　复杂装备全生命周期数字孪生平台

在制造企业开展复杂装备全生命周期信息物理融合理论、方法、技术应用，需要以平台为载体，本章重点介绍复杂装备全生命周期数字孪生平台开发与应用。在平台开发方面，结合全生命周期信息物理融合需求，设计微服务软件架构，建立覆盖装备设计、制造、运维等应用多场景的功能体系；在平台应用方面，重点介绍平台在轨道交通装备关键零部件设计、制造、运维过程中的应用，同时在风力发电装备、盾构机装备的智能运维过程中开展推广应用。

6.1　平台设计与开发

6.1.1　平台软件架构设计

软件架构是一系列相关的抽象模式，是一个平台构建的草图，是关于软件如何设计的重要决策。复杂装备全生命周期数字孪生平台是一个需要面向多产品、集成多类模型、融合多源异构数据、随需提供多类知识服务的复杂系统。适应性、集成性、跨平台性和信息安全性是系统的本质特征，也是系统架构应考虑的重点。

1.　数字孪生平台架构技术需求

数字孪生平台架构技术需求具体如下。

（1）适应性：从业务的角度来看，复杂装备全生命周期数字孪生平台需要接入不同产品的数据和模型，能提供不同产品数字孪生服务，即要求软件平台、数据体系、模型、接口具有通用性和扩展性。

（2）集成性：从应用的角度来看，复杂装备全生命周期数字孪生平台能为全生命周期各类用户提供服务，屏蔽模型、数据和知识的多源性，即要求平台在集成多源异构系统时能提供统一认证、数据集成和业务集成。

（3）跨平台性：从业务需求和技术开发的角度来看，复杂装备全生命周期数字孪生平台应能利用平台积累的业务数据，针对全生命周期各阶段需求进行设计优化、故障预测等知识服务。目前基于机器学习和深度学习的知识挖掘通常采用Python 语言，基于 TensorFlow、PyTorch 等平台实现和部署，而针对复杂业务集成与应用需求的数字孪生平台一般基于 Java 或.NET 平台构建；同时，在数据存储和管理方面，业务数据一般基于关系型数据库进行管理，流式感知数据一般基于时序数据库或非关系型键值进行管理，而知识数据一般基于知识图谱（原生图数据库)进行管理。因此，数字孪生平台架构需要考虑跨平台性需求。

(4)信息安全性：从信息安全的角度来看，复杂装备全生命周期数字孪生平台集成了装备全生命周期履历数据、各阶段实时感知数据和知识数据，平台应能提供安全访问机制，保证许可的用户可访问被授权的数据和知识。

2. 数字孪生平台架构设计

针对以上需求，从集成和扩展的角度设计数字孪生平台架构，如图 6-1 所示。

1)应用架构

全生命周期数字孪生平台用户类型多，需要数据共享与交互，因此平台上采用 B/S 架构，考虑部分设计、制造仿真等软件的集成，支持部分子系统采用 C/S 模式。用户应用交互服务如下。

(1)用户入口：数字孪生 Web 平台为各类用户应用服务的主入口平台，其基于浏览器为用户按阶段加载展示装备结构树、装备信息、轻量化三维模型、各类实时状态数据，并提供知识交互接口。

(2)轻量化模型及实时信息交互：对模型子系统和零部件等进行标注、批注、剖切等交互，预警信息关联模型具体零件可视化显示。

(3)设计仿真/制造仿真/运维管控等模型交互：以子窗口方式打开模型承载的 C/S 软件系统，并将用户身份和请求的装备结构 ID 传递到对应软件，进行无缝集成。

(4)装备知识图谱交互：以子窗口方式打开知识图谱平台，并自动加载对应装备结构 ID 的知识图谱，根据开发接口将知识嵌入业务系统应用。

2)系统架构

全生命周期数字孪生平台需要整合多个既有系统，提供单点登录、消息服务、数据缓存等服务，因此总体上采用微服务架构，独立提供服务的各功能模块以微服务形式封装，以实现系统间的松耦合；各模块内部可采用分层架构进行设计开发，如图 6-2 所示，实现功能模块内部的高内聚。

(1)平台用户交互服务类子系统。

①全生命周期数字孪生 Web 平台：用户主服务平台，提供产品交互、模型管理、数据展示以及各子系统入口。

②知识图谱服务模块：提供数据挖掘、知识图谱构建、知识查询与问答等服务。

③生成式设计子系统：提供需求管理、配置设计等生成式设计服务。

④制造数字孪生子系统：提供制造过程仿真及制造过程数据驱动的数字孪生服务。

⑤运维数字孪生子系统：提供运维监控、故障诊断和过程仿真等运维孪生模型服务。

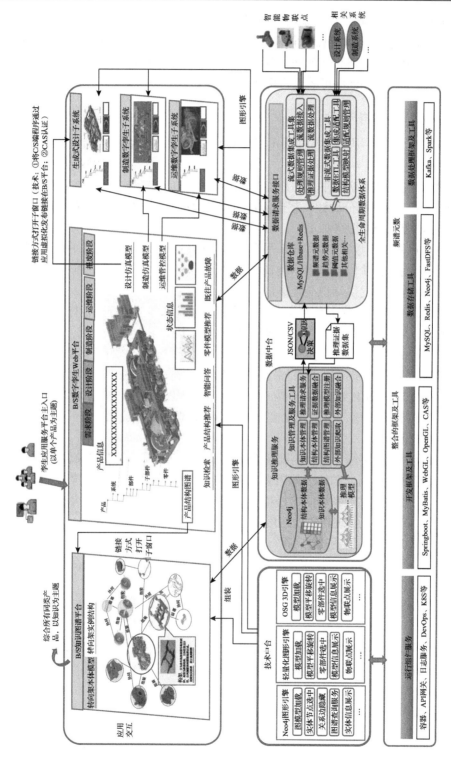

图6-1 复杂装备全生命周期数字孪生平台架构

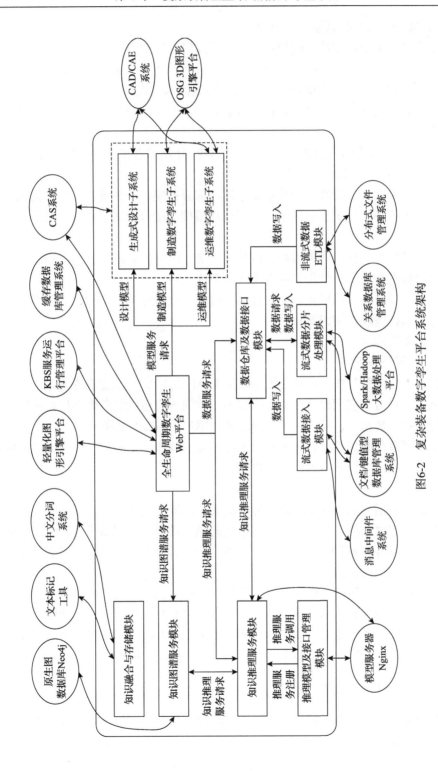

图6-2　复杂装备数字孪生平台系统架构

(2)数据接入及数据服务类模块。

①数据仓库及数据接口模块：以接口形式提供数据服务。

②流式数据接入模块：以消息中间件方式获取下位机采集的物联点流数据，并向产品结构、时间、模型映射，写入文档/键值对数据库。

③流式数据分片处理模块：根据数据处理模型，集成流数据处理引擎进行数据处理。

④非流式数据 ETL 模块：集成设计、制造、运维等各系统的非流式业务数据。

(3)知识融合及推理服务类模块。

①知识推理服务模块：接收数据仓库请求服务接口子系统、B/S 架构知识图谱服务子系统等的知识推理请求，调用推理模型及接口管理子系统完成推理，返回知识服务。

②推理模型及接口管理模块：设计、制造、运维各阶段将推理模型、标注数据集、接口进行注册，供用户在各交互子系统调用。

③知识融合与存储模块：可对标准、规范、故障分类等全生命周期多源异构数据进行知识提取和知识融合。

3)数据架构

(1)数据服务模式。

①业务数据服务接口：采用关系数据库(MySQL)构建数据仓库平台，以统一服务接口方式对各应用提供业务数据服务。数据内容包括装备数字样机信息、测点配置及状态数据、诊断或知识推理结果、用户界面交互数据等。

②知识数据服务接口：集成和注册各类知识推理模型和接口，为应用提供基于接口请求的推理服务，返回知识数据。

(2)数据集成模式。

①流式数据自动接入及处理：针对制造、运维过程中设备、环境等智能物联点位的状态实时数据，研发流式数据集成处理工具集，实现基于消息的流数据自动采集、装备结构/时间/模型维映射、存储、分片计算处理、基于阈值或趋势模型的报警以及知识推理请求等。

②非流式数据集成：针对需求、设计、制造、运维等阶段的非流式业务数据，开发数据集成适配器，基于消息中间件和集成配置规则实现各系统向数据仓库的数据规约、数据模式集成、数据实体识别对齐、数据规范化处理等。在此基础上，实现数据向产品结构/时间/模型维的映射，从而进入数据仓库。

6.1.2 平台功能架构设计

复杂装备数字孪生平台是一个探索性的研究型平台，为保证其可用性，在设计上需要遵循以下原则：

（1）按照抽象与逐步求精的方式控制软件的复杂性。

（2）按照模块化的思路对系统进行分解。

（3）在模块设计和划分上按照功能独立、功能内高内聚、功能间低耦合的原则进行模块设计。

按照平台应用角色及模块独立性原则，将平台划分为基础服务子系统、知识图谱子系统、生成式设计子系统、制造数字孪生子系统、运维数字孪生子系统五个业务子系统和平台管理子系统，如图 6-3 所示。

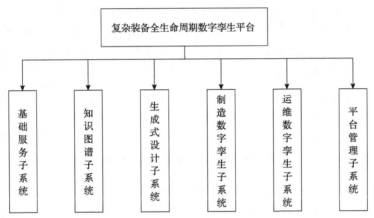

图 6-3　复杂装备全生命周期数字孪生平台系统划分

基础服务子系统是平台的入口，主要包括装备重构、数据集成与管理、智能算法管理等功能模块，如图 6-4 所示。输入复杂装备全生命周期各阶段数据，基于数据体系对装备数据进行统一管理和存储，为知识图谱、孪生模型构建与应用提供数据基础。基于元结构树和编码，对设计形成的产品样机模型进行轻量化云端重构，关联全生命周期数据与模型。按照组成数字孪生模型基础模型进行统一管理，包括装备机理模型和面向多种应用场景的领域模型。

知识图谱子系统负责与用户交互，提供知识服务，主要包括领域本体建模、领域知识抽取、知识获取管理、知识融合、知识交互服务等功能，如图 6-5 所示。建立基于本体的复杂产品全生命周期知识图谱，包括需求知识图谱、技术要求知识图谱、设计参数知识图谱、故障知识图谱等；基于产品元结构树实现知识的组织、管理和融合，通过智能问答、知识搜索等方式提供知识服务。

生成式设计子系统以过程元模型为基础，控制整个产品的研发过程，以需求、产品元模型为数据基础，通过映射及配置实现需求驱动的产品快速设计，主要包括元模型数据管理、项目管理、需求采集、产品实例结构树构建、需求映射、生成式配置设计、总体装配、配置结果校验等功能模块，提供设计数据、知识、过程等管理，支持基于模块化的产品配置设计和变型设计，如图 6-6 所示。

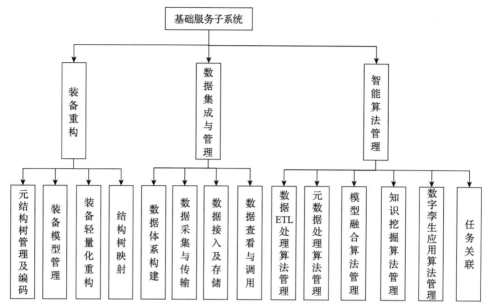

图 6-4　基础服务子系统功能模块

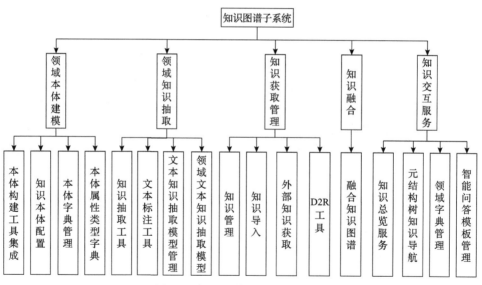

图 6-5　知识图谱子系统功能模块

制造数字孪生子系统基于虚拟重构理论建立车间孪生，实现了物理车间与虚拟车间的虚实融合与交互，包括车间资源多维建模、生产与物流关系配置建模、车间生产组织与计划、生产计划及仿真评价以及生产过程监控与调节五大功能模块，如图 6-7 所示，实现了复杂装备制造环节的数字孪生建模、仿真与优化运行。

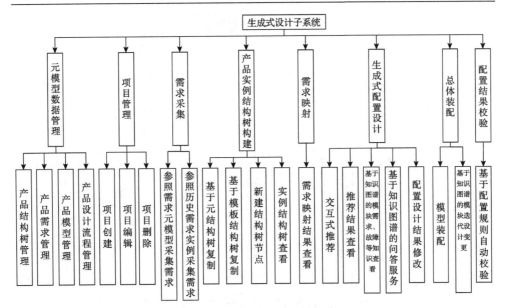

图 6-6　生成式设计子系统功能模块

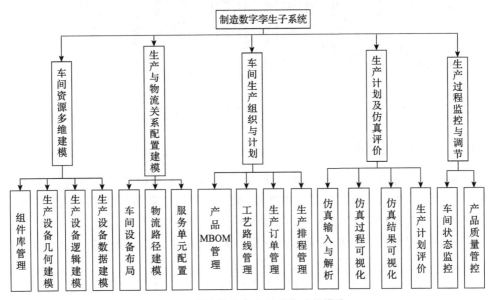

图 6-7　制造数字孪生子系统功能模块

运维数字孪生子系统通过建立产品运维数字孪生，面向状态监控、故障诊断、寿命预测、性能评估的产品运维场景开展孪生应用，包括运维项目管理、实时状态评估执行、孪生运维服务、运维履历管理等功能模块，如图 6-8 所示。

平台管理子系统主要对平台的用户权限系统日志等内容进行配置与管理。

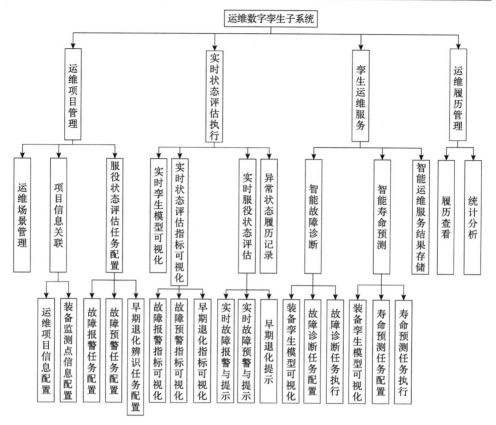

图 6-8　运维数字孪生子系统功能模块

6.1.3　平台开发与集成

基于全生命周期数字孪生 Web 平台架构，设计平台整体体系结构风格，如图 6-9 所示。整体平台基于微服务架构、统一身份认证和角色及用户授权体系，通过代理和网关进行调用，平台体系结构分为 6 层，具体如下。

（1）业务表示层：主要提供单点登录、统一身份认证、功能动态注册及服务，以及设计、制造、运维孪生模型访问调用服务。

（2）代理接口层：为支持平台功能的动态扩展，引入代理接口层，以网关方式为业务表示层提供业务逻辑访问网关服务。

（3）服务组件层：按用途将系统组件分为以下四类。

①基础组件：用户、角色、功能菜单、授权等。

②业务组件：知识服务、产品结构树、Web 3D 交互、数据实时查看等。

③扩展接口组件：AI 模型注册、AI 模型调用、其他外部服务注册等 RESTful API 组件。

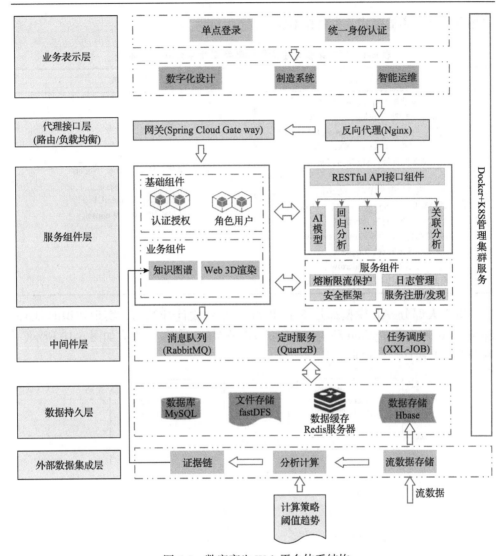

图 6-9　数字孪生 Web 平台体系结构

④服务组件：安全管理、事务管理、出错处理等 AOP（aspect oriented programming）服务组件。

（4）中间件层：集成消息队列、定时服务、任务调度开源中间件，为组件间通信和调用提供支持。

（5）数据持久层：提供结构化数据库、文档数据、流式大数据存储、访问和数据缓存服务。

（6）外部数据集成层：提供流数据采集存储、流式数据分析计算平台集成接口。

平台主体程序采用 Java 微服务技术框架进行开发，主要基于 Spring Cloud，采用前后端分离的模式，主要技术栈如表 6-1 所示。

表 6-1　复杂装备全生命周期数字孪生平台开发技术栈

后端技术栈	前端技术栈
开发框架：Spring Boot 2.5 微服务框架：Spring Cloud 2020 安全框架：Spring Security + Spring OAuth 2.0 任务调度：Quartz、XXL-JOB 持久层框架：MyBatis Plus 数据库连接池：Druid 服务注册与发现：Nacos 客户端负载均衡：Spring Cloud Loadbalancer 熔断组件：Sentinel 网关组件：Spring Cloud Gateway 日志管理：Logback 运行容器：Undertow 分布式事务：LCN（lock, confirm, notify）	JS 框架：Vue、Avue、Nodejs CSS 框架：sass 组件库：ElementUI 打包构建工具：Webpack

由于大部分 AI 模型都是基于 Python 平台设计开发的，实现知识库 Java Springboot 平台与 Python 环境中运行的 AI 模型的通信技术方案如图 6-10 所示，基于 REST 接口进行通信。

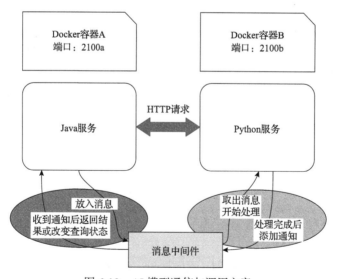

图 6-10　AI 模型通信与调用方案

在知识库运行时，根据传入的感知数据或请求指令参数，先查询知识图谱，当知识图谱中没有请求的答案时，通过 REST 通信接口调用 AI 模型。在具体实现时可采用 RestTemplate 实现。RestTemplate 是由 Spring 提供的一种 HTTP 请求工具，从 Spring3.0 开始支持，提供了常见的 REST 请求方案的模板，如 GET 请求、

POST 请求、PUT 请求、DELETE 请求以及一些通用的请求执行方法。在 POST 请求中，可以自动将一个对象转换成 JSON 进行传输，数据到达服务提供者之后，再被转换为一个对象。

6.2　平台及相关技术应用

6.2.1　平台在轨道交通领域的应用

1. 在轨道交通装备智能设计中的应用

智能设计子系统在轨道交通领域适用于机车(内燃机车、电力机车)、客车车辆、货车车辆、城市轨道交通车辆(地铁、单轨、中低速磁悬浮等)、动车组五类轨道交通装备产品。该子系统采用 B/S 架构，包括设计平台基础信息管理维护子系统和生成式设计子系统。设计平台基础信息管理维护子系统旨在管理各类装备产品的结构树、需求、模块、产品平台、产品族、设计流程以及配置规则等信息，它为需求驱动的轨道交通装备产品的快速设计奠定了数据基础。智能设计子系统主要是在设计平台信息管理维护系统的基础上，实现订单产品(包括机车、客车、货车、动车、城轨等各种车型)的模块化定制设计，生成订单产品的配置清单及对应的三维装配模型，以满足轨道交通领域各个主机厂快速生成产品配置方案的需求。集成的智能设计子系统框架除了可以集成以上两个子系统客户端外，还可以集成微服务工具客户端(第三方微服务工具集入口客户端)和 Creo 软件(第三方软件，协同工作)。

以上客户端可以集成到智能设计子系统客户端框架中，基于不同的网络端口进行部署。工作流系统、基础数据管理维护、生成式配置设计以及微服务工具系统，其客户端都是网页浏览器及相关的浏览器插件(如三维图形插件等)，后台 Web 服务基于 Nginx 或 Tomcat，这些客户端与 Creo 软件集成到集成客户端框架下，集成客户端框架提供数据通信解析与命令中转服务，实现网页浏览器客户端与 Creo 软件的协同工作。基于工作流数据库、产品平台数据库，基础数据管理维护后端、生成式配置设计后端、知识库系统后端为各系统前端提供业务支持，实现业务逻辑与数据存储等功能。智能设计子系统功能流程如图 6-11 所示。

智能设计子系统可针对某车种整机级和系统级对象创建项目，接下来以地铁转向架产品为例说明设计应用过程。项目创建可针对不同的车种，如机车、客车、动车等创建订单项目，也可只针对某车种的系统级对象创建订单项目，如地铁的转向架、车体系统等，以地铁转向架项目为例进行项目创建。对于已创建的项目，可编辑其基本信息，可根据关键词查询项目，也可删除项目。

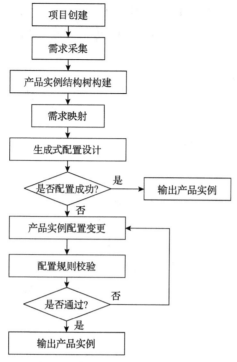

图 6-11　智能设计子系统功能流程

　　订单项目创建完毕后，需要对该订单需求进行采集。根据数据管理子系统中构建的某车种(或某系统级对象)的需求元模型,对订单需求进行采集(对需求项进行赋值)。当前主要有两种需求采集方式:设计人员直接手动填写和参考历史需求实例采集需求,且允许用户增加需求元模型中不存在的新需求项及其取值。图 6-12 为参考历史需求实例的需求采集界面。

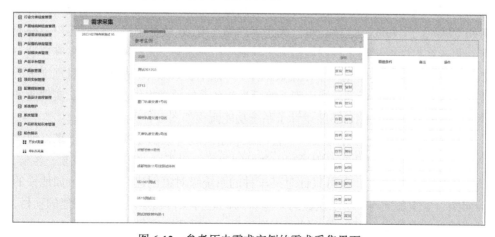

图 6-12　参考历史需求实例的需求采集界面

对订单产品的需求进行采集后，需要对订单产品的实例结构树进行创建，智能设计子系统提供了三种结构树创建方式，分别为基于元结构树复制、基于模板结构树复制和手动新建结构树节点。基于元结构树复制是基于基础数据选择元结构树，选择要复制的子树，复制到当前待构建的项目实例结构树中选中节点下，然后进行删减，如图 6-13 所示。

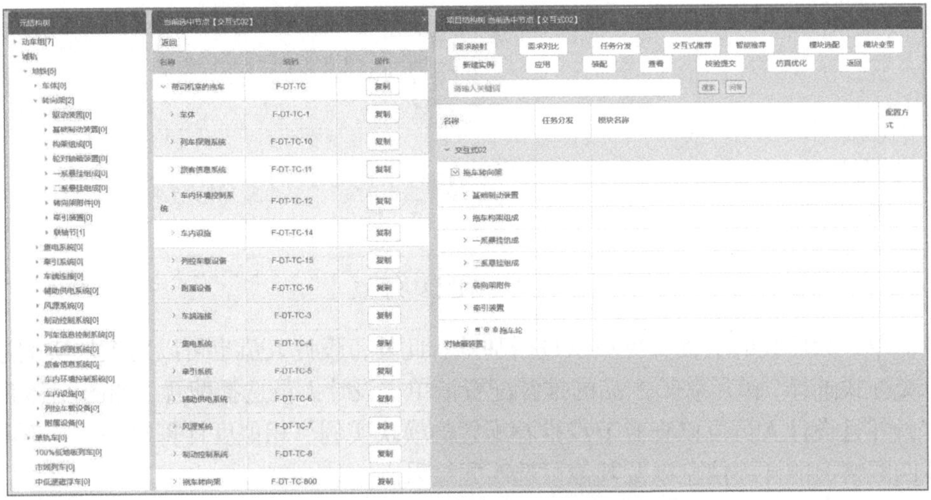

图 6-13　基于元结构树复制的结构树

基于模板结构树复制需要基于基础数据选择模板结构树，选择要复制的子树，复制到当前待构建的项目实例结构树中选中节点下，然后进行删减。而"新建模块节点"是在项目实例结构树中选中节点下添加全新节点（元结构树、模板结构树中没有可参照的节点），如图 6-14 所示。

在订单产品实例结构树构建完毕后，需要将模块配置设计任务指派给对应的设计人员，并检查下级节点的配置设计任务的分配及情况。下级节点的设计人员可以根据任务情况继续进行再下一级的设计任务分配，或者进行节点的生成式配置设计。在进行生成式配置设计前需要明确模块属性参数，通过需求映射将采集成功的用户需求信息依据定义的需求-模块映射规则自动推导映射为产品模块属性参数，作为后续推荐配置的输入。

在自动需求映射后，以需求映射得到的模块属性参数为输入，以数据管理子系统中定义的模块层级映射规则为驱动，对产品结构树进行遍历，自动对结构树的模块节点进行实例配置。当某个节点配置成功时，则该节点配置完成，不再对其下级节点进行遍历；当某个模块节点配置失败时，系统自动根据相似度提供最相似的模块实例配置，若此节点存在下级节点，则继续对其下级节点进行配置，若不存在下级节点，则记录相似的模块配置。根据此过程，可生成产品的推荐配

图 6-14　新建模块节点

置清单，为后续的配置变更提供数据基础。此外，设计人员也可以对模块实例进行交互式选择，最后获得产品的推荐配置清单供设计人员选择配置，如图 6-15 所示，并且设计人员可以查看节点推荐配置的模块实例、相似度计算结果、实例具体匹配情况的详细信息以及其他可选匹配结果。

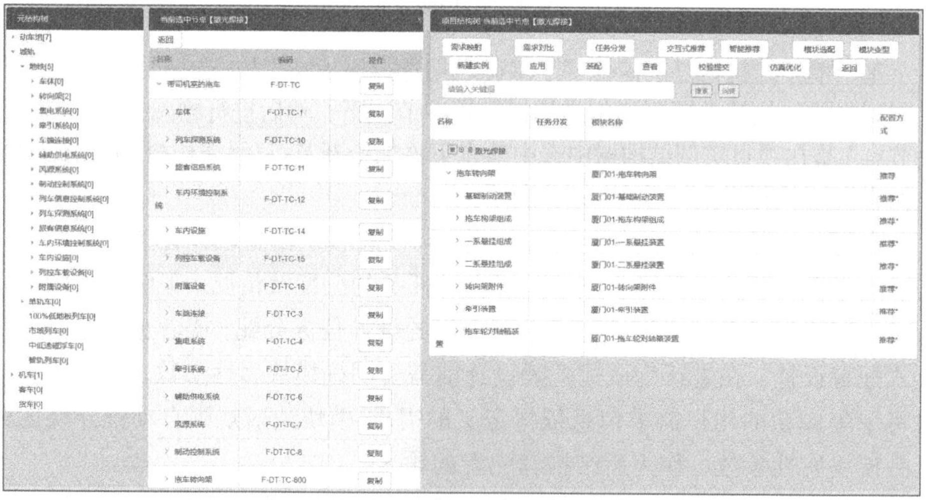

图 6-15　生成式推荐配置

设计人员也可以对产品推荐模块进行变更设计，通过对产品运营数据进行挖掘，从而得出应用于变更设计的辅助知识与规则，并推送给设计人员，如图 6-16 所示。以推荐配置结果为基础，各个组分的设计师对各自的设计结果进行配置变更。系统支持的变更操作包括更换模块配置，即重新配置模块的实例；修改模块配置实例及已配置模块实例的属性参数取值，并在 Creo 中修改其三维模型，生成新的模块实例；新建模块实例，基于模块元模型进行赋值实例化，并在 Creo 中创建新的三维模型；组分配置变更后，应能自动装配出对应的三维模型。

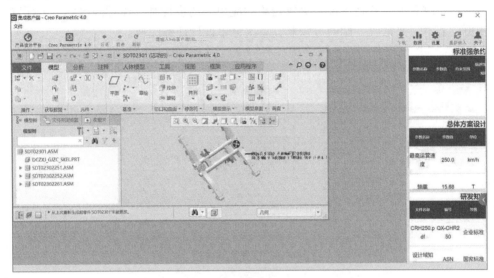

图 6-16　基于设计知识推送的模块设计变更

在得到产品配置清单后，系统自动读取各个组分设计得到的三维模型文件，采用 Creo 二次开发技术实现产品的总体装配，从而得到整机三维模型，如图 6-17 所示。最后对产品配置结果进行校验，校验的内容包括接口约束、性能约束、尺寸约束等。由设计人员判断配置规则校验是否通过。

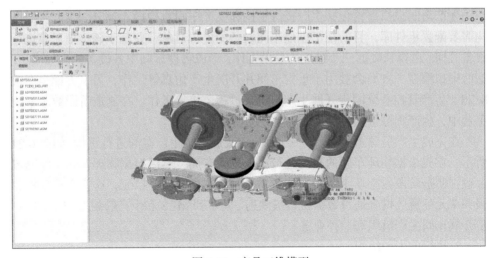

图 6-17　产品三维模型

　　配置规则校验是根据数据管理系统中定义的模块配置规则，对组分配置的结果进行校验，校验的内容包括接口约束、性能约束、尺寸约束等。用户根据校验结果的提示，如图 6-18 所示，自行决定是否对配置结果进行修改，若需要修改，则填写修改意见，并将修改意见发送给对应组分的设计师，流程回退到组分配置变更；若不需要修改，则通过校验，本次订单设计任务完成。

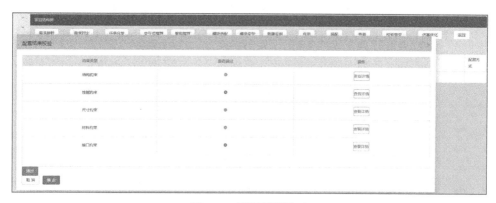

图 6-18　配置规则校验

2. 在轨道交通装备制造中的应用

　　复杂装备全生命周期数字孪生平台在轨道交通装备制造领域中的应用，主要包括生产车间虚拟重构、执行前生产组织、执行中生产管控以及执行后数据收集等内容，应用流程如图 6-19 所示。

　　1) 生产车间虚拟重构

　　生产车间虚拟重构包括生产资源重构和生产车间重构两大部分。生产资源重构需要配置组件库，目的在于创建车间设备的虚拟对象，并基于该虚拟对象进行设备几何、逻辑和数据三个维度的建模工作，形成物理车间中各设备的虚拟模型。这些虚拟模型一方面会被用于重构车间并开展生产仿真等工作，另一方面也会被MES、生产管控系统同步开展生产组织、过程监控等工作。在制造阶段数字孪生平台中，生产资源重构方法如图 6-20 所示。

　　在完成生产资源重构后，下一步对轨道交通装备生产车间进行重构，如图 6-21所示。首先根据物理车间的布局进行虚拟车间布局，然后根据物理车间实际物流过程在制造阶段数字孪生平台中配置物流路径和虚拟服务单元，这些布局数据、服务单元配置数据会通过数据接口被映射、同步到 MES 和生产管控系统中，进一步开展车间生产组织和监控业务。

　　2) 执行前生产组织

　　在完成车间虚拟重构后，进入 MES 并同步车间配置信息。在此基础上首先构

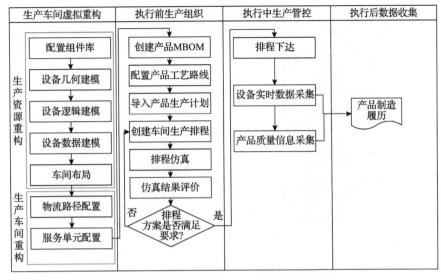

图 6-19　平台在轨道交通装备制造阶段应用流程

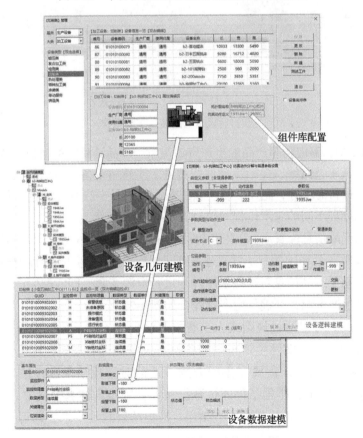

图 6-20　轨道交通装备生产资源重构

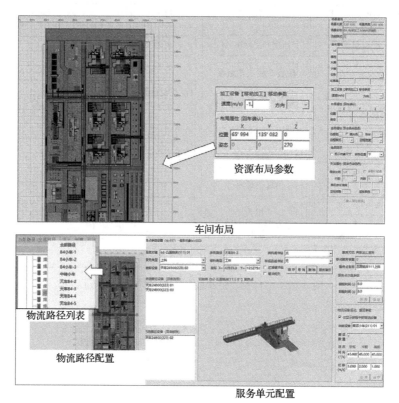

图 6-21　轨道交通装备车间重构

建产品 MBOM，实现物理产品的生产资源需求、产品结构树的重建，然后对产品各节点配置其工艺路线，包括零部件的每道工序所用设备、规划的工艺时长、工装资源、原材料需求等，完成产品信息的配置，如图 6-22 所示。这些信息随后作为输入实现物理车间的生产排程和执行。

　　在完成产品信息配置后，在生产执行前，首先需要导入所有产品的生产计划，该计划一般来自于 ERP 系统，可通过系统间配置接口或手动同步计划表的形式导入。随后，基于产品信息对这些生产计划进行资源齐套，即匹配生产这些产品所需要的所有生产资源，并进行生产排程，如图 6-23 所示。

　　在排程时，可以通过规则或人工智能算法创建不同目标的排程方案，然而这些方案并没有考虑实际生产车间的各执行设备的运行逻辑，并且各自具有不同的排程偏好，因此还需要在排程方案下达前对排程结果进行仿真验证和反馈。如图 6-24 所示，排程结果通过数据接口被同步到仿真模块中，同时 MES通过消息触发后台仿真并获取仿真结果，排程结果满足要求后即下达该排程方案。

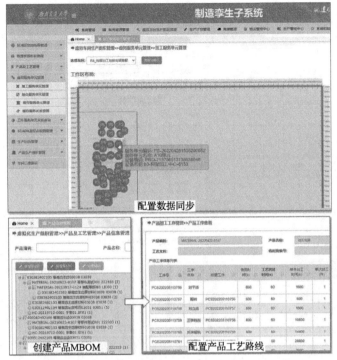

图 6-22　轨道交通装备生产组织——产品信息配置

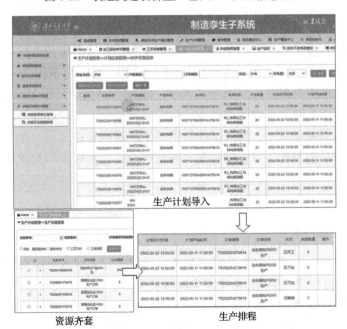

图 6-23　轨道交通装备生产组织——生产排程配置

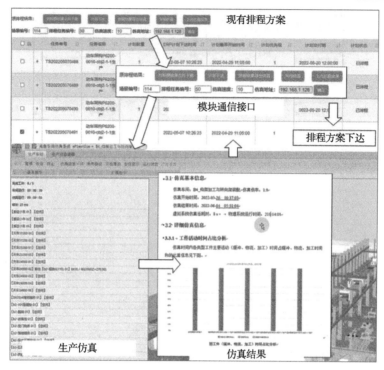

图 6-24　轨道交通装备生产组织——生产排程评价与下达

3）执行中生产管控与执行后数据收集

在完成排程并下达后，在车间执行过程中仍然需要对车间的执行进度、设备运行参数进行实时监控，在出现异常时及时调控生产过程，防止产品的生产进度和生产质量受到不良影响。如图 6-25 所示，在生产执行中，基于设备数据模型，生产现场采集的实时数据被映射在各生产设备模型中，生产进度则通过各工位报工数据映射到服务单元中，形成了执行中的生产过程管控过程。此外，在执行中上报的所有产品质量数据也将被收集，并通过产品结构树编码关联到实际的产品对象中，形成产品制造履历数据，这些信息也将支撑后续的产品运维和设计迭代优化。

3. 在轨道交通装备运维中的应用

轨道交通装备属于典型复杂机电装备，运维阶段为从转向架出厂服役运行开始，到转向架报废回收结束。由于缺乏有效技术装备和系统长期运行的经验积累，我国铁路部门普遍沿用表6-2 所示的劳动密集型计划维修（定期维修）体制。尽管这样的检修体制能最大限度保障列车安全运行，但也造成了维修量大、工作强度高、准确性不足的局面。

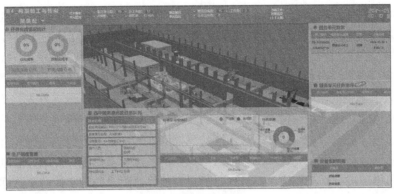

(a) 执行中生产管控

(b) 执行后数据收集

图 6-25　轨道交通装备生产管控——生产过程监控与数据收集

表 6-2　部分动车组五级修检修标准

修程	车型 I	车型 II	车型 III	车型 IV
一级修	每次运行结束或 48h	每次运行结束或 48h	每次运行结束	每次运行结束
二级修	15d	30000km 或 30d	20000km	60000km
三级修	1200000km	450000km 或 1y	1200000km	1200000km
四级修	2400000km	900000km 或 3y	2400000km	2400000km
五级修	4800000km	1800000km 或 6y	4800000km	4800000km

　　为满足"后高铁"时代智能诊断、精准施修的运维需求，我国列车从"计划修"向"状态修"的转变势在必行，这离不开列车制造、运营、维护等各单位的紧密配合和车-地信息的无障碍高可靠传输。轨道交通装备领域的故障预测与健康管理（prognostics health management, PHM）系统应运而生，其架构包含三个主要子系统：车载 PHM 系统、车地数据传输系统、地面 PHM 系统。首先，通过传感器采集列车在运行过程中各个关键部件和系统的运行数据；然后，利用车载 PHM 系统对这些数据进行分析，并通过车地数据传输系统将数据与分析结果发送到地面 PHM 系统；其次，地面 PHM 系统通过对这些实时数据和非实时数据进行分析，实现对高速列车的故障诊断和健康管理；最后，根据需求将相应的结果发送给用户和主机厂/供应商。

　　基于全生命周期信息物理融合数字孪生的列车智能运维，是在轨道交通装备领域的故障预测与健康管理系统的基础上，结合新时代轨道列车运维需求和前序章节所提复杂装备全生命周期信息物理系统融合理论，进行虚实互动的实时可视化运维。其模型构建过程主要包括物理实体状态数据感知、样机模型仿真、数据预处理、智能运维算法分析、信息反馈与模型更新等过程。下面以列车转向架为例介绍基于数字孪生的轨道交通装备运维技术流程，如图 6-26 所示。首先，基于转向架物理实体的几何尺寸、材料参数和运行工况信息，通过多物理耦合仿真技术构建高保真虚拟样机模型；然后，通过不同传感器获取转向架运行监测数据并进行预处理，以降低数据缺失、突变和传感器故障产生的数据异常影响，并结合监测信息对虚拟样机模型进行修正和优化；其次，通过智能算法融合物理实体监测数据和虚拟仿真数据对转向架关键部件进行状态监测、状态评估、故障诊断和剩余使用寿命预测等；最后，汇总智能运维分析算法结果，将转向架当前状态信息反馈给运营方并更新样机模型，以使虚拟模型和物理模型状态保持一致。该方法通过高保真虚拟样机模型构建与优化、传感器实测数据和虚拟仿真数据的融合应用，实现了对转向架

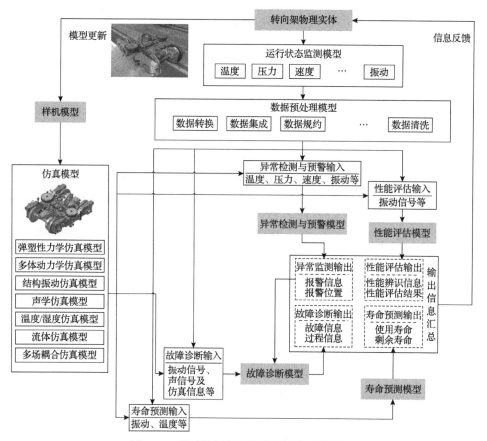

图 6-26　基于数字孪生的列车智能运维流程

状态的全方位健康评估、故障诊断和剩余使用寿命预测，生成满足服役全过程智能运维需求的分析结果。此外，该分析结果将实时更新到数字孪生体中进行可视化展示，使业务人员能够直观地查看转向架的当前状态和历史数据，从而更有效地进行运维决策，提高运营效率和决策的准确性。

基于全生命周期信息物理融合数字孪生的列车智能运维功能流程如下：

(1)基于转向架物理实体和服役场景信息构建运维孪生项目，实现列车装备产品重构与虚拟测点关联。

(2)配置基于异常状态监测的实时运维孪生任务，综合利用转向架多源异构实时服役监测数据和知识图谱推荐提升转向架智能运维效率。当检测到列车及其关键零部件存在异常状态时，触发异常状态提示并生成异常状态履历信息。用户可利用异常状态履历信息与运维孪生任务下配置的机理模型，对装备进行故障影响分析；同时，用户也可通过异常状态履历信息调取异常时刻多源异构数据，利用以智能故障诊断或剩余寿命预测为代表的离线智能运维孪生服务，进行故障定位与装备持续服役能力评估。

(3)用户可利用装备履历分析功能，在综合利用装备全生命周期履历信息的基础上，对异常状态履历信息进行处理。

在此过程中，知识图谱作为重要组成部分，可实现孪生体构建指导、数据异常处理措施指导和智能运维服务与算法推荐等功能。各具体功能应用如下。

(1)运维孪生项目配置。

运维孪生项目配置包括运维孪生场景信息与运维孪生项目配置。用户以场景案例形式将装备服役场景信息存储至场景数据库并通过在场景案例下配置运维孪生项目，实现装备产品重构(图 6-27)与虚拟测点关联(图 6-28)。

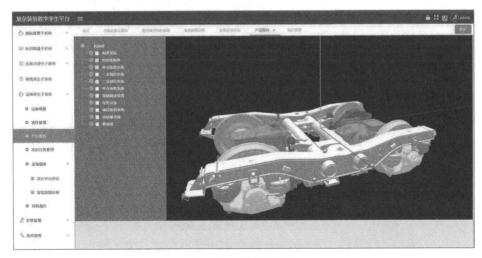

图 6-27　转向架重构

图 6-28　转向架虚拟测点关联

(2)实时运维孪生任务配置。

实时运维孪生任务配置包括任务基本信息配置、机理模型配置和领域模型配置。任务基本信息配置(图 6-29)通过复杂装备结构树构建装备与任务之间的映射关系,用户可通过右侧装备及其选中零部件三维可视化模型判断是否要在当前机械关键零部件配置实时运维孪生任务。机理模型配置(图 6-30)将仿真分析模型集成到实时运维孪生项目中,以便装备在存在异常服役状态时及时开展故障影响分析与研究。领域模型配置(图 6-31)构建装备及其关键零部件的异常检测服务,以利用多源异构数据及时检测出装备及其关键零部件异常服役状态。任务配置过程中,知识图谱实现仿真模型与智能算法的推荐,用户可通过知识图谱推送的算法

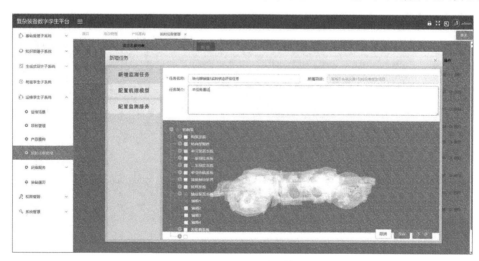

图 6-29　任务基本信息配置

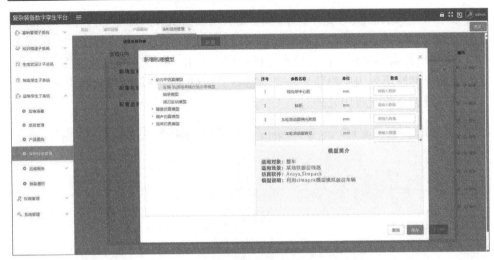

图 6-30　机理模型配置

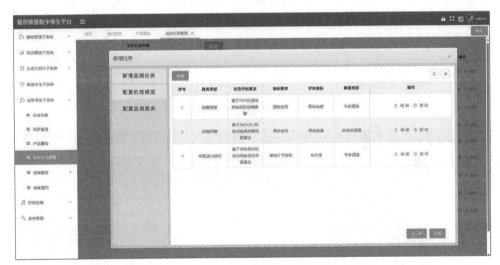

图 6-31　领域模型配置

信息判断本模型或本算法是否能够满足实时运维孪生任务的需要。

（3）实时服役状态评估。

以转向架轴箱轴承为例，其状态评估功能界面如图 6-32 所示。该功能界面包括孪生重构模型可视化、实时状态评估指标可视化、运维孪生任务结果可视化和异常履历状态履历列表。其中，孪生重构模型可视化可实时反映转向架上轴箱轴承的服役状态。实时状态评估指标可视化可为用户提供故障报警、故障预警和早期退化提示等指标的可视化结果，用户可通过查看指标是否超过阈值判断当前状态是否存在异常。运维孪生任务结果可视化可实时反映运维孪生任务中配置的状态评估结果并展示在图6-32所示界面中。当发现当前机械关键零部件存在异常时，任务列表中对应任务的状态灯将由绿色变成红色(图6-33)；用户单击"红色状态灯"，将弹出弹窗提示用户存在异常履历；用户单击"确认"按钮后，图 6-32 所示界面的异常履历列表中将新增一条异常履历信息，用户可利用此履历选择是否直接进行机理分析或履历处理。

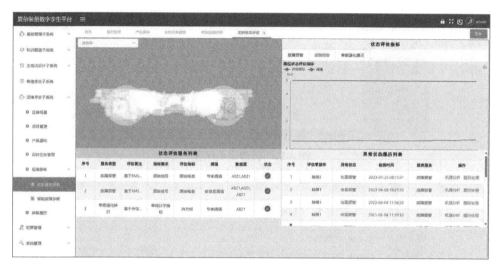

图 6-32　转向架轴箱轴承状态评估

图 6-33　发现异常并弹出弹窗提示

(4)机理分析功能。

机理分析功能如图 6-34 所示，用户可通过模型参数编辑按钮更新机理模型主要参数，实现对机理模型的迭代更新；用户可在输入参数列表中配置机理模型的工况信息和边界条件，单击"保存输入参数"，可实现对机理模型服役信息的配置；用户单击"仿真结果展示"按钮，可直观查看仿真软件中的仿真结果；用户可通过输出参数列表选择需要进行可视化的仿真结果进行查看。

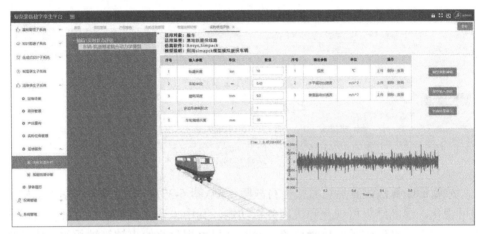

图 6-34　转向架轴箱轴承机理分析结果

（5）离线智能运维孪生功能服务。

以转向架轴箱轴承智能故障诊断服务为例对离线智能运维孪生功能进行介绍，本功能可通过异常时刻履历提取异常状态数据，并通过配置对应的智能运维算法实现故障诊断。其中，异常时刻履历提取界面如图 6-35 所示。用户可根据需求通过异常履历获取到需要进行故障诊断时刻的实时状态数据，并配置满足需求的智能运维算法（图 6-36）。在运维算法配置的过程中，知识图谱将根据异常履历信息及实时状态数据的特点推荐智能运维算法，用户可根据需求进行调整。

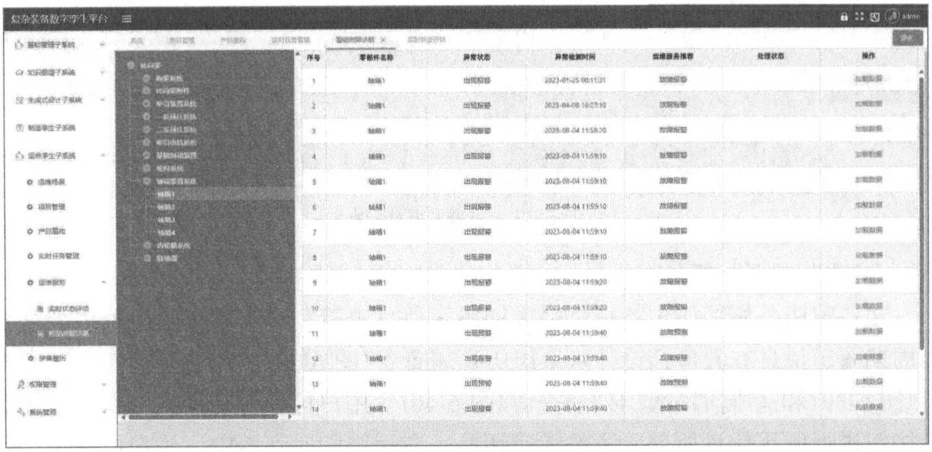

图 6-35　异常时刻履历提取

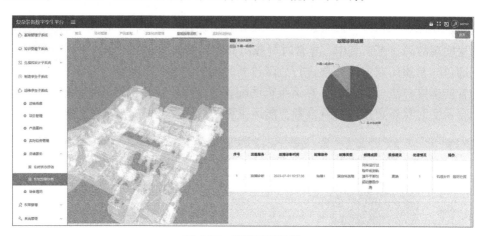

图 6-36　故障诊断算法配置

　　故障诊断算法配置后可直接进行故障诊断(图 6-37)，本界面包含孪生重构模型可视化、诊断结果可视化和机理分析功能。其中，孪生重构模型可视化可以使用户直观查看轴箱轴承的故障位置；诊断结果可视化将给出轴箱轴承的具体故障原因，并通过知识图谱推送故障成因及维修建议；机理分析为用户提供动力学仿真结果，便于用户系统分析该异常对转向架服役能力的影响。

图 6-37　故障诊断结果

　　(6)装备履历分析。

　　装备履历分析功能包括全生命周期履历信息查看和异常状态履历处理。全生命周期履历信息查看包括设计阶段履历列表查看(图 6-38)、制造阶段履历列表查看(图 6-39)和运维阶段履历列表查看(图 6-40)。用户可通过结构树上方的阶段切换按钮进行履历信息所属阶段的快速切换。在运维阶段列表中，用户可单击"处理"按钮，在如图 6-41 所示的弹窗界面中填写对异常状态履历信息的处理结果，

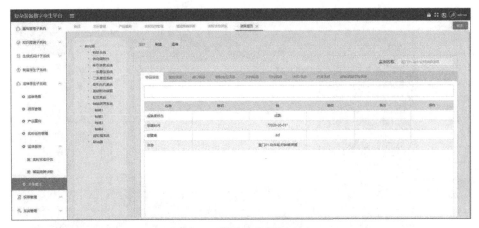

图 6-38　设计阶段履历列表

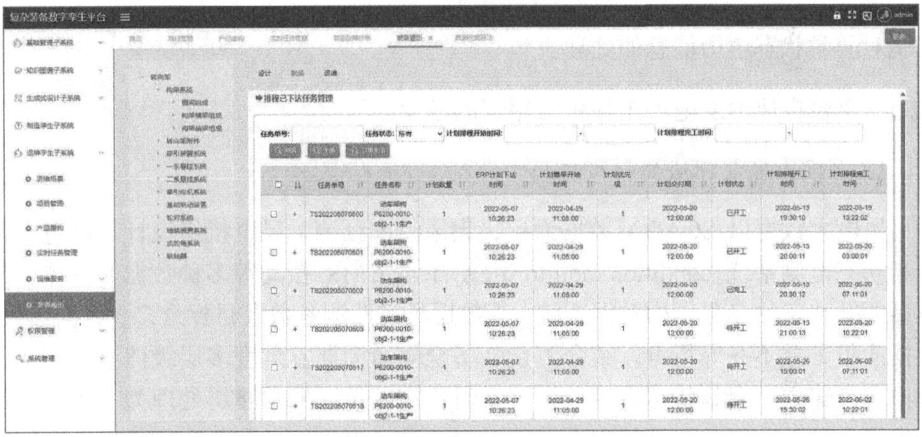

图 6-39　制造阶段履历列表

图 6-40　运维阶段履历列表

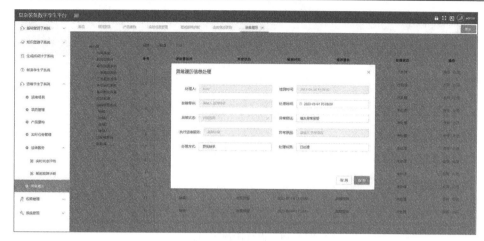

图 6-41　异常状态履历信息处理

实现对异常状态履历信息的处理。

6.2.2　平台在风力发电和工程机械领域的应用

1. 在风力发电领域的推广应用

风电大数据以 SCADA 数据为主，集风功率预测、风电机组设计、制造、运维和状态监测系统(condition monitoring system, CMS)振动等多种数据为一体，是典型复杂装备的多源异构数据系统，其数据具有监测参数及目标众多、数据量大、数据质量参差不齐等特点。结合复杂装备全生命周期五维度多层级信息物理融合理论，可建立一套集状态机理分析、实时状态评估、异常履历处理为一体的运维孪生平台(图 6-42)，以便风电企业能及时获取风电机组运行状态的信息，实现对

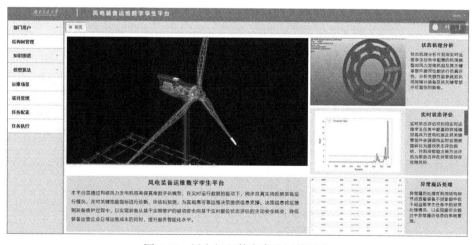

图 6-42　风电机组数字孪生运维平台

风电机组的数据采集、存储、分析应用和实时监测，可为风电机组转向架设计优化、工艺优化、故障诊断和远程智能运维等提供数据基础和技术支持。

基于全生命周期信息物理融合数字孪生的风力发电装备智能运维功能流程如下：首先，对数据源采集的风电机组服役实时状态数据进行预处理，降低数据缺失、突变和传感器故障产生的数据异常影响；其次，为综合利用多源异构实时服役监测数据提升风电装备智能运维效率，采用基于异常状态检测的运维服务判别方法。该方法可根据监测结果获取风力发电装备状态信息，并结合知识图谱推荐执行故障报警等运维服务。存储到数据库中的运维服务结果会在数字孪生体中进行实时可视化更新，以便业务人员更好地进行运维决策。在此过程中，知识图谱作为重要组成部分，可实现孪生体构建指导、数据异常处理措施指导和智能运维服务与算法推荐等功能。本运维孪生平台的核心功能为基于数字孪生的风力发电装备状态监测。

基于数字孪生的风力发电装备状态监测应用界面(图 6-43)实现风电装备及其关键零部件实时状态信息评估与可视化。本功能界面包括孪生重构模型可视化、实时状态评估指标可视化、运维孪生任务结果可视化和异常状态履历列表。其中，孪生重构模型可视化可实时反映风电装备关键零部件(如图 6-43 所示齿轮箱)的服役状态；实时状态评估指标可视化和运维孪生任务结果可视化功能可直观且具体地展示本复杂装备对应运维孪生项目下配置任务的评估结果；异常状态履历列表展示风力发电装备在服役过程中曾出现的历史状态信息，并为用户提供履历处理与机理模型分析接口，便于用户进一步分析故障履历信息和故障机理影响。

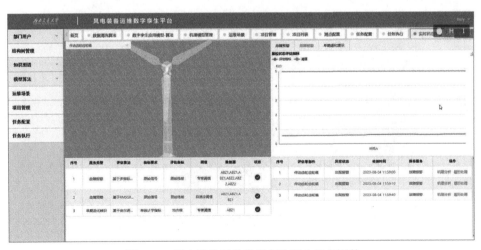

图 6-43　风电装备运维数字孪生平台状态评估

2. 在工程机械领域的推广应用

随着我国科研能力进一步增强，生产制造能力得到大幅提升，以盾构机为代表的工程机械已被广泛应用于大规模的基础设施工程，如城市地铁建设和地下交通隧道。盾构机技术在过去的几十年中取得了显著进展，包括导向系统、挖掘头设计、刀具材料和控制系统的改进，显著提高了施工效率和安全性。一些盾构机可以执行多种任务，如挖掘地铁隧道、给水和排水隧道以及电力和通信隧道，提高了其多功能性和灵活性。数字化技术和自动化系统在盾构机中的应用逐渐增多，系统可以通过远程监控和控制来实现更高水平的自动化，以提高精确性和效率。现如今我国盾构机技术已经达到世界先进水平，但盾构机数字运维平台的研发问题亟待解决。盾构机运维平台可以根据收集到的现场信息提供实时监测和警报，以减少事故和降低维护人员的风险。通过减小突发故障的可能性，提高工作场所的安全性，及早发现潜在问题，进行计划性维护可以降低维护成本，并减少停机时间，从而提高生产效率。通过实时监测和自动化控制，运维平台可以帮助最大化盾构机的运行时间，并提高施工效率。运维平台提供了大量的数据，有助于管理人员做出更明智的决策，改进工程流程和设备配置，通过定期维护和更好的性能管理可以延长盾构机的使用寿命，从而节省更换设备的成本。

　　图 6-44 所示盾构机运维数字孪生平台即是一个集盾构机状态机理分析、实时状态评估、异常履历处理为一体的盾构运维平台，此平台致力于服务用户在盾构掘进过程中实现数据采集、数据处理、项目管理、故障预警等功能的可视化和智能化操作。基于此思想开发的盾构机数字孪生运维平台具有简洁明了易操作的任务配置界面，可进行高度一体化的故障预警、故障报警、异常履历管理。

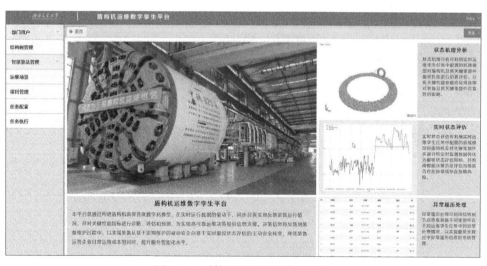

图 6-44　盾构机运维数字孪生平台

　　基于全生命周期信息物理融合数字孪生的盾构机智能运维功能流程如下：首先对数据源采集的盾构机服役实时状态数据进行预处理，降低数据缺失、突变和传感器故障产生的数据异常影响。为综合利用多源异构实时服役监测数据提升风电装备智能运维效率，采用基于异常状态检测的运维服务判别方法。该方法能够根据监测结果获取盾构机等工程机械装备的状态信息，并结合知识图谱推荐执行故障预警、故障报警和零部件磨损状态辨识等运维服务。运维服务执行与分析结果不仅会被存储在运维数据库中，还会在数字孪生体中实时可视化更新，帮助业务人员更好地进行决策。在此过程中，知识图谱作为重要组成部分，可实现孪生体构建指导、数据异常处理措施指导和智能运维服务与算法推荐等功能。本运维孪生平台的核心功能为基于数字孪生的盾构机状态监测。

　　基于数字孪生的盾构机状态监测应用界面(图 6-45)实现盾构机及其关键零部件实时状态信息评估与可视化。本功能界面包括孪生重构模型可视化、实时状态评估指标可视化、运维孪生任务结果可视化和异常状态履历列表。其中，孪生重构模型可视化可实时反映盾构机关键零部件(如图 6-45 所示主轴承)的服役状态；实时状态评估指标可视化和运维孪生任务结果可视化功能可直观且具体地展示本复杂装备对应运维孪生项目下配置任务的评估结果；异常状态履历列表展示本装备在服役过程中曾出现的历史状态信息，并为用户提供履历处理与机理模型分析接口，便于用户进一步分析故障履历信息和故障机理影响。

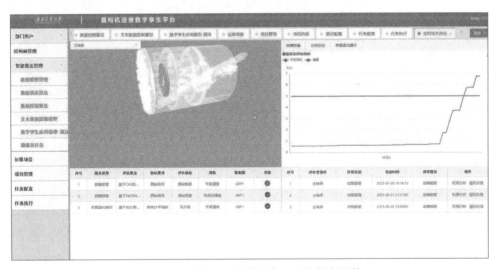

图 6-45　盾构机运维数字孪生平台状态评估